우리 시대의 문체

장소원 외

도서출판 월인

머리말

이 책은 2006년 서울대학교 국어국문학과 대학원에서 강의한 <문체론> 과목의 결과물이다. 박사과정과 석사과정생들이 공통으로 수강하는 과목이었기에 강의의 초점을 어디에 맞추는 것이 학습효과를 극대화시킬 수 있을지 고민하다가 문체론에 관한 이론서들을 추려 읽은 후, 수강생 한 사람이 한 종류의 문체를 선택하여 해당 문체가 시간의 흐름과 함께 어떻게 변화해 왔는가를 살펴보게 하였다. 개인적인 역량에 따라 폭넓은 주제를 선정하여 깊이 있는 분석이 행해진 경우도 있는 반면, 다소 부족함이 느껴지는 글들도 있었지만 주제별로 3개의 분과를 선정하고 박사과정의 조원형(문예 텍스트), 김세환(광고 텍스트), 박보연(신문 텍스트)이 각각 조장을 맡아 조원의 글을 지도하게 함으로써 결과적으로는 어느 정도의 수준에 다다른 글을 묶을 수 있게 되었다.

문체론은 국어학에서는 다소 외진 곳에 자리한 분야다. 따라서 발표되는 논문의 수도 많지 않을 뿐더러 특정 문체를 국어학적으로만 분석하는 것에는 어느 정도의 부담을 감수해야 하는 것이 사실이다. 그러나 서로 다른 성격을 지닌 텍스트들이 각기 어떤 식의 변천을 겪어 오고 있는가를 검토하는 작업은 국어학의 영역에서만 행해진다고 해도 충분히 의의를 지닌다고 보았기에 감히 이런 작업을 시도해보았다.

학생들의 글을 수합하고 보니 문예물 텍스트와 광고 텍스트 그리고 언론 텍스트의 세 분야로 대상 텍스트들이 나뉘는데 다양한 텍스트들의 문체 변천사를 훑어 보기에는 아주 적절한 구성이라고 여겨진다. 문체론은 분석의 측면에서 본다면 텍스트언어학과 가장 밀접한 연관을 맺고 있다. 문체라는 것이 하나의 텍스트 단위로 분석되지 않으면 아무런 가치를 지닐 수 없기 때문이다. 그러므로 앞으로는 텍스트언어학적 측면에서 문체론을 바라보는 연구업적들이 많이 쏟아져 나올 것을 기대해본다.

문체론 수업에는 국어국문학과 대학원생만이 아니라 언어학과와 국어교육과 대학원생들도 같이 참여하였기에 이 책의 출판이 더 큰 의의를 갖는다고 보며, 다소 생경하고 부담스러웠을 문체론 수업을 열심히 듣고 따라와 준 대학원생들이 없었으면 이 책은 빛을 볼 수 없었을 것이다. 게다가 담당교수가 연구년을 맞아 1년간 미국에 체류하게 되었는데도 책임감을 가지고 조원들의 글을 일일이 챙겨준 세 명의 조장들의 노고를 특별히 치하하며 작년부터 책의 출판을 흔쾌히 수락하고 원고를 기다려주신 도서출판 월인 박성복 사장님께 감사의 마음을 표한다.

2007년 11월

장 소 원

차례

제 1 장

문·예·텍·스·트

문체의 변천과 일기문*

장소원

1. 들어가기

우리나라에서 행해진 문체에 대한 논의와 연구는 국어학에 한정되어 있지 않으며 국어학을 전공하는 학자들도 저마다 다른 개념을 가지고 각기 다른 대상을 연구해 왔다. 우리나라의 문체론 연구는 일차적으로 어학적 문체론과 문학적 문체론으로 나눌 수 있다. 그 가운데는 문학적 문체론이 상대적으로 많이 연구된 편이며, 특히 작가 개인 문체론의 기초 작업이 될 작품론에 많은 관심이 쏠리고 있는 형편이며 국어학적 문체론의 연구 대상은 음운, 어휘, 통사, 의미 · 화용, 텍스트의 층위로 크게 구분되어 연구가 이루어지고 있다.[1)]

이 글은 현대국어 문체의 역사성을 논의하기 위해 연구의 범위를 문장과 텍스트로 한정한다. 문장 층위에서는 표기 요소별 문체의 차이를 검토하고, 텍스트 층위에서는 문체의 역사성을 보여주는 대표적

---

* 이 글은 2005년 『國語學』 45에 실린 「현대국어와 역사성-문체」를 수정한 것이다.

1) 우리나라의 문학적 문체론과 어학적 문체론의 시대별 연구 내용과 국어학적 문체론 연구의 개관은 장소원(1998) 참조.

인 유형으로 '일기'를 선정하여 검토하기로 한다. 그런데 국어학의 다른 하위영역과 비교할 때 문체는 그 개념조차 확실하게 정립되어 있지 않은 실정이므로 먼저 문체의 개념과 종류, 대상을 간단히 정리하고 본격적인 논의로 들어가도록 한다.

2. 문체의 개념, 종류, 대상

2.1. 문체의 개념

문체는 영어와 불어의 'style', 독어의 'Stil'에 해당하는 단어로 '글의 양식(樣式)'이라는 뜻이다. 문체는 글의 문체와 아울러 말체, 즉 화체(話體)를 포함하기도 하지만 주로 문헌을 구성하는 문어 자료를 중심으로 이해된다. '문체'라는 표현은 생각한 바를 말 또는 글로써 표현하는 방법과 관계되기 때문에 문체론이 독자적인 학문 영역으로 성립되기 훨씬 오래 전부터 존재해 왔다.

문체라는 개념의 기원은 고대의 수사학으로까지 올라가는데 그 정의도 바라보는 이의 관점에 따라 다양하다. 문체의 원 의미는 '쓰는 기술'로 수사학의 문예적 표현기법인 동시에 작품을 평가하는 비평적 기준이었다. 초기 단계에서 '문체'라는 개념은 모든 문학의 기초가 된 장르 개념과 구별되지 않았다. 그러다가 낭만주의 시대에 접어들면서 이러한 문체의 개념은 인간의 개성, 영감, 사고의 결정체로 바뀐다. 즉 문체는 '인간 개성의 발로'로 여겨지며 이와 연계되어 다양한 정의들이 내려졌다.[2]) 이런 정의는 수사학에 대한 반동인 동시에 문학적

---

2) 대표적으로 뷔퐁, 구르몽, 샤또브리앙, 플로베르, 프루스트, 쇼펜하우어 등의 정의가 있다. 자세한 내용은 장소원(1998:690) 참조.

관점의 표현이기도 한데, 낭만주의에서 대두된 이와 같은 문체의 개념은 이어 분석적이고 체계적인 것으로 변화한다.[3)]

문체의 개념은 수사학, 문학, 언어학에서 각 학문분야가 지향하는 관점에 따라 변천을 겪었으므로 분야별로 서로 상이하게 정의되는 문체의 개념은 문체를 보는 관점의 차이에서 그 이유를 찾아야 할 것이다. 문학을 전공하는 사람들은 문장으로부터 받는 다분히 주관적인 인상을 바탕으로 간결체, 만연체, 강건체, 우유체, 건조체, 화려체 등을 분류하기도 하고(이태준 1939) 문장의 리듬 또는 이미지의 문제를 문체 연구의 대상으로 삼기도 했다. 그 후 문체의 연구는 현대 언어학의 발전으로 인해 다양한 방법론적 접근을 가능하게 했고, 글의 문체를 결정짓는 요인으로 순한글체와 국한문혼용체, 문어체와 구어체, 문체 인상(印象), 표기 · 번역 양식, 어휘와 구문, 글의 장르나 텍스트 유형, 사회적 요인, 작가와 작품 등 여러 가지가 지적되었다. 지금까지 우리나라에서 행해진 언어적 연구에서 '문체'에 대하여 내린 학자들의 정의도 무척 다양하다.(이인모(1960), 박갑수(1977), 김완진(1983), 서정수(1991), 박영순(1994), 김흥수(1997), 김영자(1997) 등)

2.2. 문체의 범위와 종류

구체적인 문체의 범위와 종류를 국어학에 한정한다고 하더라도 그 결과는 학자에 따라 큰 차이가 있다. 대표적으로 박갑수(1977)은 주로 단어 층위에서 문체를 다루었고, 김상태(1993)는 문장, 담화, 텍스트

3) Bally(1951)에 따르면 문체론은 정의적(情意的) 내용의 관점에서 언어 표현을 연구하는 것으로 언어에 의한 감성적인 여러 현상의 표현과, 감수성에 끼치는 언어 표현의 작용을 연구하는 것이며 Rifaterre(1978)는 언어에 의해 전달되는 정보에, 의미의 변질이 없이 부가된 표현적, 정의적(情意的), 수사적 강세이다.

전체에서 문체를 논의하고 있다. 김영자(1997)는 문장이 가지고 있는 독특한 형식적 특성을 개인적 차원에서뿐만 아니라 사회적 차원이나 시대적 차원에서도 파악할 수 있다고 보았다.

대표적인 문체의 종류로는 고대의 수사법을 딴 이태준(1939)의 6대 문체, 즉 간결체, 만연체, 강건체, 우유체, 건조체, 화려체가 가장 많이 알려졌으며, 박갑수(1977)은 개인 문체와 표현 문체로, 김완진(1983)은 순한글체와 국한 혼용체로, 김상태(1993)은 언어적 환경에 따른 문체, 주제나 형식에 따른 문체, 청자와 상황에 따른 문체, 작가의 품성에 의하여 결정되는 문체로 나누었다. 김상태・박덕근(1994)는 개성을 나타내는 문체, 수사학상 문장의 유형을 나눌 때 쓰이는 문체, 특수한 용도로 쓰일 때의 문체, 문예 양식의 문체, 문법 및 어휘의 특징에 따른 문체로 나누었다. 김흥수(1997)은 개인의 특이성으로의 문체, 표현 기법으로서의 문체, 문학상 최상의 성과로서의 문체로 나누어 파악하였다. 그런가 하면 북한의 박용순(1978)은 적용 분야에 따라 사회 정치 문체(당정책해설론문, 보고문, 호소문 등의 문체), 공식 사회 문체(법률문서, 외교문서, 군사문서, 일반 사무문서 등의 문체), 과학 기술 문체, 신문 문체, 문학 문체, 생활 문체(편지, 기행문, 일기, 감상문 등의 문체) 등 6대 문체론을 설정하였으며, 일반화된 개념으로 쓰이는 문화어 문체 이외에 개별적인 테두리 안에서 표현 방식 상 일련의 특성을 가지고 나타나는 개인의 문체를 문체의 변종으로 이해하였다. 중국의 김기종(1983)은 크게 언어 행위의 유형에 따라서 말체와 글체로, 교제의 분야와 목적에 따라 문학 예술체, 사회 정론체, 과학 기술체, 공식 사무체 등으로 분류하기도 하는 등 문체의 분류는 문체에 대한 정의 못지않게 다양하다.

3. 문장과 문체 - 표기요소별 문체

우리말을 적는 방법을 '문체'라는 용어로 칭하자면 훈민정음 창제 이후 우리의 문체는 한문체, 한글체와 국한문혼용체, 이두체로 나눌 수 있다.[4] 한문체는 사대부층의 전용문체였고 국한문체는 일부 양반이나 중인 계층 일부의 문체, 한글체는 일부 양반층의 시가집, 고대소설, 서민층 및 부녀자의 문체이고 이두체는 삼국시대 이래 공사 행정 문서에서 사용되던 문체이다. 이와 같은 우리의 표기 방식은 각기 향유층을 달리하였는데 이를 시대적 흐름에 따라 정리해보면 다음과 같다.

훈민정음 창제 이전의 문자 생활은 한자를 매체로 하였지만 한자로 표기된 문장이 모두 한문이었던 것은 아니다. 우선 향찰은 한자의 음과 훈을 빌어 완전한 우리말 문장을 적는 방법이므로 진정한 국문체 문장이라고 할 수 있는 반면 이두문은 체언, 용언의 어간은 한문투로 남겨 둔 채 조사나 어미, 부사 등을 우리말로 표현하는 절충식의 문체라 할 수 있다. 이는 어휘적으로는 한문과 다름이 없지만 어순을 포함한 문법적인 면에서는 국문 문장이라 하겠다.

한문은 훈민정음 반포 이후에도 공식문장의 문체로 유지됨으로써 훈민정음 이전의 한문, 직해체, 국문체의 정립상태도 흔들리지 않았다. 그러나 세종, 세조, 성종 대를 거쳐 오며 국어 문장의 용도가 착실히 확장되어 나갔다. 시가(용비어천가, 월인천강지곡)와 산문문장(석보상절)이 우리말로 쓰이게 되었으나 역사, 법률 등을 위시한 주요저

4) 김형철(1987:10~12)은 문체별 연구를 진행하기 위해서는 문체를 구성하는 요소를 결정하는 작업이 먼저 이루어져야 한다고 하며 문체를 구성하는 요소로 '문체소(styleme)를 설정하고 한문체, 국한문혼용체, 한글체 등의 표기 요소별 특징을 논의하는 문체 형식소와 운율요소, 어휘요소, 통사요소를 논의하는 표기요소로 나눈 바 있다. 이에 따르면 본 장은 문체 형식소에 관한 역사적 논의가 되는 셈이다.

술에는 여전히 한문만을 사용하였다. 즉 훈민정음 출현 이후 우리나라의 문자 생활은 순수한 한문이 상층을 차지하고 순수한 언문은 하층을 차지하는, 계층에 따른 가장 뚜렷한 대립을 이루었던 것으로 파악된다.[5)]

훈민정음 창제 이후 우리의 문헌 표기 방식은 크게 세 부류로 나눌 수 있다.[6)]

(1) 제1부류: 혼용의 방식으로 한자어는 한자로 쓰되 한글로 음을 달지는 않는 방식. 용비어천가류

(2) 제2부류: 한자어를 한자로 적지만 한자 하나하나에 한글로 주음하는 방식. 한글로 된 한자음이 큰 글자로 앞서 있고 한자는 그 아래 약간 오른쪽에 작은 글씨로 적힘. 월인천강지곡류

(3) 제3부류: 한자에 주음하는 것은 제2부류와 같지만 주음하는 방식은 한자가 큰 글씨로 먼저 나오고 한글로 된 음이 작은 글씨로 뒤따름. 석보상절, 월인석보류

이 세 부류의 차이는 독자로 누구를 상정하느냐에 따른 것으로 제1부류의 독자는 한문에 통달한 사람들이므로 가사 속에 들어 있는 한자에 음을 달아주는 것은 무의미하다. 반면 석가모니의 일생을 기술한 석보상절이나 성덕을 칭송한 월인천강지곡은 그 성격상 한문이 아닌 우리글로 발간되는 것이 당연하며 그 문장 중에 한자로만 된 부분

5) 이기문(1970)에 따르면 이 두 층위의 중간에 이들보다 뚜렷하지는 못했지만 두 개의 중간 층위가 있었는데 하나는 이두문이고 다른 하나는 언문에 한자를 섞은 이른바, 언해본의 문체로, 이러한 문체 층위들의 구성은 19세기 후반 개화기까지 이어진다.

6) 이에 대해 이기문(1970)은 언문에 한자를 섞었다는 점에서 제2부류와 제3부류를 통틀어 언한문(諺漢文)이라 불렀다.

이 있어 독자의 이해를 방해해서도 안 되었다. 그런데 문제는 불교 서적의 독자에는 일반 서민만이 아니라 한문에 익숙한 지식 계급도 포함된다는 것이었고 그 결과 월인천강지곡에서 석보상절, 월인석보에 이르는 서적들에는 일종의 절충식 표기가 이루어졌던 것이다. 그러므로 제2부류의 체제는 일반 서민 독자를 우위에 두고 한문에 익숙한 독자를 부차적인 위치에 둔 반면, 제3부류의 체제는 양자의 비중이 바뀐 것으로 파악해야 한다.7) 월인천강지곡과 석보상절 사이의 체재가 월인석보에서 전도되는 것은 동국정운식 한자음으로 주음한 데 그 이유가 있다.8) 그러므로 한글로 주음을 하느냐 하지 않느냐 하는 차이는 간행에 임하는 편찬자가 어떤 부류의 독자를 기대하는가에 의해 결정되는 것이지 내용이 고급한 책은 무조건 주음을 하지 않았다거나 모든 언해류들이 획일적인 형태로 간행이 이어진 것은 아니다.9)

개화과정에서 우리 문자의 기능은 종래와 같은 언문이치의 상태로는 감당이 되지 않던 그전까지의 문자생활의 모습을 바꾸어 놓았다. 각종 공문서와 사문서의 양이 증대하고 관보, 신문, 잡지가 쏟아져 나왔으며 교과서를 비롯한 단행본의 출판이 나날이 늘어나게 되었기 때문이다. 특히 19세기 중엽 동학과 천주교가 관련 문헌의 출판에 한글체를 택했고 개신교 역시 한글체를 취함으로써 한글체는 우리나라의 종교와 깊은 관련을 맺게 되었다. 그런데 이 시기에 와서 시조와 가사의 표기에 국한되었던 국한문체가 한성주보(1886년 1월 25일 창간)에

7) 이를 한글에 대한 존중도가 약화된 것으로 볼 수는 없다. 그 이유는 월인천강지곡과 석보상절은 세종 31년에 간행되었고 후에 월인천강지곡의 체재를 본떠 월인석보로 합본이 되기 때문이다. 이것이 바로 김완진(1983)의 입장이다.

8) 기괴하고 발음이 어려운 동국정운식 한자음을 월인천강지곡처럼 앞에 크게 내세우는 것은 오히려 독자들이 문면을 이해하는 데 장해로 작용하였을 것이기 때문이다.

9) 한자마다 독음을 단 국한문혼용체 문헌이 중간본에서는 순한글체로 언해의 체재를 바꾼 경우도 있다. 김완진(1983:241) 참조.

서 다시 나타나기 시작했다. 초기에는 한문, 한글체, 국한문체의 기사가 섞여 쓰였으나 나중에는 한글체의 기사는 사라지고 국한문체의 기사가 남게 된 것이다. 결국 19세기 말, 20세기 초의 우리나라에는 한문이 물러나고 한글체와 국한문체의 대립이 나타나게 되었다.

갑오경장과 함께 1894년 11월 21일 '공문식(公文式)'에 관한 칙령이 내려졌다. 그 내용은 법률과 칙령에는 국문으로 본을 삼되 한문은 번역해서 덧붙이거나 국한문을 혼용하라는 것(法律勅令 總之國文爲本 漢文附譯 惑混用國漢文)이었는데, 한문을 덧붙인다고 한 것으로 보아 아직 한글만으로는 만족할 수 없었다는 것과, 대안으로 국한문을 든 것을 보아 유길준에서 시작된 이 문체의 실용성이 당시에 인정받고 있었음을 알 수 있다. 이 칙령이 공포된 후 당시의 공문들에서는 여전히 한문이 사용되었고 처음에는 상당히 사용되던 한글체는 점차 위축되었으며 국한문체의 사용이 일반화 되었다.[10)]

신문 및 잡지에서 이 두 종류의 문체가 어떻게 나타났는가 하는 것은 이기문(1970)에 잘 나타나 있는데 이를 간단히 정리하면 다음과 같다.

(4) 신문과 잡지에서의 문체

시기	신문 또는 잡지명	문체
1883년 10월	한성순보 창간	한문
1886년 1월	한성주보 창간	한문체, 국한문체, 한글체
1886년	農政撮要(정병하)	최초의 국한문체 단행본
1895년	西遊見聞(유길준)	국한문체
1895년	텬로력뎡(게일)	한글체
1896년	泰西新史(학부)	한문본, 한글본

10) 이기문(1984:67~68)은 당시 공문서류의 표기에 큰 변동이 있었음을 구체적인 예를 들며 보이고 있다.

1896년 4월 7일	독립신문 창간	한글체
1898년 1월	협성회회보 (4월 매일신문으로 발전)	한글체
1898년 3월	京城新聞	한글체
1898년 8월	뎨국신문	한글체
1898년 9월	황셩신문	국한문체
1904년 8월	大韓每日申報	국한문체
1907년 5월	대한매일신보	국문판 간행
1940년대 후반	호남신문, 서울신문	한글전용(3년간만 지속)
1953년	연희춘추(반월간)	한글전용, 가로쓰기
1968년	한글판 서울신문	한글판 채택 후 1973년 국한문 혼용으로 전환
1988년	한겨레신문 등	한글전용으로 전환

신문의 문체가 국한문체로 된 것은 당시의 다른 간행물들의 문체와도 관련지어 이해해야 한다. 특히 당시의 각급학교의 모든 교과용 도서의 문체가 국한문체로 통일되어 있었던 사실은 주목할 만하다. 또 이시기의 대부분의 잡지는 국한문체를 채택하였지만 예외적으로 필자의 특별한 의지에 따라 한글체의 글이 실린 경우도 있었고 부녀자를 대상으로 한 '가뎡잡지'는 한글체를 채택하였다.

또 소설은 전통적으로 한글로 표기되어 온 반면 시조나 가사에는 한자가 혼용되었다. 그러나 소설의 문체는 고전소설의 전통을 배경으로 한 장편소설과 일본의 모형에 사로잡힌 단편소설에서 다른 모습을 보인다. 장편소설은 국문체를 고수하고 있던 반면 한자를 혼용하여 간행되던 일본 단편소설의 영향으로 단편소설은 오랫동안 국한문체를 사용했던 것이다.[11] 그 후 우리의 단편소설에 한글체가 확립된 것은 1924년으로, 이때부터 나도향, 현진건, 박종화 등이 한글체로 단편

11) 이기문(1984:73~75)에 따르면 이광수는 1910년부터 1918년 사이에 「소년」 잡지에 발표한 단편은 모두 국한문체로 썼던 반면 1917년 매일신보에 연재한 장편소설 '무정'과 또다른 장편소설 '개척자'는 완전한 국문체를 채택했다.

소설을 쓰기 시작하였다. 그러나 1920년대와 1930년대에 우리나라의 문학적 기틀을 잡았던 이광수, 최남선, 김동인은 모두 일본에 유학한 경험이 있고 문어의 학습은 일본어가 우선하여 이루어졌으며 실제 일본어로 작품을 쓸 수 있을 정도로 일본어 문장을 구사하는 능력이 뛰어났었음을 간과해서는 안 된다. 또 1930년대에 활약한 정비석, 이무영, 염상섭, 전영택, 현진건, 이상 등도 어려서부터 일본어를 배웠고 유학을 경험했으며 일본어로 작품을 발표한 일이 있다.(정광 1995)

현대적인 문체라고 이름 붙일 수 있는 문체의 등장을 3・1운동이 일어난 1919년 전후로 보는 것은 강화된 민족의식 덕분에 한문투의 문장으로부터 탈피가 가능했으리라고 추측하기 때문이기도 하지만, 이 시기의 문학계를 이끌던 이들이 현대적 의미의 서구문학의 이입을 추구한 데서도 그 원인을 찾을 수 있다. 그런데 이 당시 서구문학의 이입은 직접적인 서구로부터의 이입이 아니고 일본 유학을 통한 번역 작품의 수용이었던 것이 그 특징이다. 당시는 서구문물의 수용도 일본과 일본어의 영향을 받을 수밖에 없었던 상황이었고 언문일치 운동도 실은 이 시기에 이식되어 온 것이다. 현재 우리나라의 서점에 나와 있는 세계 문학 전집이나 사상전집은 대체로 60~70년대에 일본어 번역판을 이용한 재번역들이다. 이러한 재번역의 과정은 오역이나 의미 전달상의 제약을 가져올 뿐 아니라 일본의 냄새나 언어습관까지도 함께 수입함으로써 일본어의 언어체계가 독자에게 영향을 미치게 된다.[12] 그리고 해방과 함께 세계의 문물을 자유롭게 접하게 되면서 우리는 더 이상의 거부감 없이 다른 외국어의 영향을 받아 스스로의 문체를 변화시켜가고 있다.[13]

12) 그 범위는 우리말에 불필요한 조사 '의'의 남용과 지나친 피동표현의 사용, 일본식 한자어의 유입에서 시작하여 속담, 격언의 유입에 이르기까지 광범위하다. 장진한(1990) 참조.

4. 텍스트와 문체

4.1. 텍스트 유형

모든 텍스트는 그 성격과 유형에 따라 각각 구별되는 기능을 지니고 그에 따른 상이한 문체를 지닌다. 이 말은 많은 텍스트들이 하나 이상의 통보 기능을 지니며, 그 기능에 따라 텍스트 유형들의 문체도 복합적인 특징을 지닌다는 뜻이다. 텍스트 유형의 문체는 각 영역의 텍스트에서 텍스트 문체만으로, 또는 텍스트 내용 및 상황의 자질과 결합하여 다양한 기능을 수행한다. 텍스트 유형의 측면에서 문체의 역사적 변화과정을 검토하는 작업은 시대적인 변화에 따라 우리나라에 나타난 텍스트로 어떤 것들이 있는지를 살펴보는 것으로 시작되어야 한다. 우리나라에서 이루어진 텍스트의 시대별 유형을 간단히 정리해보면 다음과 같다.[14)]

(5) 텍스트의 시대별 유형

제1기: 초기 텍스트의 태동기 - 중국의 문장분류법을 거의 그대로 답습한 한문텍스트

제2기: 한문이 한국식으로 변모된 텍스트 - 서기체 텍스트, 이두 텍스트, 향찰텍스트, 석독구결텍스트, 음독구결텍스트

제3기: 훈민정음의 창제와 더불어 나타난 언해텍스트

---

13) 서구 언어, 특히 영어가 우리의 언어생활에 미친 영향은 일차적으로 번역 작품을 통한 것인데 그 결과 우리는 인칭대명사의 남용, 주격과 주제격의 혼란, 화법 수용의 혼란, 경어법, 시제 사용의 혼란, 문장 길이의 조정 등과 같은 다양한 문제들을 안게 되었다. 김정우(1990) 참조.

14) 한문텍스트의 유형화 문제와 전통시대의 한글텍스트의 유형화 문제는 고영근(1990)의 제 7장에 잘 정리되어 있다.

제4기: 갑오경장을 계기로 한 국한문혼용텍스트, 한글텍스트

제5기: 외국문화의 접촉에 의한 새로운 텍스트의 탄생

① 한글 내지 국한문혼용으로 쓰인 공문과 교과서, 신문의 출현

② 신문의 창간으로 인한 사설과 광고의 출현

③ 다양한 성격의 본격적인 실용텍스트의 탄생(졸업증서, 모임의 발기취지서, 선언문, 표어, 성명서, 취지문 등)

④ 문학 장르의 확정

제6기: 해방 후 한글텍스트와 국한문텍스트의 공존기를 거쳐 1980년도부터는 한글텍스트의 압도적 우세기

현대적 의미에서 우리나라에서 문학 장르가 확정된 것은 이윤재의 문예독본(1931)이지만 이 책이 문학적인 문장을 유형화시키면서도 본격적인 유형화의 단계에 접어들지 못했다면 이태준의 문장강화(1940)는 비록 일본식의 분류이기는 하지만 당시에 실용되던 대표적인 텍스트(문장)의 유형을 열 가지로 나누고 각각의 작성법을 설명하고 있음이 비교된다.

제6기에 해당하는 사건으로 볼 수 있는 텍스트언어학의 확립과 더불어 시도된 텍스트의 유형화 작업은 텍스트가 지닌 외형적 특성과 내재적 특성을 모두 고려하여 시도되었다는 점에서 이전까지의 장르론이나 문장분류론과 대조된다. 이때 외형적 특징을 고려한다는 말은 상황적 특징, 즉 텍스트의 작성자, 텍스트의 독자가 누구이며 어떤 계층에 속하는가를 고려함과 더불어 텍스트의 생성 시기, 텍스트의 길이, 분량, 매체적 특성을 중요 기준으로 다룬다. 또 해당 텍스트와 다른 텍스트의 연관성을 고려하기도 한다. 다음으로 텍스트의 내재적 특징을 고려한다는 말은 텍스트의 기능과 텍스트 주제의 전개 방식, 주요 등장 화행 및 화행 연결 구조를 살피는 등의 구조적인 특징을

점검하는 것이다.

한 예로 실용텍스트의 유형화 작업을 시도했던 롤프(1993)는 텍스트기능을 하위분류함에 있어서 텍스트 유형 범례의 성공조건 또는 충족조건으로 발화수반목적 · 행위목적, 목표달성 방법, 준비조건의 세 가지를 설정하고 2,200여개의 텍스트를 살펴 크게 다섯 종류의 텍스트 유형을 구분하기도 했다.[15] 우리나라에서도 중세국어의 문헌을 대상으로 그리고 현대의 문헌을 대상으로 텍스트의 유형화 작업은 다양하게 이루어지고 있다.[16] 우리가 달성하려고 하는 목적에 따라 선택하는 법률문, 연설문, 조문, 편지, 계약서 등등의 텍스트 유형들은 각각 구별되는 문체를 지니고 있다. 지금까지 개별 텍스트 유형들이 지닌 문체와 기능에 대해서는 기사문, 광고문, 시, 소설 등 몇 가지 유형에 대해서만 선별적으로 연구가 행해졌는데 개별적인 텍스트 유형들이 지닌 독특한 문체를 검토함으로써 우리는 각 텍스트별로 관용화된 형식적 특성을 추출해낼 수 있을 것이다.[17]

---

15) Rolf(1993)에서 나타나는 실용텍스트의 유형화 결과는 다음과 같다.

화행유형	행위목표	텍스트 유형
단언적	청자는 명제를 그의 고유한 인지적 관점으로 만드는 기회를 얻는다.	보도문, 보고서, 설명서, 추천서, 서평
지시적	청자는 일정한 행위를 행해야 한다.	광고문, 논평, 작업안내문, 요리설명서, 규정집
위임적	청자의 이해관계와 연관된 화자의 미래행위.	계약서, 보증서, 서약서
표현적	청자에게서 추측되는 감정적 상태에 영향을 준다.	축전, 조전, 연애편지, 펜팔 편지
선언적	제도적/관습적 실제가 계속해서 존속하거나 이러한 제도/관습에 의해 대치된다.	임명장, 유언장, 위임장

16) 한 예로 고영근 · 남기심(1997:21)은 중세국어 연구의 주종이 되는 한글자료들을 그 성격에 따라 악장, 번안산문자료, 언해자료, 협주자료, 서간자료, 고려가요의 여섯 갈래로 나눈 바 있다.

17) 텍스트의 문체는 텍스트의 기능을 직접적으로 표현하는 '알리다', '보고하다', '요구하다', '청구하다', '선언하다', '신청하다', '계약하다', '보증하다', '감사하다',

4.2. 일기를 통한 문체의 비교

먼저 '일기'라고 하는 텍스트 유형을 문체의 측면에서 국어의 역사성을 살피는 대상으로 선정한 이유는 일기가 다른 텍스트 유형과 비교할 때 독특한 성격을 보이기 때문이다. 그 이유는 먼저 텍스트 생산자가 분명히 드러나며 특정한 청자를 상정하지 않고 철저하게 텍스트 생산자 혼자만을 독자로 하여 텍스트의 생산이 이루어진다는 특성을 지닌다. 반면 편지와 같은 텍스트 유형에 대해서는 훈민정음 창제 이전부터 다양한 형식의 자료가 전해지고 있기는 하지만 '편지'라는 형식을 공유하고 있을 뿐 너무나 다양한 상황에서 쓰여짐으로써 도리어 그 텍스트 유형의 성격을 파악하는 데 장애가 되는 경우가 있다. 예를 들면 분재에 관한 편지의 경우 텍스트별로 공문서의 성격을 지니는 편지와 사문서의 성격을 지니는 편지가 섞여 있고 하나의 편지가 이 둘의 성격을 공유하는 것도 있어서 그 성격을 파악하기가 쉽지 않다는 문제점이 있다.[18] 또 19세기~20세기 초에 나온 방각본 언간독은 일찍이 집안에서 필사본으로 전해오던 한글 편지 규식이 매매를 목적

'축하하다' 등의 수행 동사에 의해 특성화되기도 하고, 특정 어휘나 문장 유형에 의해 특성화되는 경우도 있으며, 계약서, 합의서, 보증서, 서약서, 맹서 등의 책무 텍스트나 유언장 등의 선언적 텍스트는 그 기능이 명시적인 수행 동사에 의해 직접적으로 표출되는 동시에, 엄격하게 제도화되어 있다는 특징을 지닌다. 또 법률 조항, 캠페인 등에서 볼 수 있듯이 '-야 한다'는 규범적 입장을 전달하거나, '-기를 바랍니다', '-이 필요합니다'로 표현되는 관심(필요, 소망, 선호)을 전달하거나 사건에 대한 긍정, 부정의 평가적 입장을 알리는 간접적인 수행 형식이 문체의 특징이 되기도 한다. 광고 문체도 텍스트 기능이 간접적인 표현을 통하여 실현되는 대표적인 예이다.

18) 한 예로 태조 이성계가 자식에게 남긴 분재기를 보면 어떤 것은 이성계 사가의 분재가 중추원과 도승지라는 공적인 루트를 통해 행해지고 있다는 점에서 형식상 공문서의 성격을 띠는 반면, 다른 것은 아버지와 딸 두 사람 사이에 개인 차원에서 수수된 문서라는 점에서 사문서의 성격을 띤다. (안승준 1998:31) 참조.

으로 방각본의 형태로 대량 간행되어 나온 것으로, 상대에 대한 호칭, 문장구성법, 편지의 구성 등이 이미 규식화되어 있었음을 알 수 있다.[19)]

이 글은 필사본 한글체 일기가 존재하지 않는 15~16세기를 제외하고 세 종류의 일기를 대상으로 각각 17세기 중반, 19세기 후반의 일기 그리고 20세기 전반기의 한글체 일기가 보이는 문체적인 측면을 검토하는 셈이 된다. 문체적인 측면의 검토는 전체적인 내용, 일기의 구성, 문장의 구성, 종결어미 그리고 기타 사항으로 나누어 점검하기로 한다. 우리가 분석의 대상으로 삼은 일기는 다음과 같다.

(6) 분석대상 일기

ㄱ. 丙子日記(인조 14년~인조 18년, 1636~1640)

ㄴ. 尹致昊日記(1887년 11월 25일~1889년 12월 7일)

ㄷ. 가람日記(1919년 8월 12일~1920년 5월 12일)

4.2.1. 전체적인 내용

위에서 든 세 종류의 일기는 모두 한글로 쓰여진 텍스트라는 공통점을 가지고 있다. 『병자일기』는 조선 인조 때 좌의정을 지낸 춘성부원군 시북 남이웅의 부인인 정경부인 남평 조씨(南平 曺氏)가 인조 14년 12월부터 인조 18년 8월까지,(서기로는 1636년부터 1640년), 즉 본인이 63세였던 해부터 67세가 되던 해까지 근 4년간 기록한 한글 필사본 일기로, 작자와 연대가 명확한 최초의 사가(私家) 일기라는 점이 특징이다. 이 작품과 비슷한 시기에 나온 한글 필사본 일기로 『산

---

19) 19세기~20세기 초에는 일찍이 집안에서 필사본으로만 전해져 오던 한글 편지 규식이 편지를 받는 상대에 따라 구별해야 하는 호칭, 문체, 편지의 구성법 등으로 규식화하여 방각본 언간독으로 대량 간행되었다. 홍은진(1998) 참조.

성일기』와 『계축일기』가 있지만 이 두 작품은 특정한 정치적 사건을 그 주변에서 지켜본 궁녀가 기록한 것으로 사가의 일기가 아닐뿐더러 작자도 명확하지 못하다는 점에서 성격을 달리한다. 『병자일기』의 내용은 남평 조씨가 겪은 병자호란이라는 큰 정치적 사건 뿐 아니라 일상생활의 주변에서 일어난 잡다한 일들로 생생하게 채워져 있다. 문체는 비교적 당대의 구어체에 가까운 것으로 판단되며 대화로 되어 있는 부분도 눈에 띠어 기존의 역어체 문장과는 거리가 있고 고전소설과도 문체와 어법의 차이를 보인다. 『병자일기』는 표지 1장 본문 72장(144면)으로 되어 있으며 앞부분이 소실되었다. 원래 4책으로 분책되어 있던 것을 1책으로 합한 듯 크기가 다른 2책이 중간에 끼어 있다.

윤치호는 1883년 1월 1일(음력 1882년 11월 22일)부터 1943년까지, 그러니까 18세에서 78세에 이르는 60년 동안 대부분의 일기를 영어로 썼다.[20] 유길준, 박영효가 한글의 필요성을 자각하면서도 한문 문화의 무게를 이기지 못하고 한문 문장에 한글로 토를 다는 국한문체를 벗어나지 못하고 있을 때, 같은 일본 유학생 출신인 윤치호는 상해와 미국에서 유학하던 기간 중인 1887년 11월 25일부터 1889년 12월 7일(음력 십월 십일일부터 십일월 십오일)까지 한글로만 이루어진 일기를 쓰게 된다.[21] 거의 전 평생 동안 일기를 쓰면서 이렇게 짧은 기

20) 윤치호가 영어로 일기를 쓴 이유는 '자유' '권리' '의회' 등 서구 시민사회의 산물을 번역할 만한 마땅한 국문이 존재하지 않았고, 국문에는 언문일치나 고백체가 없어 '고백적 글쓰기'가 어려웠기 때문이라고 스스로 적고 있다. 윤치호가 한글로 일기를 쓴 시작일과 마지막일의 내용은 김인선(1991:8) 참조.

21) 한글일기 중에도 고유명사를 적을 때는 가나문자와 알파벳, 한자를 사용하기도 했다. 일본 사람의 이름을 적을 때는 가나문자만을 사용하거나 한글이름 아래 이를 병기했고, 미국사람의 이름이나 고유명사를 적을 때는 한글로 적고 'Mr. Gunn 또는 Mrs.Mac Tyeier, 미국사은일(謝恩日, Thanksgiving day)'과 같이 병기하기도 했다. 또 한글의 아래 한자를 적어주는 경우도 뒤로 갈수록 늘어났다.

간 동안만 한글로 일기를 쓴 까닭은, 1880년대 후반 한글체로 글을 쓴다는 것이 당시로서는 너무도 새로운 문체의 시험작업에 해당되어 개인적으로 힘이 들었기 때문이다.22) 이 시기의 일기는 출판된 책으로 약 120쪽에 달한다. 1880년대 초 일본유학기의 일기는 전문이 한문으로 쓰여졌고 단지 메이지유신[明治維新] 이후 발전된 일본의 모습과 도쿄에 머물고 있던 한국인의 동향 등이 내용이며, 83~84년 국내체류기의 일기는 미국공사관 · 개화당 · 갑신정변 등에 관해 기록한 것으로 국내외 정세가 주를 이루고 있다. 84년~88년 중국 유학기의 일기에는 상하이의 대학생활과 중국의 사정, 한국인의 동정 등이 기록되어 있고 88년에서 93년은 미국유학기로 대학생활과 신앙활동, 미국의 문명 및 인종차별 문제 등이 담겨 있다.

『가람일기』는 이병기 선생이 1919년 4월 14일부터 1968년 별세 시까지 쓴 약 50년의 일기를 쓴 것을 모은 것이다. 이 일기는 1919년 4월 14일부터 8월 9일까지는 한문으로 쓰여졌고 1919년 8월 12일부터 1920년 5월 12일까지는 한글로, 그리고 1920년 7월 21일부터 1962년 및 1968년, 가람선생의 별세 시까지는 국한문혼용으로 되어 있다. 그러므로 이 글에서는 다른 두 종류의 일기와 마찬가지로 전체 일기를 분석의 대상으로 하지 않고 한글로 집필된 위의 기간의 일기만을 대상으로 하였다. 이 기간의 일기는 출판된 책으로 약 100쪽에 달한다. 형식은 주로 하루 동안 일어난 일을 순차적으로 서술하고 있으며 내용은 가람선생이 일상생활에서 겪은 여러 가지 일과 이에 대한 생각

22) 실제로 윤치호는 한글로 일기를 쓴 마지막 날인 1889년 12월 7일의 일기에서 '오늘부터 영어로 일기를 쓰기로 작정하다. 그 이유는 첫째, 우리말로는 지금의 모든 일을 다 세세히 쓰기 어렵고 둘째는 모든 일을 세세히 쓰기 어려운 까닭에 매일 빠뜨리는 일이 많아 일기가 불과 일수(날짜)와 음청(날씨의 흐리고 맑음)을 기록할 뿐이고, 셋째는 영어로 일기를 쓰면 특별히 필묵(필기도구)을 바꾸지 않아도 되고 넷째는 영어를 배우는 일이 더 빠르므로 이리 한다'고 적고 있다.

을 간결한 문체로 솔직하게 적은 것이 주를 이룬다. 3.1운동 후 국문학에 대한 사랑과 관심이 특히 잘 드러난다.

4.2.2. 일기의 구성

우리가 검토해보려는 세 종류의 일기는 적힌 시대를 달리하고 있고, 작자의 신분과 출생, 성장환경 등이 서로 달라 공통점을 찾기 어려워 보인다. 그러나 이들이 우선 '일기'라는 텍스트 유형을 같이 하고 있다는 점과 모두 한글로 적혔다는 점에서 공통점을 지닌다. 이 자리에서는 '일기'라고 하는 텍스트 유형이 시대별로 어떤 차이를 보이는지 날짜 적는 방법, 날씨 표시 방법 등을 중심으로 검토해보고자 한다.

먼저 날짜를 적는 방법을 보면, 세 작품 모두 날짜를 성실하게 적고 있다. 먼저 『병자일기』는 해가 바뀔 때에는 새 장에서 시작하거나 줄을 바꾸면서 앞부분을 큰 글씨로 적고, 달이 바뀔 때에는 줄을 바꾸거나 여백을 많이 남겨 구별하였다. 또 날이 바뀔 때에는 예외 없이 가로로 길이가 긴 동그라미 표시를 하여 구분한 후 날짜를 적고 바로 이어 날씨를 기록하는 일을 거르지 않았다. 해가 바뀔 때에는 '뎡튝졍월대건 임인신튝삭'과 같은 식으로 표기했는데 이는 '丁丑年 正月 大健 壬寅 辛丑 朔'을 한글로 적은 것으로 '서기 1637년 큰달(30일까지 있는 달), 60갑자의 壬寅에 해당하는 달, 辛丑의 간지에 해당하는 날, 음력 초하루'를 뜻한다. 특이한 점은 월의 간지는 다른 글들이 모두 세로쓰기를 하고 있는 것과 대조적으로 작은 글자로 가로쓰기를 하고 있다는 점이다. 각 달의 이름과 날짜 적는 방법은 다음의 표와 같다.

달	1636년(병자)	1637년(뎡튝)	1638년(무인)	1939년(긔묘)	1640년(경진)
1월		경월대건임인	원월대건갑인	원월건병인[23]	경월대건무인
윤1월					윤경월쇼
2월		이월쇼건계묘	이월	이월쇼건뎡묘	이월대기묘
3월		삼월대건갑진	삼월대건병진	삼월대건무진	삼월대건경진
4월		ᄉᆞ월쇼건을ᄉᆞ	ᄉᆞ월쇼건뎡ᄉᆞ	ᄉᆞ월쇼건긔ᄉᆞ	ᄉᆞ월쇼
윤4월		윤ᄉᆞ월			
5월		오월대	오월쇼건무오	오월대건경오	오월대건임오
6월		뉵월쇼	뉵월대	뉵월쇼건신미	뉵월쇼건계미
7월		칠월쇼건	칠월쇼건경신	칠월대건임신	칠월대건갑신
8월		팔월대	팔월쇼건신유	팔월쇼건	팔월쇼건을유
9월		구월쇼	구월대건임술	구월쇼건갑슐	
10월		시월대	시월쇼건계히	시월대건을히	
11월		동지월대	동지월대건갑ᄌᆞ	지월쇼건병ᄌᆞ[24]	
12월	(12월)	납월대건계튝	시이월대건을튝	시이월대건뎡튝	

<표1: 병자일기의 달 표기 방법>

일자	이름	일자	이름
1일	삭,[25] 초ᄒᆞᄅᆞ, 초길,[26] 초삭[27]	27일	념칠, ᄉᆞ무닐웨
2일	초이	28일	념팔, 여ᄃᆞ래
3일	초삼	29일	념구
4일	초사	30일	회일[28]
5일	초오, 단오일(5월)	이어진날	초이초삼
6일	초뉵	4~8일	초ᄉᆞ초오초뉵초칠초팔
7일	초칠	5~6일	초오초뉵
8일	초팔	7~8일	초칠초팔
9일	초구, 구일	8~10일	초팔초구초슌
10일	초슌	10~12일	초슌ᄒᆞᄅᆞ이틀
11일	열ᄒᆞᄅᆞ, 열ᄒᆞᄅᆞᆫ날	10~14일	쵸슌일々이일삼일ᄉᆞ일
12일	십이일, 이일, 열이틀	11~12일	열ᄒᆞᄅᆞ이틀
13일	십삼, 열사흘	12~13일	십이일십삼일
14일	십ᄉᆞ일, 십ᄉᆞ	12~14일	이틀사흘십ᄉᆞ
15일	망일	13~14일	열사흘십ᄉᆞ
16일	십뉵일, 십뉵	13~15일	십삼일십ᄉᆞ망일
17일	십칠일, 십칠, 칠일	14~15일	십ᄉᆞ망일

23) '健' 앞에 '大'자가 빠진 것임.
24) '至月', '동지가 있는 달'의 뜻.
25) '朔'으로 음력 매월 초하루를 의미한다.

18일	열여ᄃᆞ랜날, 십팔일	16~17일	십뉵십칠
19일	십구, 십구일	19~20일	십구념일, 십구이십일
20일	이십일, 념일[29)]	20~21일	념일스므ᄒᆞᄅᆞ
21일	스므ᄒᆞᄅᆞ, 이십일, 이십일々[30)], 념일々, ᄒᆞᄅᆞ,	21~22일	스므ᄒᆞᄅᆞ이틀, ᄒᆞᄅᆞ이틀, 일々이일
22일	스므이틀, 념이일, 이틀	22~23일	념이념삼
23일	념삼	23~24일	념삼ᄉᆞ일, 념삼념사, 념삼ᄉᆞ, 삼일ᄉᆞ일
24일	념ᄉᆞ, 이십ᄉᆞ	25~26일	념오념뉵
25일	념오, 이십오, 이십오일	28~29일	념팔념구
26일	이십뉵, 념뉵		

〈표2: 병자일기의 일자 표기방법〉

『윤치호일기』는 음력과 양력의 날짜를 병기하고 있음이 특징적이다. 한문체로 일기를 쓸 때도 음력 날짜를 적고 괄호 속에 '晴' 또는 '陰'의 날씨를 적은 후 반드시 '愼'자와 더불어 양력 날짜를 한자로 적어 넣었다. 그 뒤에 요일을 표시하는데 초기에는 '月, 火, 水 … 日'의 한자로 적다가 1883년 9월부터 영어로 적기 시작한다. 영어의 요일 표시도 초기엔 철자를 전부 표기하다가 1885년 6월 29일부터 S., M., T., W.,, Th., F., Sa.와 같이 약자로 표기하는데 이런 요일 표기 방식은 한글 일기에도 그대로 이어지고 있다. 한글체로 일기를 적는 기간 동안 단 한 번의 예외도 없이 음력 날짜를 적고 괄호 속에 '청, 음'의 날씨 표시를 한 후 양력 날짜를 한글로 적고 영어 약자의 요일 표

26) '初吉'으로 음력 매월 초하루를 일컫는 다른 이름

27) '初朔'

28) '晦日', 그믐날

29) '念日'로 그 달의 스무날을 나타냄. 중국의 고어에서 '念'이 '20'을 의미하는 '廿'과 그 발음이 [십]으로 같았던 데서 사용되기 시작했다. 원중국한자로 11세기 중국에서 편찬된 운서인 <集韻>에도 나타나는 '廿'은 '日'과 '執'이 합쳐진 日母子이다. 현재 우리 옥편에는 '스물 입'으로 나타난다.

30) 이승훈(1999)의 부록을 보면 구두점의 일종으로 '々'를 첩자부(疊字附, 자거듭표)로 같은 글자가 겹쳐나올 때 사용한다고 하면서 이를 '동상부(同上附, '〃')와 구분하고 있다.

시가 뒤따르고 있다.

그런데 영어로 일기를 적기 시작하면서는 아라비아 숫자로 날짜를 적는 방법을 택하고 있음이 눈에 띤다. 『윤치호일기』에서 표기된 월 표시는 '정월, 니월, 숨월, 〻월, 오월, 육월, 칠월, 팔월, 구월, 십월, 십일월, 십이월'로 '6월'과 '10월'의 표기가 현재와 다름이 눈에 띤다. 당시로서는 한글과 아라비아 숫자를 동일한 문서에 섞어 적을 생각은 가히 할 수 없었던 듯하다. 일자의 표기방법은 다음 표와 같다.

	음력 일자 표시 방법	양력 일자 표시 방법
1일	초일일, 초일, 초길	초일일, 초일
2일	초니일, 초이	초이일
3일	숨일, 초숨	초숨
4일	〻일, 초〻	초〻일, 초〻, 〻
5일	오일, 오, 초오	오일, 오
6일	육일, 륙, 초육	뉵일, 륙
7일	칠, 초칠	칠일, 칠
8일	팔, 초팔	팔일, 팔
9일	구, 초구	구일, 구
10일	십일, 십, 초십	십일, 십
11일	십일일, 십일	십일일
12일	십이일, 십이	십이일, 십이
13일	십숨일, 십숨	십숨일, 십숨
14일	십〻일, 십〻	십〻일, 십〻
15일	십오일, 십오	십오일, 십오
16일	십육일, 십육, 십뉵	십뉵일, 십육
17일	십칠일, 십칠	십칠일, 십칠
18일	십팔일, 십팔	십팔일, 십팔
19일	십구일, 십구	십구일, 십구
20일	이십일, 니십, 이십	입일, 이십

21일	입십일일, 이십일일, 입일	입일일, 입일
22일	입이일, 입니, 입이	입니, 입이
23일	입ᄉᆞᆷ일, 입ᄉᆞᆷ	입ᄉᆞᆷ
24일	입ᄉᆞ일, 입ᄉᆞ	입ᄉᆞ
25일	입오일, 입오	입오일, 입오
26일	입뉵일, 입육, 입뉵	입뉵일, 입뉵
27일	입칠일, 입칠	입칠일, 입칠
28일	입팔일, 입팔	입팔일, 입팔
29일	입구일, 입구	입구일, 입구
30일	삼십일, ᄉᆞᆷ십	삼십일, ᄉᆞᆷ십일, ᄉᆞᆷ십
31일		ᄉᆞᆷ십일일, ᄉᆞᆷ일

〈표3: 윤치호일기의 일자 표기방법〉

『가람일기』의 날짜를 적는 방법은 현대화되어 있다. '8/12(화)'와 같이 월과 일을 '/ '으로 분리하여 표기하고 괄호 안에 요일의 약자를 적는 식이다.

다음으로 현대에 와서는 일기의 필수요소가 된 날씨를 적는 방법에 있어서 『병자일기』는 몇 가지 유형을 보여준다.

(7)

ㄱ. 청, 음, 우

ㄴ. 대셜, 대우, 풍셜, 청온, 청ᄒᆞᆫ, 혹음, 혹청우, 야우풍, 됴잠우, 혹우혹청, 야우만청, 대우시야우

ㄷ. 년ᄒᆞ여대우, 청밤의쇠나기

ㄹ. 혹청쇠나기오다, 음우오후개다, 대셜이라, 죵일음나죄비브리다, 어제나죄쇠나기오다, 식젼비온후개다, 우셜이교작ᄒᆞ다, 됴무(아침안개)지척을분변티몯홀다, 죵일우나죄안개금즉다, 비시작ᄒᆞ여새아오다, 죵일우오후안개로지척을불변홀다

ㅁ. 흐리락ᄆᆞᆯ그락, 됴음

(7ㄱ)는 한 글자의 한자로 간단히 표시한 것이고 (7ㄴ)은 한자를 이어 적어 조금 더 자세히 날씨를 표현한 것이며, (7ㄷ)은 한자와 우리말을 섞어 구의 형태로 표현한 것이며 (7ㄹ)은 서술어 구성을 취했고 71ㅁ)은 우리말로만 이루어진 표현으로 어근만 적거나 동명사형을 이용한 것이다.

『윤치호일기』도 날씨를 적는 방법은 비슷하다.

(8)

ㄱ. 청(청), 음

ㄴ. 심히 칩다, ᄆᆡ우 칩다, 음닝ᄒᆞ다

ㄷ. 오밤의 눈오다, 밤의 비오다, 달박다, 일긔 조금풀니다, 죵일죵야비오ᄃᆞ, 일긔 어졔와 갓다, 바ᄅᆞᆷ이 ᄆᆡ우 칩다, 수일 일긔 ᄆᆡ오 온화ᄒᆞ다, 연일 일긔 ᄆᆡ우 온화ᄒᆞ다,

ㄹ. ᄆᆡ우 청명ᄒᆞ고 쌋듯ᄒᆞᄃᆞ, 낫의넌 음산ᄒᆞ고 밤은 청명ᄒᆞ다, ᄆᆡ오 치워 방내물이 ᄃᆞ을다

(8ㄱ)은 일기의 제일 앞부분 괄호 속에 양력 날짜를 적은 후 예외 없이 '청(청)' 또는 '음' 가운데 하나를 적은 것이고 (8ㄴ~ㄹ)은 본문 속에서 날씨를 표현한 것으로 거의 예외 없이 매일 나타나는 표현들이다. (8ㄴ)은 부사어+서술어의 단순 구성이고 (8ㄷ)은 주어+서술어 구성이며 (8ㄹ)은 복합문구성으로 접속구성과 내포구성을 다양하게 보여준다.

『가람일기』도 다양한 방식으로 날씨를 적고 있다.

(9)

ㄱ. 비, 맑다, 흐렸다, 덥다, 다습다, 몹시 춥다

ㄴ. 눈 뿌리다, 비가 종일 오다, 오래간만에 비가 개었다, 하늘에 구름 끼었다, 비가 지나다, 일기가 맑고 밝다, 봄날 모양으로 다습다, 구름끼어 비가 곧 쏟아질 듯, 비가 올 듯

ㄷ. 아침 해 돋기 전에는 제법 춥다가 해가 높이 오르니 고맙게 따습다, 구름 하늘이 비를 곧 내릴 듯하다가 저녁나절에는 볕이 조금 났다, 아침나절은 맑고 다습다가 저녁나절은 모진 바람이 일어나며 우뢰가 요란하며 비가 한 줄기 지내다

(9ㄱ)은 가장 단순한 표현으로 한두 단어로 표현되기도 하고 이어서 날씨와 관계된 다른 서술이 더 이어지기도 한다. (9ㄴ)은 주어+서술어 구성으로 종결어미로 마무리 된 것이 있는가 하면 '하다'를 생략한 채 '-ㄹ듯'으로 마무리 된 경우도 있다. (9ㄷ)은 날씨에 대한 화려한 묘사로 수필투의 문장을 보여주는 예들이다.

이처럼 시대를 달리하는 세 종류의 '일기'에서 우리는 공통적인 텍스트유형을 설정할 수 있게 하는 요소로 날짜와 날씨 표현을 추출할 수 있게 되었다.

4.2.3. 문장의 구성

일반적으로 우리의 옛 문헌에서 보이는 문장은 역어류 등과 같은 회화책의 문장을 제외하면 대단히 길고 복잡한 구조를 보여준다. 이처럼 우리 문장의 길이가 전통적으로 길게 표현된 원인으로는 우리 언중들이 갖는 인식의 체계, 국어의 통사 구조, 한문 번역문의 영향 그리고 구어와 비교할 때 문어는 더 장중한 느낌을 지녀야 한다는 인

식 등을 들 수 있다.(홍종선 1996:45~46) 글의 유형에 따라서는 단문이 주로 사용된 글도 있고, 복문이 주로 사용되는 경우도 있는데, 이러한 차이는 글의 인상과 속도감 등에 영향을 미친다.(김흥수 1990) 그러나 우리가 살펴보는 일기류는 극도로 짧은 문장과 긴 문장이 공존한다는 특징을 지닌다. 각 텍스트 별로 예를 들어보면 다음과 같다.

(10)

ㄱ. 『병자일기』 요ᄉᆞ이게(거기)잇다, 소허셤의셔묵다, 셕희ᄆᆞᄋᆞᆯ희와자다

ㄴ. 『윤치호일기』 일과쉬이다, 오전 경과 여전ᄒᆞ다, 영견군 ᄎᆞ져 보다, 야소 승탄이라, 오후에 목욕ᄒᆞ다

ㄷ. 『가람일기』 집은 벽돌로 지어 높고 튼튼하다, 그러나 깨끗치는 못하다. 그 사이에 청메뚜기가 운다.

(11)

ㄱ. 『병자일기』 병자년 12월 16일: 판관ᄃᆡᆨ힝ᄎᆞ과 세ᄃᆡᆨ일힝이되여 고족골 죵의지븨가니 신시ᄂᆞᆫᄒᆞ더니 판관ᄃᆡᆨ은농인으로가시고 우리두집힝ᄎᆞᄂᆞᆫ 이튼날무거김뵈간듕ᄒᆞᆫ짐과글월이나가져오려ᄒᆞ며 근쳐곡ᄉᆡᆨ뫼화 량식디허길나려ᄒᆞ더니 져물ᄣᅢ에 일봉이산셩으로셔나와 녕감유무가져와 긔별ᄒᆞ시되 이리급ᄒᆞ여시니 짐브티란ᄉᆡᆼ각디마오망듀야ᄒᆞ여 청풍으로 가라 ᄒᆞ여겨시거ᄂᆞᆯ 휴헐의대복의ᄆᆞᆯ거두고 션탁,대복도ᄃᆞ려 양식슬허(쓸어) 그날삼경은(삼경쯤에) 길나니 덕ᄉᆡᆼ이ᄂᆞᆫ 그리울고 니거지라ᄒᆞᄂᆞᆫ거ᄉᆞᆯ ᄌᆞ식을나케되여시니 로듕의가 나ᄒᆞ면 주글가ᄒᆞ여 죵ᄒᆞᆫ듸셔 피란ᄒᆞ라 ᄒᆞ고 량식이 마히이시…다두고 다만 ᄲᆞᆯ각 ᄒᆞᄂᆞᄒᆞᆯ 가져오다가 샹ᄌᆞ 다 게뭇고

ㄴ. 『윤치호일기』 1888년 4월 30일: 그말의 부모형뎨가 신교ᄒᆞ넌 것을 ᄃᆡ로ᄒᆞ여 상히 온후 일푼도 보내지 안고 그 붓처잇던 다구지씨ᄀᆞ ᄯᅩ ᄉᆞ

셰 부득이 ᄒᆞ여 귀국ᄒᆞ기를 직촉ᄒᆞᄆᆡ 노비 일푼 읍서 고뢰워 ᄒᆞ거늘 풍선싱 돈 십원과 학교 외구교회의서 돈 육원을 거두어 준고로 오늘 써나니ᄅᆞ.

ㄷ. 이 병은 콜레라란 벌레가 더러운 곳에서 일어나, 혹 먼지에 혹 냉수에 혹 찬 음식에 혹 공중에 섞여 있다가 사람의 입으로 들어가 빨리 승하게 번식하여 나중에는 걷잡을 수 없이 되며, 두통도 나고 몸도 노곤하고 오한도 하고 배아프고 토하고 설사하다가 생명이 위태하기도 하나니, 만일 이 병에 걸린 이가 있으면 그의 대소변과 토사한 것은 석회나 석탄산수로 소독하고, 냉수는 결단코 마시지 말지며 반드시 팔팔 끓인 뒤에 쓰고, 생채와 익지 않고 혹 곯은 과실을 먹지 말고, 채소는 먹으려면 잘 익히어 고추나 마늘을 맵게 넣으며, 익은 과일을 먹으려면 끓인 물로 깨끗이 씻어 먹을지요, 병인의 의복, 거처, 용구는 소독할지요, 차리를 박멸하여 음식에 붙지 못하게 할지요, 더러운 물을 흐르는 데와 진테미 쌓은 데는 아무쪼록 깨끗이하고 소독도 할지며, 변소는 석회를 뿌려 가끔가끔 소독하고, 여러 사람이 한데 모이지 말지요, 술은 백병의 근원이 되나니 마시지 아니함이 가장 좋으며, 먹이는 적당하게 일정한 시간에 먹을지요, 침구를 더운 볕에 내어 널고, 방, 뜰팡, 마당, 마루, 헛청, 광을 말갛게 쓸어 영이 돌게 할지니라. (『가람일기』 1919년 8월 19일)

『병자일기』는 날씨만 간단히 적을 정도의 단문이 있는가 하면 하루에 일어나 사건이 하나의 문장으로 표현될 만큼 긴 문장이 자주 보인다. 그래도 15세기의 문장과 비교해 보면 한 문장이 한 쪽을 넘어갈 정도로 긴 문장은 발견하기 힘들어서 문장의 길이에 대한 의식이 생겨나고 있음을 알 수 있다. 『윤치호일기』는 영어로 쓴 일기와 비교해볼 때 한글 일기의 길이가 현저히 짧다. 거의 매일 일기를 적고는 있지만 한 줄로 끝나는 일기가 한 달에 9～10일 정도나 되는 것을 볼 때 앞에서 밝혔듯이 필자 자신이 한글로 문장을 쓰는 일을 무척 힘겨워했던 데 그 이유가 있는 듯하다. 『가람일기』는 1919년 8월 9일까지 쓴 한문일기의 길이가 아주 짧았던 것과 대조적으로 한글일기부터 그 길이가 매우 길어졌다. 이처럼 하루의 일기가 한 편의 수필이 될 수 있을 정도로 길이가 길어진 이유는 한글문장을 적기 시작하면서(그리고 그뒤 국한문혼용의 문장을 적을 때에도 마찬가지로) 필자의 생각과 말을 글로 그대로 옮겨 적는 '언문일치'가 가능해졌기 때문으로 해석된다. 가람일기는 가람의 하루 일과를 기록하는 목적으로만 사용된 것이 아니라 필요한 정보를 기록하는 메모장 역할을 하기도 하고, 다른 사람으로부터 들은 이야기를 기록해두는 비망록이기도 했으며, 그날 지은 시를 기록해두는 연습장이기도 했으니[31] 다양한 용도로 사용되었음을 알 수 있다.

4.2.4. 어미의 사용

『병자일기』에서 사용되는 문장종결법을 살피면 다음과 같다.

(12)

ㄱ. 월탄 홍판ᄉᆞᄃᆡᆨ사ᄅᆞᆷ오니뎡숙이오다ᄒᆞᆫ다, 요ᄉᆞ이하슈々ᄒᆞ여티부티몬ᄒᆞᆫ다, …밍근다

님천 셔방 샹업이도 부러와보고가다, 니산 눈소리 공목두필 썩ᄒᆞ여왓다, 셔산막셔

31) 1920년 4월 23일은 그날 방문한 박물관, 동물원, 식물원에 대해 자세히 묘사한 후 '경복궁의 봄', '이별(봄)', '창경원의 봄', '우리가 할 일'이라는 4편의 시를 지어 적어두기도 했다.

기술이ᄒᆞ고 민어 ᄒᆞ나 보내여다

니민화시 와 유무드리더라

ㄴ. 평시도 이런변란이잇던가, 션셰 덕분으로이런가

이리 ᄒᆞᆫ마ᄋᆡ 모다 힝호미 만〻ᄒᆞ나 듕쥐 곳가면 눌로더브러 말이나ᄒᆞᆯ고

망국듕의 나라 이리되신 이ᄅᆞᆯ 부녀의 아롤이리 아니로ᄃᆡ 엇디아니 통곡〻〻ᄒᆞ리오

그려도 벗디아녀 얼고데디 아니ᄒᆞ니 다 죵곳아니면 엇디리, 망극특〻ᄒᆞ기를 다니ᄅᆞ랴

ㄷ. 아이고 ᄒᆞᆰ분이로다, 온 ᄉᆞᆱ의 녀쥐며ᄂᆞ리 보니 어엿블샤

(12ㄱ)은 평서법, (12ㄴ)은 의문법, (12ㄷ)은 감탄법의 예인데 일기문인 관계로 다른 문장종결법은 보이지 않는다. 특이한 사실은 하루의 일기가 반드시 종결법으로 마무리되지 않는 경우가 흔하다는 점이다. 먼저 아래의 (13ㄱ)은 연결어미로 문장을 끝내며 하루의 일기를 마무리 지은 예로 글을 적다가 중단한 것으로 보기에는 너무 많은 예들이 보인다.

(13)

ㄱ. ① (연결어미 -고) 흠ᄭᅴ ᄆᆞᄋᆡ 드러가 함양ᄃᆡᆨ 죵의 지븨 자고,

② (연결어미 -니) 큰길희(큰길에)나기를 결단몯ᄒᆞ여더니,

③ (연결어미 -어) 새배(새벽에)ᄇᆡ건너드러오니 일개통곡 ᄲᅮᆫ이오 그 망극기 엇더ᄒᆞᆯ고 즉시출혀, 말ᄉᆞᆷᄒᆞ노라ᄒᆞ니 새ᄂᆞᆫ줄을 ᄭᆡ닷디 몯ᄒᆞ여 파루후의 ᄌᆞᆷ을드러

④ (연결어미 -매) 시야ᄋᆡ ᄇᆡ알파 곽란긔운 이매,

ㄴ. ① (한자어구성) 새배문안(새벽에 대궐문안하셨다), 별시당듕(별시가 있어 과거장에 들어가셨다), 숙ᄇᆡᄒᆞ시다 거동(임금님께 숙배하셨

다, 임금님의 나들이가 있었다),

② (어근만 남음) 니현담 니명닙 다진지(드시다), 신셔방죵조차밥(먹다), 남두셩이 와 참졔(하다)(제사에 참여), 호판딕의 가 츄(ᄒᆞ시다), 의정부의 약차ᄒᆞᆯ일로 좌긔(하셨다)(의정부에 약차할 일로 좌기하셨다), 홍승지딕의 가 잠츄(하셨다)(홍승지댁에가서 조금 취하셨다), 명패로 드러가시더니 인견(하셨다)(명패받으시고 대궐에 들어가셔서 임금님을 뵙고 오셨다), 거동으로 일가시다 대례이날(임금님의 나들이 때문에 일찍 가셨다. 이날 임금님께서 대례를 지내셨다),

③ (우리말 구 구성) 기음닐굽(사람 일곱이 김매었다)/기음여ᄃᆞᆲ,

④ (우리말 절 구성) 한님쳔 변삼근 혜진 와 세잔식 어울미 조졍ᄌᆞ 와 세잔(을 마셨다), 남명평 형뎨 죠유도 신판관 서너잔식(마셨다),

⑤ (선어말어미까지 표기, 어말어미만 생략) // 시ᄉᆞᄒᆞᄋᆞᆸ(시제지냈다)// 동지일이라차례ᄒᆞᄋᆞᆸ

(13ㄴ)은 『병자일기』에서 종결어미를 갖추지 않고 문장이 마무리된 예들이다. 소형문의 성격을 띠고 있다고 볼 수 있으나 일반적인 소형문과 다른 점은 전체적으로 명사구의 형식을 취하지 않고 앞부분은 완성문의 형태로 써나가다가 뒷부분에 가서 소형문의 형태로 마무리되고 있음이 특이하다. 텍스트의 유형 가운데 '메모'의 형식을 지닌다고 하겠다.

『윤치호일기』는 거의 대부분의 문장이 '-하라'체를 유지하고 있음이 특징적이다. 평서문은 '일과 여전ᄒᆞᄃᆞ'와 같이 '-다'를, 의문문은 미래시제 형태소와 결합한 '-리오(요)'만 보일 뿐이다.(…그 국가가 타인의 노복이 되기 무ᄉᆞᆷ 어려운 일 잇스리요) 미래시제의 표시에는 '-리'만 사용되고 과거시제의 표시에는 'ᄆᆡ우 청명ᄒᆞ여 춘일 긔ᄉᆞᆼ 잇더라'와 같이 '-더라'만을 사용하고 있다. 감탄문에서는 '나가미근일이질노ᄒᆞ여 고로이 지ᄂᆞ니 가엽도ᄃᆞ'와 같이'-도ᄃᆞ'를 쓰는데 평서문에서는 '-다'와 '-ᄃᆞ'가 혼용되는 데 반해 항상 '-도ᄃᆞ'로 아래·를 사용하고 있음이 특이하다.

『가람일기』는 '입던 옷과 보던 책을 싸 집에 보내다'처럼 시제형태소가 결합되지 않은 '하라'체를 많이 사용하지만 한 종류의 종결법만 사용하지 않고 '해라체'를 혼용하고 있음이 특징적이다. 이어진 문맥에서 '하라체와 해라체'의 다양한 시제형태가 뒤섞인 예를 들어보면 다음과 같다.

(14) 제주 친구 고순흠군은 벌써 와 기다리다. 전기등이 환하여 낮같이 밝다. 차 타러 온 사람은 정거장 출입구 앞에나 대합실 안에 다복하게 있다. 더구나 보내러 온 이와 맞으러 온 이가 아울러 많이 모이었다. 그리 안하야도 더운 때 하물며 사람들이 삼대같이 들어 있는 곳에야 더윈들 오죽하리. 샘솟듯 나 흐르는 땀에 적삼은 등에 딱 들러붙고 속곳 가랑이는 다리에 회회 감긴다. 오후 11시가 거의 온다. 차표 살 사람들은 출찰구 열리기만 기다리고 퍽 모여섰다.

4.2.5. 기타 사항

단일 유형의 텍스트에서 문체적 측면의 통시성을 검토하려면 지금까지 살펴본 것 이외에도 문장부호의 사용 여부를 검토하여야 하고 경어법의 양상을 살펴야 한다. 문장부호부터 간단히 이야기하자면 『병자일기』에는 날짜가 바뀔 때 붓으로 동그라미 표시를 한 것을 제외하고는 어떤 부호도 사용하고 있지 않다. 『윤치호일기』는 쉼표와 마침표가 사용되고 있다. 전체적으로 문장의 길이가 짧아 쉼표가 많이 보이지는 않으나 긴 문장에서는 구절이 바뀜을 표시하기 위해 쉼표를 삽입하였다.

(15) 오늘은 경희년 말일이라, 금년 내 일신 ᄉᆞ정을 도라보ᄆᆡ 하눈님 은혜ᄅᆞᆯ 감ᄉᆞᄒᆞᆯ 일 여러 가지라. 졔일, 금년의 ᄂᆡ 힝실이 젼년의 비ᄒᆞ면 ᄆᆡ우 정결ᄒᆞ니 이거시 ᄂᆡ 심이 아니라, 야소구주의도와주신 덕틱이요, 제니, 신ᄉᆞᆼ 무병ᄒᆞ엿스며, 졔삼, 의식의 걱경 읍셧고, 졔ᄉᆞ, 공부의거침 읍셔 일년중 비록 ᄂᆡ가 심약하고 게울너 하눌이 주신 ᄢᅦ와 돈을 다 잘씨지 못ᄒᆞ엿으나 읏지 하늘이 내게 박ᄒᆞᄃᆞ 하리요.

마침표로는 예외 없이 고리점을 사용했고 몇 개의 항목을 나열할 경우에는 가운뎃점(·)을 사용했다.(예: 종ᄌᆞ준 · 종문광 · 보연항 · 고이유와 한담ᄒᆞᆯ ᄉᆡ이 …)[32]

『가람일기』에서는 쉼표와 마침표가 자연스럽게 사용되었고[33] 드물게 긴 줄표를 사용하기도 했다. (“나는 우리 부모를 어떻게 봉양하며 어떻게 사랑하며, 어떻게 위로하였는가–하는가–할는가.) 또 따옴표 대신 ‘「 」’를 사용했고 말줄임표(……)를 사용한 예도 보인다.

다음으로 경어법의 표현은 『병자일기』에서는 존칭선어말어미 ‘시’가 불규칙하게 사용되었고 겸양의 선어말어미는 종결어미에서는 ‘읍’과 ‘습’이 같이 나타나고 연결어미에서는 ‘–오–’만 보인다.

---

32) 뒤의 영어일기에서는 마침표도 고리점 외에 물음표와 느낌표 – 3개를 이어 쓴 경우도 보인다– 따옴표, 세미콜론, 줄표 등을 자유자재로 사용했다.

33) 단 한 번 느낌표가 보이는데 그것은 1919년 9월 22일 일기의 중간에 있는 “오늘 가는 그네들에은 악마를 대적할 이 몇이나 있나, 없나!”라는 문장에서이다. 이 일기에서는 의문문은 가끔 보이지만 어떤 경우에도 물음표를 사용하지 않은 것이 주목된다.

(16) ㄱ. 신평뉴ᄉᆡᆼ원오라바님오시니반갑ᄉᆞᆸ다, 약쥬가져다잡ᄉᆞᆸ다
ㄴ. 양조긔졔디내ᄋᆞᆸ다, 양부ᄉᆡᆼ일다례ᄒᆞᄋᆞᆸ다
ㄷ. 오ᄂᆞᆯ이내의대긔라참졔도몯ᄒᆞ오니ᄯᆞᆯᄌᆞ식ᄀᆞ티불용이어듸이시리 (1638.9.5～6), 최감ᄉᆞᄃᆡᆨ형님가보오라가니게가니심회더사오납다 (1638.10.19～20)

『윤치호일기』에서는 자신의 부모와 더불어 하나님, 예수에 대하여만 경어법을 사용하고 있음이 특징적이다.

(17) 오후의 자친 하서 밧ᄌᆞ오니 오월 십뉵의 ᄒᆞ신 편지요. ᄌᆞ근아버님 ᄒᆞ서도 뵙고 상뎨게 부모 일가와 왕실 인민을 보호ᄒᆞ시기를 축수ᄒᆞᄃᆞ.(1888.7.6)
아침의 부모양당・ᄃᆡᄂᆡ각젼・일가친척・일국 ᄇᆡᆨ셩, 금년 만ᄉᆞᄃᆡ길하옵기를축수ᄒᆞᄃᆞ(1888.1.1)
Mrs. Wightman이 임선ᄉᆡᆼ의 편으로ᄂᆡ게 ᄎᆡᆨ ᄒᆞᆫ권Invitation of christ 보ᄂᆡ시니 ᄀᆞᆷᄉᆞᄒᆞ도ᄃᆞ. ᄃᆞ믄 하누님이 도와 주ᄉᆞ 이 ᄎᆡᆨ을 잘 고부ᄒᆞ기를 축수ᄒᆞ노ᄅᆞ(1999.3.3)

『가람일기』에서 사용된 경어법은 현대의 일기문과 큰 차이를 보이지는 않지만 문장종결법은 절대문의 사용이 대부분이며 행동의 주체가 '나'인 경우에는 대부분 문장의 주어가 생략되는데 이는 일기문의 특성에 기인한 것으로 보인다.

그밖에 특이한 사항은 『병자일기』에서 '기음여둛, 둛이 세홰우더라, 훑당논여둛기음'에서 보듯이 합용병서자를 받침에 사용할 때 현재 표기와 좌우가 반대로 되어 있는 점이다. 이러한 표기방식은 매우 독특한 것으로 이것이 작가의 개인적인 성향에서 비롯된 것인지 당대

의 일반적인 발음대로 표기한 것인지는 알 수 없다.

5. 맺는말

문체를 통해 현대국어가 지니는 역사성을 파악하는 일은 결코 단순한 작업이 아니다. 이는 하나의 구체(球體)를 꿰뚫는 직선의 수가 무수히 많은 것에 비견될 정도로 대상을 바라보는 각도에 따라 전혀 다른 해석이 나올 수 있음을 의미한다. 예를 들어 국어학에서 다룰 수 있는 문체의 연구로 범위를 한정한다고 하더라도 방언과 표준어의 관계를 무시할 수 없으며 문장 내부로 범위를 좁히는 경우에는 문장의 길이를 볼 것인지, 구조를 논할 것인지가 다시 문제된다. 우리 고유의 문체와 구별되는 번역투의 문체로 대상을 한정하여도 다시 일본어투인지 한문투인지 아니면 영어투인지에 따라 논의의 초점이 옮겨가게 될 것이다.

현대국어에 특정한 문체가 존재한다는 인식을 공유하고 그에 대한 논의를 진행하기 위해서는 이 글에서 이루어진 것과는 방법을 달리함으로써, 예를 들어 우리 문장의 단문화라든지 어문정책의 존재 여부와 같은 사건 중심의 관찰을 하는 것이 불가결하다. 그리고 이러한 모든 논의는 또한 컴퓨터 사용의 확대와 같은 언어외적 요인을 반영하지 않고는 제대로 이루어졌다는 평가를 받기 힘들 것이다. 그런 점에서는 이 글은 완벽하게 둥근 구체에 단 하나의 직선을 관통시켰다고 말하기에도 부족함이 있음을 인정하지 않을 수 없다. 특히 거시적인 문체의 변화에 이어 바라본 일기 텍스트를 통한 문체의 변천은 수많은 텍스트 유형들 가운데 단 한 종류의 텍스트 유형을 예로 든 미시적인 논의임에 분명하지만 너무 넓은 시각으로 문체의 흐름을 조망하고 마는 것보다는 구체적인 한 텍스트 유형을 잡아 그 흐름을 살펴보는 작업이 의의를 지닌다고 보아 시도한 것이다.

참고문헌

고영근(1998), 『한국어문운동과 근대화』, 탑출판사.

고영근(1999), 『텍스트이론-언어문학통합론의 이론과 실제』, 아르케.

고영근 · 남기심(1997), 『중세어 자료 강해』, 집문당.

국정기(1971), 「국어 문체에 대한 연구」, 서울대 석사논문.

권영민(1991), 「개화기의 서사양식과 국문체」, 제34회 국어국문학대회 발표 요지.

권재일(2004), 「20세기 초기 국어의 문장구성론 연구」, 『2003년도 성루대학교 한국학 장기기초 연구보고서』, 177쪽.

김광해(1994), 「문체와 어휘」, 『국어문체론』, 대한교과서주식회사, 53~71쪽.

김기종(1983), 『조선어수사학』, 료녕인민출판사.

김병원(1987), 「한국 말과 글의 특성 비교」, 『이중언어 학회지』 3, 3~22쪽.

김봉군(1994), 「문체론과 수사학」, 『국어문체론』, 대한교과서주식회사, 197~207쪽.

김봉좌(2003), 「조선시대 방각본 언간독 연구」, 한국정신문화연구원 한국학대학원 석사논문.

김상태(1993), 『문체의 이론과 해석』, 새문사.

김상태(편역)(1988), 『윤치호일기』, 역사비평사.

김상태 · 박덕근(1994), 『문체론』, 법문사.

김영자(1997), 「북한의 문체」, 『남북한 언어 연구』, 박이정, 115～157쪽.

김완진(1983), 「한국어 문체의 발달」, 『한국어문의 제문제』, 일지사, 9～254쪽.

김인선(1991), 「갑오경장(1894～1896) 전후 개화파의 한글사용」, 『주시경학보』 8, 3～32쪽.

김정우(1990), 「번역문에 나타난 국어의 모습」, 『국어생활』 21, 국어연구소, 38～55쪽.

김형철(1987), 「19세기말 국어의 문체, 구문, 어휘의 연구」, 경북대 박사논문.

김형철(1997), 『개화기 국어 연구』, 경남대학교 출판부.

김흥수(1997), 「문체의 변화」, 『國語史硏究』, 國語史硏究會, 태학사, 955～1025쪽.

김흥수(1988), 「언어학적 문체론의 위상과 과제」, 『국어국문학』 100, 63～74쪽.

김흥수(1990), 「국어의 통사현상과 문체」, 『국어학논문집』, 강신항선생 화갑기념논문집, 533～554쪽.

김흥수(1993), 「국어 문체의 통사적 양상에 대한 연구」, 『한국언어문학』 31, 83～101쪽.

남기심(1977), 『개화기 국어 문체에 대하여』, 연세교육과학.

노대규(1996), 『한국어의 입말과 글말』, 국학자료원.

문용(1990), 「번역과 번역 문화」, 『국어생활』 21, 국어연구소, 14～26쪽.

민현식(1994ㄱ), 「개화기 국어 문체에 대한 종합적 연구(1)」, 『국어교육』 83 · 84, 113～152쪽.

민현식(1994ㄴ), 「개화기 국어 문체 연구」, 『국어국문학』 111, 37～61쪽.

민현식(1994ㄷ), 「개화기 국어 문체에 대한 종합적 연구(2)」, 『국어교육』 85, 101～123쪽.

박갑수(1977), 『문체론의 이론과 실체』, 세운문화사.

박갑수(1990), 「문체」, 『국어 연구 어디까지 왔나』, 동아출판사, 582~593쪽.

박갑수(1994), 「국어 문체의 연구사」, 『국어문체론』, 대한교과서주식회사, 26~44쪽.

박영순(1994), 「문체론의 본질」, 『국어문체론』, 대한교과서주식회사, 2~25쪽.

박용순(1978), 『조선어 문체론 연구』, 과학·백과사전출판사.

서정수(1991), 『생각하는 힘을 기르는 문장력 향상의 길잡이』, 한강문화사.

심재기(1991), 「개화기의 교과서 문체에 대하여」, 『국어국문학』 107, 181~194쪽.

안승준(1998), 「태조 이성계가 자식에게 남긴 분재기」, 『문헌과 해석』, 봄호(통권 2호), 태학사, 31~37쪽.

왕문용(1994), 「문체와 통사」, 『국어문체론』, 대한교과서주식회사, 71~80쪽.

윤치호(1863~1943), 『윤치호일기』, 국사편찬위원회(1973~1989), 1~11쪽.

이기문(1970), 『개화기의 국문 연구』, 일조각.

이기문(1984), 「개화기의 국문 사용에 관한 연구」, 『한국문화』 5, 65~84쪽.

이윤재(1931, 1969), 『문예독본』, 한성도서주식회사.

이인모(1960), 『문체론(이론과 실천)』, 동화문화사(삼문사, 1975).

이승훈(1999), 『글을 어떻게 쓸 것인가』, 문학아카데미.

이태준(1939, 1948), 『증정 문장강화』, 박문서관.

임성규(1989ㄴ), 「글말과 입말의 문체분석」, 『국어국문학』 102, 313~333쪽.

장경희(1994), 「문체와 의미」, 『국어문체론』, 대한교과서주식회사, 80~101쪽.

장소원(1986ㄱ), 「문법기술에 있어서의 문어체 연구」, 『국어연구』 72.

장소원(1991ㄴ), 「서평 : 강상호, 조선어입말체연구」, 『주시경학보』 8, 탑출판사, 169~180쪽.

장소원(1995), 「국어학에서의 구어성」, 『남학 이종철선생 회갑기념 한일어학논총』, 국학자료원, 291~305쪽.

장소원(1998), 「문체, 국어 문법과 자료」, 『이익섭 선생 회갑기념논문집』, 태학사, 689~715쪽.

장진한(1990), 「번역과 우리말」, 『국어생활』 21, 국어연구소, 27~37쪽.

전형대 · 박경신 역주, 남평조씨 지음(1991), 『병자일기』, 예전사.

정광(1995), 「1920~30년대 문학작품에 보이는 일본어 구문의 영향」, 『한국어학』 2, 378~398쪽.

정길남(1997), 『개화기 교과서의 우리말 연구』, 도서출판 박이정.

조규태(1992), 「일제시대의 국한혼용문 연구」, 『배달말』 17, 배달말학회, 37~66쪽.

조연현(1958), 「언문일치 이후의 우리 문장의 변천」, 『사조』 1-3호.

최석재(2000), 「개화기 시대 이후 단문화의 과정」, 『현대국어의 형성과 변천』 3, 박이정, 31~55쪽.

한재영(2000), 「17세기 국어자료와 국어연구의 현황」, 『문헌과 해석』 봄호(통권 10호), 문헌과 해석사, 10~33쪽.

홍은진(1998), 「일가 친척 중 남성간의 언간 규식 1」, 『문헌과 해석』 봄호(통권 2호), 태학사, 56~71쪽.

홍종선(1996), 「개화기 시대 문장의 문체 연구」, 『국어국문학』 117, 33~58쪽.

홍종선(2000), 「현대국어 문체의 발달」, 『현대국어의 형성과 변천』 3, 박이정, 9~30쪽.

황석자(1987), 「현대 문체론」, 한신문화사.

Bally, C.(1951), *Traité de stylistique française* (3rd edition), Paris.

Guiraud, P.(1957), *La Stylistique*, Univ. of Paris Press.

Murry, J. M.(1956), *The problem of style*, 최창록 번역(1992), 『문체론강의』, 현대문학.

Rifaterre, M.(1978), *Semiotics of poetry*, Bloomington: Indiana University Press.

Rolf, R.(1993), *Die Funktionen der Gebrquchstextsorten*, Berlin, New York.

Sebeok, T. A.(ed., 1960), *Style in Language*, Cambridge: M.I.T. Press.

Taylor, T. J.(1981), *Linguistic theory and structural Stylistics*, 양희철 · 조성래 공역(1996), 『구조문체론』, 보고사.

Ullmann, S.(1964), *Language and Style*, Oxford: Basil Blackwell.

20세기 한국 창작동요의 율격

조원형

1. 머리말

1.1. 연구의 목적

시가의 형식 변화, 특히 율격의 변화는 시작법은 물론 시론(詩論) 자체의 문제로도 소급될 수 있는 문제이다. 운율을 특히 중시해 온 유럽어권 시학에서는 운율이 시의 지향점을 반영한다고까지 여길 정도이다. 유럽어로 된 시와는 운율을 표현하는 방식이 약간 다르기는 하지만 한국 시 역시 독자적인 율격 체계를 갖추고 있어서, 예로부터 오늘날까지 많은 사람들이 이 문제를 연구해 왔다.

하지만 한국 음악사는 물론 문학사에서도 독특한 위치를 차지하는 창작동요에 대한 문체론적인 연구, 특히 율격 변천사에 관한 연구는 지금까지 그다지 이루어지지 않았다. 음악학 분야에서 김정숙(1974), 홍경희(1983) 등이 각각 창작동요와 토속동요의 리듬에 대해 논의한 바 있으나, 율격의 변천사에 초점을 맞추어 이를 본격적으로 조망하는 데에는 이르지 못했다. 그리고 류덕희·고성휘(1996), 한용희(2004) 등에서는 동요사를 음악사적·문학사적 관점에서 비교적 상세하게 고찰했으나 율격의 문제를 주의깊게 다루지는 않았다.

창작동요가 한국 음악사와 문학사에서 독특한 위치를 차지하는 이유는 다음과 같다. 우선 한국 현대 문학사에서는 동요가 독립된 장르로 여겨지고 있으며, 현대적인 창작동요가 태동하기 시작한 1920년대 이래로 동요를 전문으로 창작하는 작가들이 꾸준히 배출되어 왔다. 그리고 한국 현대시들 가운데에는 이른바 '자유시'라 하여 율격, 특히 음보율이 표면에 잘 드러나지 않는 시들이 많지만 동요는 최근까지 음보율을 잘 지켜 왔다. 물론 동요의 가사가 노래로 작곡되어 불리는 것을 전제로 하기 때문이기도 하지만, 대중가요를 비롯한 다른 장르의 노래 가사 중에는 음보율이 뚜렷하게 나타나지 않는 것들도 많은 것이 사실이다.

이러한 점에서 볼 때 한국 시가의 율격 가운데서 특히 창작동요의 율격을 고찰하는 것은 문학사적으로나 음악사적으로나 의미있는 작업이라 할 것이다. 그리고 율격은 문체의 하나인 만큼 이 연구는 문체론적인 측면에서도 가치를 지닌다. 이 점에 주목하여, 본고에서는 1924년부터 1999년까지 작곡된 한국 창작동요를 대상으로 그 가사 율격의 변화 경향에 관한 일종의 시론(試論)을 제시하고자 한다.

본고에서 '창작동요' 또는 간단히 줄여서 '동요'라고 부르는 것은 한국어로 가사를 짓고 그 가사에 맞추어 한국인이 작곡한 동요로 한정한다. 이 기준에 따르면 최초의 창작동요는 1924년에 윤극영이 작사·작곡한 <반달>이며, 그 이전에 방정환이 작사한 <형제별> 등은 외국 곡에 한국어 가사를 붙인 것이므로 논의에서 제외한다. <반달> 이후에 나왔다 하더라도 외국 곡에 한국어 가사를 새로 붙인 노래에 해당하면[1] 논의의 일관성을 유지하기 위해 이 글에서는 다루지 않기

1) 윤석중이 작사한 <옹달샘> 등이 여기에 해당한다.

로 한다. 이러한 노래들은 먼저 작곡된 곡조와 리듬에 가사를 짜맞춘 것이기 때문에, 가사를 먼저 쓰고 곡을 나중에 붙이는 일반적인 작곡 방식과는 차이가 있다.

1.2. 한국 근대 시가의 율격 변천사에 관한 기존 논의 검토

1920년대에 출현하기 시작한 창작동요의 율격이 문학사적으로 어떠한 과정을 거쳐 확립되었는가를 밝히기 위해서는 먼저 그 직전 시기의 한국 시가에 어떠한 율격이 주로 나타났는가를 검토해 보아야 한다. 이 점에 대해서는 다음과 같은 논의가 진행되어 왔다.

먼저 성기옥(1986)에서는 우리 나라 시가가 음보율을 기본으로 하고 있다는 것을 규명하고, 2음보에서 6음보까지 이르는 각각의 음보율이 지난 특성을 각 음보별 음절 수에 따라 나누어 살펴보았다. 그리고 현대 시가와 노랫말 등에 많이 쓰이는 이른바 '층량 3보격', 즉 각 행이 3음보를 이루되 그 가운데 맨 마지막 음보가 앞의 두 음보보다 음절 수가 많은 형태의 율격이 일본 창가의 영향을 받아서 생겨난 것은 아니라고 주장했다. 이러한 율격은 일본 창가보다 앞서 들어온 서구식 찬송가에도 널리 나타나며 이미 그 이전의 우리 민요에도 있었다는 것이다. 그러나 조동일(1996)과 권영민(2006) 등에서는 이러한 율격이 일본 시가의 영향을 받아 '7 · 5조'라는 음수율로 변형된 채로 개화기 이후 유행하게 되었음을 밝혔다.[2)]

조동일(1996)에서는 성기옥(1986)의 '층량 3보격'을 '뒤가 무거운 3음보격'으로 부르고 있으며, 맨 마지막 음보가 앞의 두 음보보다 음절

2) 일본 시가는 음수율을 기본으로 하고 있는데, 그 가운데 7음과 5음이 규칙적으로 반복되며 운율적 효과를 내는 '7 · 5조'가 대표적이다. 특히 19세기 말부터 20세기 초반까지 널리 유행한 창가가 보통 7 · 5조로 되어 있다.

수가 적은 경우는 '뒤가 가벼운 3음보격'으로 부르며 논의를 진행하고 있다. 성기옥(1986)에서도 지적하였듯이 우리 전통 시가에도 본래 '뒤가 무거운 3음보격'이 있기는 했지만, 각 음보당 음절 수가 고정되어 있는 것은 아니었다. 하지만 최남선은 이 가운데서 각 음보당 음절 수가 4·3·5나 3·4·5인 경우만을 이른바 '정상'으로 보고 3·3·5 등인 경우는 '비정상'으로 보았기 때문에 3·3·5 등을 4·3·5나 3·4·5로 바꾸려 하거나 다른 방법(예컨대 8·5조)으로 각 행의 음절 수를 맞추려고 했다. 이는 최남선이 음수율을 따르는 일본 시가만을 정상으로 여기고 음보당 음절 수가 일정하지 않은 한국 시가를 비정상적인 것으로 잘못 생각한 탓으로, 조동일(1996)은 이를 가리켜 전통적 율격을 이중으로 파괴한 것[3)]이라고 비판했다. 그러나 이 책에서는 전통 시가의 3음보격을 한용운, 김소월, 김영랑 등이 성공적으로 계승했다는 사실을 덧붙이고 있다.

조동일(1996)에서는 또한 한국 시가 가운데 한 행을 이루는 음보수가 달라지는 변화형이 있음을 밝히고, 4음보격으로 이루어진 시가 3음보, 5음보, 6음보로 각각 바뀌었을 때 어떠한 효과가 나타나는지를 이야기하고 있다. 이 논의에 따르면 "3음보로 된 부분은 호흡을 짧게 하면서 변화에 의한 긴장감을 주고, 5음보 또는 6음보로 된 부분은 호흡을 길게 하면서 역시 변화에 의한 긴장감을 준다. 그런데 5음보로 된 부분은, 원래 5음보격은 없으므로, 일종의 불협화음에 의한 긴장감을 주는 데 비해서, 6음보로 된 부분은 유장한 안정감을 지니고 있어서 대조적이다."[4)]

권영민(2006)도 조동일(1996)의 견해를 받아들이고 있다. 이 책에서는 근대 신체시가 출현하게 된 과정을 통시적으로 고찰하여, 개화가

3) 조동일(1986:297).
4) 큰따옴표로 묶은 내용은 조동일(1986:293)에서 인용하였다.

사나 개화시조에 파격이 일어나면서 율격면에서도 4 · 4조의 규칙적인 율격에 변화가 일어나 3음보가 나타나게 되었으며 이러한 변화를 최남선이 주도했다고 설명했다.

초창기 한국 창작동요는 이러한 역사적 원인 때문에 거의 모두 '뒤가 무거운 3음보격'으로 창작되었다. 이는 '뒤가 무거운 3음보격'이 당시 한국 시가의 주요한 율격 가운데 하나로 자리잡았다는 것을 의미한다. 그러나 당대의 동요들은 최남선의 창가와 달리 음보당 음절수가 일정한 것은 아니었다. 이 점에 대해서는 2장에서 다시 설명할 것이다.

1.3. 한국 창작동요사의 시기 구분

기존의 창작동요사 관련 논저에서는 대체로 다음과 같이 시기 구분을 해 왔다.

류덕희 · 고성휘(1996)에서는 사회사적 사건과 그에 따른 문화사적 사건을 기준으로 하여 개화기부터 일제 강점기 말까지를 창작동요 태동기, 성장기, 암흑기로 크게 구분했다. 그리고 각 시기를 '태동1기', '태동2기'와 같은 방식으로 세분했다. 이에 따르면 태동기는 개화기로서 창가가 도입되고 마침내 최초의 창작동요가 탄생한 시기이며, 성장기는 조선프롤레타리아예술가동맹(KAPF) 활동이 동요사에 영향을 미친 시기로 대변된다. 그리고 암흑기는 일제의 강압에 한국 문학이 전체적으로 침체되고 이에 따라 동요계도 침체된 시기에 해당한다.

한용희(2004)에서는 창가시대를 먼저 소개하고, 뒤이어 1920년대부터 10년대씩 인위적으로 시기를 구분하고 있다. 특히 한용희(2004)에서는 각 시기별로 특색있는 이름을 붙이고 있는데, 이에 따르면 1920년대는 창작동요가 태동한 '개척시대', 1930년대는 초창기 동요 작가들이 활발히 활동했던 '황금시대', 1940년대 초반은 이른바 황국신민화 정책으로 한국 문화가 말살되었던 '암흑시대', 1940년대 후반부터 1950년대 초반까지는 광복과 한국전쟁으로 어려움을 겪었지만 희망이 넘치는 밝고 씩씩한 동요가 많이 작곡된 시대, 1950년대 후반은 방송을 통해 동요가 보급되고 새로운 동요 작곡가들이 많이 등장한 '전성시대', 1960년대는 상업방송 때문에 어린이들이 동요보다 대중가요에 더 관심을 가지기 시작한 '혼란시대', 1970년대는 한국 창작동요 반세기를 맞아 동요의 중흥을 꾀하던 '가치관 정립시대', 1980년대부터 90년대까지는 MBC 창작동요제 등 새 노래 발표 경연대회가 성행하고 일선 학교에서 동요 보급활동이 더욱 활발하게 일어난 '다양화시대', 2000년대는 창작과 가창지도, 연주 분야 모두에서 화려한 성과를 거두고 있는 '도약의 시대'로 명명하였다.

이 가운데 방법론적인 면에서는 일관되게 시대사적 사건을 기준으로 삼은 류덕희 · 고성휘(1996)의 시기 구분법이 한용희(2004)의 방법보다 좀더 타당성이 있다고 본다. 한용희(2004)에서는 광복과 한국전쟁 등 특정한 사건이 있었던 때를 제외하고는 무조건 10년 단위로 시기 구분을 하고 있기 때문이다. 특히 본고는 동요의 율격이라는 비교적 순수한 문학적 대상의 변천에 초점을 맞추고 있기 때문에, 시기를 구분하는 데에는 무조건적으로 일정한 기간을 정해 시기를 구분하기보다 율격 변화가 두드러지게 나타나는 시점을 기준으로 하여 시기를 구분하는 방법을 따르는 것이 더 바람직하다고 본다.

그러나 류덕희 · 고성휘(1996)은 광복 이후의 동요에 대해서는 다루지 않고 있으며 율격에 관한 한 일제 강점기에 이른바 7 · 5조로 대변되는 새로운 형태의 음수율이 정립되었다는 점을 이야기하고 있을 뿐이다. 뒤에서 자세히 논하겠으나, 일제 강점기 동요는 발표 연도에 관계없이 거의 모두 '뒤가 무거운 3음보격'으로 이루어져 있어 적어도 율격의 변화에 관해서는 시기를 더 세분하기 힘들다. 따라서 본고에서는 류덕희 · 고성휘(1996)에 나타난 기본적인 발상, 즉 '사건'을 중심으로 하는 시기 구분법만을 원용할 뿐 거기에서 구체적으로 제시하는 시기 구분을 그대로 따르지는 않기로 한다.

'율격의 변화'라는 대상에 주안점을 두면 1920년대 이후의 한국 창작동요사는 1983년에 시행한 제1회 MBC 창작동요제를 분기점으로 하여 1980년대 이전과 이후로 크게 나눌 수 있다. 그리고 1980년대 이전은 일제 강점기와 광복 이후로, 1980년대 이후는 1980년대부터 1990년대 초반까지와 1990년대 중반 이후로 다시 나눌 수 있다. 광복 시점부터 1970년대까지를 한용희(2004)에서는 10년 단위로 세분하였으나, 율격은 물론 노래의 주제, 소재면이나 작곡 기법면에서도 1950년대 후반과 1960년대와 1970년대를 뚜렷하게 구분할 수 있는 차이가 나타나지 않아 본고에서는 이들을 한 시대로 묶었다. 한국전쟁을 전후로 한 시기에는 이른바 '전시동요'라 하여 전쟁과 관련된 동요들이 일부 나타나기는 하지만, 짧은 시기일뿐더러 본고의 논의 사항인 가사의 율격에 영향을 준 계기는 아니었으므로 이 역시 본고에서는 '광복 시점부터 1970년대까지'에 포함하였다.

따라서 본고에서는 20세기 한국 창작동요사를 아래와 같이 네 시기로 구분하고 각 시기에 발표된 동요들의 율격에 어떠한 특징이 나타나는지를 고찰하고자 한다. 이 시기 구분의 타당성은 본고의 논의 진행 과정에서 구체적으로 증명될 것이다.

(1) 일제 강점기

(2) 광복 시점부터 1970년대까지

(3) 1980년대부터 1990년대 초반까지

(4) 1990년대 중반 이후

2. 일제 강점기 동요의 율격

2.1. 시기 개관

이 시기에 한국에서 불린 노래들은 대부분 3음보 율격을 띠고 있었다. 7·5조 음수율을 기반으로 하는 일본 창가의 영향으로 3음보가 유행하게 된 것이다. 물론 3음보는 우리의 전통 음보율 중 하나로서 명맥이 끊이지 않고 계속 이어졌지만[5], 조선 후기는 시조나 가사 등 4음보 시가가 유행하던 시기였다. 따라서 4음보격의 시대를 지나 3음보가 다시 유행하게 된 데에는 최남선이 일본 시가의 영향을 받아 도입한 음수율이 큰 영향을 미쳤다는 점을 부인할 수 없다. 외래 요소가 '잠자고 있던 전통'을 '음수율'이라는 변형된 형태로 되살린 것이다.

2.2. 음수율이 나타나는 동요

이 시기에 작곡된 동요는 3음보 일색이었다. 그 가운데에서도 각 행을 이루는 세 음보 가운데 마지막 음보의 음절 수가 다른 음보들보다 조금 많은, '뒤가 무거운 3음보'가 널리 쓰였다는 점이 특징이다. 그 중에서도 최남선의 영향으로 7·5조 등 음절 수가 일정한 노래들이 많이 나타났다.

이 시기 한국 동요의 율격적 특성을 잘 보여 주는 노래로 한국 최초의 창작동요인 <반달>을 꼽을 수 있다. 아래는 <반달> 전문인데, 음보 경계는 '∨'로 표시하였다.

---

5) 성기옥(1986), 274~282쪽.

(1) 윤극영 작사 · 작곡(1924) <반달>

푸른 하늘 ∨ 은하수 ∨ 하얀 쪽배에
계수나무 ∨ 한 나무 ∨ 토끼 한 마리
돛대도 ∨ 아니 달고 ∨ 삿대도 없이
가기도 ∨ 잘도 간다 ∨ 서쪽 나라로

은하수를 ∨ 지나서 ∨ 구름 나라로
구름 나라 ∨ 지나선 ∨ 어디로 가나
멀리서 ∨ 반짝반짝 ∨ 비치이는 건
샛별이 ∨ 등대란다 ∨ 길을 찾아라

<반달>은 각 행별 음절 수까지 일치하는 율격을 지니고 있다. 1절의 1~2행은 풀어서 쓸 수 있는 말을 율격을 맞추기 위하여 명사만을 나열한 문장으로 축약한 사례이며, 2절의 '비치이는 건'과 '샛별이'는 음절 수를 맞추기 위하여 각각 '이'를 삽입한 것으로 볼 수 있다. 결과적으로 이 노래는 7 · 5조라는 음수율을 따르게 되었다.

7 · 5조는 아니지만 각 음보당 음절 수가 일정한 노래로 다음과 같은 예를 들 수 있다. 아래에 소개하는 윤복진의 <하모니카>는 각 음보별 음절 수가 4음절-4음절-5음절로 일정하게 짜여져 있는데, 이 역시 최남선이 고집했던 음수율의 틀을 벗어나지 않은 예에 속한다.

(2) 윤복진[6] 작사, 홍난파 작곡(1920년대) <하모니카>, 1절

욕심쟁이 ∨ 작은옵바 ∨ 하모니카는
큰아저씨 ∨ 서울 가서 ∨ 보내온 선물

작은옵바 ∨ 학교 갓다 ∨ 집에 오면요
하모니카 ∨ 소리맛처 ∨ 노래 불너요
도레미파 ∨ 솔라시도 ∨ 불느고서는
도미솔도 ∨ 도솔미도 ∨ 자미난다요

2.3. 음보율은 나타나지만 음수율은 나타나지 않는 동요

당시 한국 동요가 모두 위에서 살펴본 노래들처럼 음수율을 엄격하게 지킨 것은 아니었다. 이 시기의 동요들을 살펴보면 오히려 음보율은 나타나지만 음수율은 나타나지 않는 동요들이 눈에 많이 띈다. 그 대표적인 예를 아래에 제시한다.

(1) 이원수 작사, 홍난파 작곡(1925) <고향의 봄>

나의 살던 ∨ 고향은 ∨ 꽃피는 산골
복숭아꽃 ∨ 살구꽃 ∨ 아기 진달래
울긋불긋 ∨ 꽃 대궐 ∨ 차린 동네
그 속에서 ∨ 놀던 때가 ∨ 그립습니다

꽃 동네 ∨ 새 동네 ∨ 나의 옛 고향

---

6) 윤복진은 현실 생활 속에서 동요의 소재를 찾되 현실을 지나치게 비관적으로 그리는 데에는 반대했다. 이로써 지나치게 비현실적인 소재를 그리는 경향과 지나치게 사상(특히 사회주의 사상)을 드러내는 경향을 모두 지양하고 현실에 뿌리박은 서정 동요를 지을 수 있었다. 하지만 분단 이후 월북하여 정지용, 임화, 박세영 등과 함께 1980년대에서 후반까지 남한 문학계에서 잊혀지는 비운을 맞았다. 이 때문에 본고에서 소개하는 <하모니카>도 금지곡으로 묶여, 남한에서는 윤석중이 개사한 <옥수수 하모니카>로 불려 왔다.

파란 들 ∨ 남쪽에서 ∨ 바람이 불면
냇가에 ∨ 수양버들 ∨ 춤추는 동네
그 속에서 ∨ 놀던 때가 ∨ 그립습니다

위 (1)은 1925년에 발표된 <고향의 봄>이다. 이 가운데 '울긋불긋 꽃 대궐 차린 동네'는 마지막 음보가 4음절로 되어 있다. 그리고 각 연의 마지막 행은 첫째 음보와 둘째 음보가 모두 네 음절로 되어 있는데, 다른 행에는 이와 같은 음절 수가 나타나지 않는다.

(2) 목일신 작사, 권길상 작곡(1930년대) <자전거>, 1절

따르릉 ∨ 따르릉 ∨ 비켜나세요
자전거가 ∨ 나갑니다 ∨ 따르르르릉
저기 가는 ∨ 저사람 ∨ 꼬부랑 노인[7)]
우물쭈물 ∨ 하다가는 ∨ 큰일 납니다

(2)는 각 행별 · 음보별 음절 수가 각각 3 · 3 · 5, 4 · 4 · 5, 4 · 3 · 5, 4 · 4 · 5로서, (1)보다 음보별 음절 수의 차이가 더 두드러진다. 그러나 이 역시 '뒤가 무거운 3음보격'으로서 음보율이 뚜렷하게 나타난다.

위 (1)과 (2) 등에 일정한 음수율이 나타나지 않는다고 해서 이들 노래에 한국 시가 특유의 음보율이 나타나지 않는 것은 아니다. 사실 한국 동요 가운데에는 음보별 음절 수가 일정하지 않은 것이 더 많고 작사가들도 음보별 음절 수를 엄격하게 맞추려 했다는 흔적을 찾아보기가 쉽지 않다. 일제 강점기 한국 동요의 율격이 형성되는 데에 최남

7) '꼬부랑 노인'이 노인을 비하하는 표현으로 여겨져, 뒷날 '조심하세요'로 바꾸어 부르게 되었다.

선이 도입하고자 했던 7 · 5조 음수율이 영향을 미쳤다는 점은 부인할 수 없는 사실이지만, 본래 한국 시가의 운율이 아니었던 음수율은 한국 동요에 정착하지 못하고 단지 7 · 5조를 음보율로 재해석했을 때 나타나는 '뒤가 무거운 3음보격'이 당대의 유행으로 자리잡는 데에만 영향을 미쳤다는 것을 이로써 확인할 수 있다.

2.4. 3음보격이 부분적으로 나타나지 않는 동요

이 시기의 동요가 모두 3음보격으로 이루어진 것은 아니었다. 예외적인 경우이기는 하나 다음과 같은 예도 보인다.

(1) 김성도 작사 · 작곡(1930년대) <어린 음악대>, 1절

따따따 ∨ 따따따 ∨ 주먹손으로
따따따 ∨ 따따따 ∨ 나팔 불지요
우리들은 ∨ 어린 음악대
동네 안에 ∨ 제일가지요

<어린 음악대>는 1930년대에 발표된 짧은 노래이다. 그런데 이 노래는 1행과 2행이 3음보인 반면 3행과 4행은 각각 2음보로 되어 있다. 노래를 부를 때는 '우리'와 '들은', '동네'와 '안에'가 각각 한 마디씩을 차지하고 있지만, 가락 없이 가사만을 읊었을 경우에는 3행과 4행이 2음보의 연쇄 또는 하나의 4음보로 나타난다. 이러한 양식은 당대의 동요 가운데에는 매우 이색적인 형태에 해당한다.

2.5. 일제 강점기 동요들의 기본적인 리듬 패턴

이 시기 동요들의 전형적인 리듬 패턴은 4/4박자의 경우 '♩ ♩ ♩ ♩ | ♩ ♩ ♩ ♩ | ♩ ♩ ♩ ♩ | 𝅗𝅥. 𝄽' 식의 단조로운 리듬이다. 2/4박자와 3/4박자도 기본적으로 이와 다르지 않다. 한 마디당 음표 수가 마지막 마디를 빼면 거의 같고 리듬도 단조롭다는 것이다. 물론 점4분음표와 8분음표를 사용하여 부분적인 변화를 주기도 한다. 한 마디당 기본적으로 1음보씩이 나타나고, 넷째 마디에서는 뒤가 무거운 3음보격을 이루는 마지막 음절을 소화하는 것이다. 예컨대 <반달>과 <자전거>의 1절에 음보 경계와 마디 경계를 표시하면 아래와 같다. 본고에서는 음보 경계에 '∨' 표시를, 마디 경계에는 '/' 표시를 하기로 한다.

푸른 하늘 ∨/ 은하수 ∨/ 하얀 쪽배 / 에
계수나무 ∨/ 한 나무 ∨/ 토끼 한 마 / 리
돛대도 ∨ 아 / 니 달고 ∨/ 삿대도 없 / 이
가기도 ∨/ 잘도 간다 ∨/ 서쪽 나라 /로

따르릉 ∨/ 따르릉 ∨/ 비켜나세 / 요
자전거가 ∨/ 나갑니다 ∨/ 따르르르 / 릉
저기 가는 ∨/ 저 사람 ∨/ 꼬부랑 노 / 인
우물쭈물 ∨/ 하다가는 ∨/ 큰일납니 / 다

<반달>의 '돛대도 아니 달고'에서 부분적으로 음보 경계와 마디 경계가 일치하지 않고 있지만, 대체로 한 마디에 한 음보가 배정되어 있고 리듬도 뒤에서 살펴볼 1980년대 이후의 동요에 비해 단순하다. 이 점에서 <자전거>는 <반달>보다 더 전형적인 모습을 보여 준다.

3. 광복 시점부터 1970년대까지 발표된 동요의 율격

3.1. 시기 개관

이 시기는 '새 나라 건설'에 매진하던 시기로서 동요 부문에서도 진취적이고 경쾌한 노래들이 많이 나타났다. 광복이 되면서 일제 강점기와 달리 정규 교육과정에서 우리 동요를 가르칠 수 있게 되었고, 이에 발맞추어 교육적인 효과를 높일 수 있는 동요들이 많이 작곡되었다. 또 전문 작곡가들이 어린이들의 정서에 도움이 될 수 있는 새 동요를 적극적으로 작곡해 텔레비전과 라디오로 전국에 보급했다. 그리고 이 시기는 단지 작곡 부문에서뿐만 아니라 가창 지도 부문에서도 괄목할 만한 성장을 이룩한 시기로 평가된다.

이 시기에는 동요의 리듬이 점차 다양해지고 특히 경쾌한 선율과 리듬을 갖춘 동요들이 늘어나면서, 창가풍을 벗어나지 못했던 일제시대 동요들과 사뭇 다른 면을 보여 주고 있다.

3.2. 4음보 동요의 등장

전체적으로 보면 3음보격이 아직은 주류인 가운데[8] 이 무렵을 기점으로 4음보격을 갖춘 노래가 작곡되기 시작한다. 광복 직후의 4음보 노래는 주로 '새 나라 건설'이나 '어린이의 성장'을 소재로 한 경쾌한 노래나 유아용 짧은 동요에 많이 나타나는데, 시간이 흐를수록

---

8) 김정숙(1974)에서 분석한 동요들을 살펴보면 이 시기에 이미 4음보 동요들이 많이 작곡되었음을 알 수 있으나, 사람들에게 많이 불리던 잘 알려진 동요들 가운데는 여전히 3음보 동요가 많았던 것이 사실이다. 이 점은 뒤따르는 '3음보 동요의 지속적인 출현'에서 구체적으로 설명했다.

노래의 소재를 막론하고 4음보 노래가 점차 늘어나는 양상을 보인다.

(1) 윤석중 작사, 김대현 작곡(1945) <새 나라의 어린이>, 1절

새 나라의 ∨ 어린이는 ∨ 일찍 일어 ∨ 납니다
잠꾸러기 ∨ 없는 나라 ∨ 우리 나라 ∨ 좋은 나라

(2) 윤석중 작사, 권태호 작곡(1940년대) <봄나들이>

나리 나리 ∨ 개나리 ∨ 입에 따다 ∨ 물고요
병아리 떼 ∨ 종종종 ∨ 봄 나들이 ∨ 갑니다

위에서 살펴본 노래들은 모두 한 마디에 한 음보가 배열된 구조를 보이고 있다. 그리고 리듬의 변화가 많지 않고 한 음당 길이가 거의 일정한 것이 특징이다. 유아를 위한 동요들은 대체로 리듬이 지극히 단순하기 때문에, 곧 살펴볼 다른 4음보 노래들에 자주 나타나는 마디와 음보의 불일치 현상은 거의 찾아보기 힘들다.

한편 이 시기에 들어서면서 새로 작곡되어 불리는 동요의 일반적인 분위기가 점차 밝아지고 경쾌해지는데, 이러한 경향을 주도한 노래 중에 4음보격을 갖춘 노래들이 많다. 아래에 제시하는 (3)은 가사 내용이 씩씩하고 진취적이며, (4)는 씩씩하고 진취적인 내용이라고는 할 수 없으나 밝고 화사한 분위기가 느껴진다.

(3) 윤석중 작사, 이수인 작곡(1970년대) <앞으로>

앞으로 ∨ 앞으로 ∨ 앞으로 ∨ 앞으로

지구는 V 둥그니까 V 자꾸 걸어 V 나가면
온 세상 V 어린이를 V 다 만나고 V 오겠네
온 세상 V 어린이가 V 하하하하 V 웃으면
그 소리 V 울리겠네 V 달나라까지
앞으로 V 앞으로 V 앞으로 V 앞으로

(4) 박화목 작사, 김공선 작곡(1969) <과수원 길>

동구밖 V 과수원 길 V 아카시아 꽃이 V 활짝 폈네
하얀 꽃 V 이파리 V 눈송이처럼 V 날리네
향긋한 V 꽃 냄새가 V 실바람 타고 V 솔솔
둘이서 V 말이 없네 V 얼굴 마주보며 V 생긋
아카시아 꽃 V 하얗게 핀 V 먼 옛날의 V 과수원길

3.3. 3음보 동요의 지속적인 출현

한편 이 시기에도 일제 강점기에 이어 3음보로 된 동요가 여전히 많이 발표되었다. 류덕희 · 고성휘(1996)에 따르면 일제 강점기 시대에 창작된 동요들은 1970년대까지 불린 동요 중 거의 대부분을 차지한다고 한다. 이 때문에 일제 강점기 동요의 대표적인 율격으로서 대중에게 친근한 3음보격의 동요가 계속 많이 작곡될 수 있었던 것이다. 4음보격을 갖춘 가사는 대체로 진취적인 내용을 담고 있거나 밝고 화사한 분위기를 자아내는데, 3음보격을 갖춘 가사는 비교적 애잔하고 서정적인 노래에 많이 나타난다.

(1) 윤석중 작사, 정순철 작곡(1946) <졸업식 노래>, 1절

빛나는 V 졸업장을 V 타신 언니께
꽃다발을 V 한아름 V 선사합니다
물려받은 V 책으로 V 공부 잘하며
우리들도 V 언니 뒤를 V 따르렵니다

(2) 한호 작사, 한용희 작곡(1955) <푸른 잔디>

풀 냄새 V 피어나는 V 잔디에 누워
새파란 V 하늘가 V 흰 구름 보면
가슴이 V 저절로 V 부풀어 올라
즐거워 V 즐거워 V 노래 불러요

우리들 V 노랫소리 V 하늘에 퍼져
흰 구름 V 두둥실 V 흘러 가면은
모두 다 V 일어나 V 손을 흔들며
즐거워 V 즐거워 V 노래 불러요

위 (1)은 광복 직후에 발표된 노래이며, (2)는 그보다 늦은 1950년대에 발표되었다. 하지만 율격면에서는 일제 강점기 노래들과 큰 차이가 없다.

3.4. 3음보격과 4음보격의 혼재

그리고 이 시기에 들어서면서, 한 행에서만 다른 행과 음보의 수가 다르게 나타나는 노래들도 종종 발표되기 시작한다. 이와 같이 한 편의 시 안에서 음보율이 일정하게 나타나지 않는 것은 한국 현대시가 정형화된 율격을 고수하지 않는 경향을 보이기 때문이다.이러한 노래의 예로는 윤석중이 작사한 <어린이날 노래> 등이 있다. 아래 (1)은 세 번째 행에서만 4음보가 나타나고 다른 곳은 모두 3음보로 되어 있으며, (2)는 4음보가 이어지다가 뒷부분에서 3음보가 나타난다. 조동일(1986)에서 지적한 대로 이러한 형식은 변화에 의한 긴장감을 주는데, 노래의 특성상 음보 수에 관계없이 한 행을 네 마디로 소화해야 하기 때문에 오히려 3음보가 나타날 경우 리듬이 느려지고 4음보가 나타날 때 리듬이 빨라지는 모습을 보인다. 이러한 유형의 동요는 지금까지도 꾸준히 창작되고 있다.

(1) 윤석중 작사, 윤극영 작곡(1946) <어린이날 노래>

날아라 ∨ 새들아 ∨ 푸른 하늘을
달려라 ∨ 냇물아 ∨ 푸른 벌판을
오월은 ∨ 푸르구나 ∨ 우리들은 ∨ 자란다
오늘은 ∨ 어린이날 ∨ 우리들 세상

우리가 ∨ 자라면 ∨ 나라의 일꾼
손 잡고 ∨ 나가자 ∨ 서로 정답게
오월은 ∨ 푸르구나 ∨ 우리들은 ∨ 자란다
오늘은 ∨ 어린이날 ∨ 우리들 세상

(2) 석용원 작사, 이수인 작곡(1970년대) <목장의 노래>

흰 구름 ∨ 꽃구름 ∨ 시원한 ∨ 바람에
양떼들 ∨ 풀 파도 ∨ 언덕을 ∨ 넘는다
달콤한 ∨ 꽃 내음 ∨ 대지의 ∨ 자장가
송아지 ∨ 나무 아래 ∨ 낮잠을 잔다
부르자 ∨ 랄랄랄라 ∨ 목장의 노래
벌판마다 ∨ 초록빛 ∨ 사랑 꽃핀다

산 천리 ∨ 물 천리 ∨ 시원한 ∨ 바람에
불어라 ∨ 풀피리 ∨ 희망도 ∨ 벅차게
너와 나 ∨ 옹달샘 ∨ 한 모금 ∨ 마시면
하늘은 ∨ 푸른 하늘 ∨ 가슴이 뛴다
부르자 ∨ 랄랄랄라 ∨ 목장의 노래
벌판마다 ∨ 초록빛 ∨ 사랑 꽃핀다

4. 1983년부터 1992년까지 발표된 동요의 율격

4.1. 시기 개관

이 시기에 들어서면서부터는 4음보격을 갖춘 노래들이 특히 많이 작곡되기 시작했고, 이에 발맞추어 밝고 경쾌한 노래들이 많이 발표되었다. 1983년에 MBC 창작동요제가 시작된 뒤로 동요 작곡도 일반인들의 경연 대상이 되었고, 초등학교 교사들을 중심으로 여러 신진 작곡가들이 나오기 시작했다. 예전에는 어린이들이 교과서에 나와 있는 노래를 배우거나 소수의 전문 작곡가들이 지어서 보급한 노래를 듣고 배우는 식으로만 동요가 보급되었으나, 1980년대 이후로는 현직 초등학교 교사들이 교육 일선에서 지은 노래들을 학생들에게 보급하는 시대가 열렸다. 특히 1990년대부터는 교사가 아닌 일반인들도 방송사 주최 창작동요제 응모 기회를 얻게 되면서 동요 작곡가들의 저변이 더욱 넓어졌고, 이에 따라 더욱 다양하고 다채로운 동요들이 세상에 알려지게 되었다.

이 시대에도 3음보 노래가 발표되지 않은 것은 아니지만, 1980년대 동요 보급에 가장 큰 역할을 한 MBC 창작동요제 본선 참가곡들을 중심으로 살펴보면 4음보 노래가 상당히 늘어났다는 것을 발견할 수 있다.

4.2. 제1회(1983)～제10회(1992) MBC 창작동요제 참가곡 분석

4.2.1. MBC 창작동요제를 조사 표본으로 삼은 까닭

1983년 5월 문화방송(MBC)에서는 제1회 창작동요제를 개최하여 신작 동요 보급에 본격적으로 나서기 시작했다. 이후 최근까지도 MBC 창작동요제는 국내에서 새 동요를 발표하고 보급하는 가장 대표적인 경연대회가 되었고, 여기서 발표된 노래들은 당대 어린이들은 물론 성인들에게까지 널리 보급되었다. 따라서 MBC 창작동요제 본선 진출곡을 표본으로 삼으면 1980년대 이후 한국 창작동요의 작사, 작곡 경향을 가장 확실하게 알 수 있다. 이에 본고에서는 1980년대 이후 한국 동요의 음보율 변화 양상이 어떻게 나타나고 있으며 이전 시기와는 어떠한 차이점을 보이는지를 MBC 창작동요제 본선 진출곡으로 중심으로 하여 논하고자 한다.

4.2.2. MBC 창작동요제 본선 참가곡들의 음보율 분석

MBC 창작동요제에서는 1983년 제1회 대회부터 1992년 제10회 대회까지 모두 160곡이 발표되었다.[9] 그 가운데 일관되게 3음보격을 보이는 노래들과 일관되게 4음보격을 보이는 노래들, 그리고 3음보와 4음보 혹은 5음보 이상의 율격[10]이 섞여서 나타나는 노래들의 개수를 세면 다음 표와 같다.[11]

	3음보	4음보	혼합
참가곡 수	50	45	65
수상곡 수	18	22	23

<표1: 제1~10회 MBC 창작동요제 본선 진출곡과 수상곡의 음보율 유형별 분포>

본선 참가곡 수만을 놓고 보면 3음보와 4음보가 혼합된 유형의 노래가 가장 많다. 하지만 참가곡 수당 수상곡 수의 비율을 계산해 보면 4음보 노래 중 수상곡 비율이 월등히 많다. 4음보 노래의 경우 본선 진출곡 수는 가장 적지만, 수상곡이 그 절반에 달한다. 당대에 널리 보급된 노래들이 주로 창작동요제 수상작인 것을 감안한다면 4음보 노래의 비중이 결코 작지 않고 선호도도 상대적으로 높다는 것을 알

9) 1993년 이후의 자료에 대해서는 5장에서 다루기로 한다.

10) 한 작은악절당 5음보 이상이 나타나는 경우도 있는데, 5음보일 경우에는 보통 3음보와 2음보의 연쇄로, 6음보일 경우에는 3음보와 3음보의 연쇄 또는 4음보와 2음보의 연쇄로 파악할 수 있다. 후술할 <노을>과 같은 3음보와 3음보의 연쇄는 3음보격이 반복되는 것으로 간주할 수 있지만, 3음보와 2음보의 연쇄 또는 4음보와 2음보의 연쇄가 나타날 경우에는 각 행에 여러 종류의 음보율이 섞여 나오는 것으로 보아야 할 것이다.

11) 두 어절 이상이라 해도 그 두 어절의 음절 수를 더하였을 때 5음절 이하가 되고 그 어절들의 연쇄가 의미상 한 구(句)를 이루는 것으로 파악되는 경우에는 한 음보로 간주하였다.

수 있다. 이를 바탕으로 볼 때, 1980년대에서 1990년대 초반까지는 전체적으로 4음보 노래가 우세한 시기였다고 판단할 수 있다.

3음보와 4음보가 섞여 나오는 경우는 이전 시기에 나온 노래들과 마찬가지로 리듬이나 악상의 변화 등과 관련이 깊다.

그리고 이 시대에 작곡된 3음보 노래들 가운데에는 일제 강점기부터 널리 작곡된 '한 작은악절당 3음보 한 행' 구성의 노래 이외에도 한 작은악절에 3음보 두 행이 들어가 있는 노래가 많다. 그 대표적인 예는 다음과 같다.

(1) 이동진 작사, 안호철 작곡(1984) <노을>

바람이 ∨ 머물다 간 ∨/ 들판 에 ∨/ 모락모락 ∨ 피어나는 ∨/ 저녁 연기
색동옷 ∨ 갈아입은 ∨/ 가을 언덕에 ∨/ 빨갛게 ∨ 노을이 ∨/ 타고 있어요
허수아비 ∨ 팔 벌려 ∨/ 웃음짓고 ∨/ 초가 지붕 ∨ 둥근 박 ∨/ 꿈꿀 때
고개 숙인 ∨ 논밭의 ∨/ 열매 ∨/ 노랗게 ∨ 익어만 ∨ 가 / 는
가을 바람 ∨ 머물다 간 ∨/ 들판에 ∨/ 모락모락 ∨ 피어나는 ∨/ 저녁 연기
색동옷 ∨ 갈아입은 ∨/ 가을 언덕에 ∨/ 붉게 ∨ 물들어 ∨/ 타는 저녁놀

(1)은 한 행을 3음보로 본다면 한 작은악절(네 마디)당 두 행이 들어있는 형식이다. 이와 같이 작곡한다면 3음보짜리 한 행을 두 마디에 담게 되어, 리듬이 빨라지게 된다. <노을>의 경우 2음보인 '바람이 머물다 간'을 한 마디로, 1음보인 '들판에'가 다시 한 마디로 노래하는데, 이처럼 한 마디 안에 2음보와 1음보가 규칙적으로 번갈아 나타나면서 또다른 운율적 심미감을 자아낸다. 위 표에서 제시한 수상곡 18편 중 11편이 이와 같은 형식으로 되어 있다. 수상곡 중 일제 강점기 때부터 발달한 전통적인 3음보 율격으로 이루어진 곡은 모두 일곱

편에 지나지 않는다. 이는 한국 동요가 좀더 경쾌하고 변화 있는 리듬을 선호하게 된 것과 관련이 깊다.

이 시기에 발표된 4음보 율격 노래의 대표적인 예는 아래와 같다.

(2) 이강산 작사 · 작곡(1991) <하늘나라 동화>

동산 위에 V/ 올라서서 V/ 파란 하늘 V 바라보 / 며
천사 얼굴 V/ 선녀 얼굴 V/ 마음 속에 V 그려봅니 / 다
하늘 끝까지 V/ 올라 V/ 실바람을 V 끌어안 / 고
날개 달린 V/ 천사들과 V/ 속삭이고 V 싶어 / 라

동산 위에 V/ 올라서서 V/ 파란 하늘 V 바라보 / 며
천사 얼굴 V/ 선녀 얼굴 V/ 마음 속에 V 그려봅니 / 다
하늘 끝까지 V/ 올라 V/ 실바람을 V 끌어안 / 고
아름다운 V/ 선녀들과 V/ 얘기하고 V 싶어 / 라

6/8박자 곡인 (2)의 기본적인 리듬 구조는 '♪♪♪♩. | ♪♪♪♩. | 𝅘𝅥𝅯𝅘𝅥𝅯♪♪♪♪♪ | ♩.♩𝄽'이다. 이 리듬이 가사의 음절 수에 맞게 조금씩 변형되는 것이다. 그런데 셋째 마디에서 한 음보를 넘는 분량을 소화하기 위해 빠른 리듬을 사용한 것을 볼 수 있다. 이러한 유형은 4음보 노래가 늘어나면서 가장 선호하게 된 리듬 유형이다. 앞서 살펴본, 1969년에 발표된 <과수원길> 등도 이와 비슷한 리듬 유형을 보인다. 마디당 각각 '1음보 / 1음보 / 1음보를 넘는 음절 수 / 1음보를 이루지 못하는 음절 수'를 배정해, 한 마디 안에서 1음보 분량을 넘는 가사를 빠른 리듬으로 소화하고 이어지는 마디에서는 숨을 고르는 식으로 리듬의 역동적인 변화를 추구한 것이다.

한편, 4음보로 이루어진 노래 중에는 이와 다른 리듬을 사용한 것도 있다.

(3) 박명진 작사, 송택동 작곡(1991) <어여쁜 친구>

정답게 ∨ 얘기 나누 / 던 ∨/ 친구를 ∨ 생각해 봐 / 요
언제나 ∨ 환하게 웃 / 던 ∨/ 어여쁜 ∨ 친구 / 를
꽃처럼 ∨ 예쁘고 ∨ 환하 / 게 ∨/ 별처럼 ∨ 하얗고 ∨ 빛나 / 게
(우리)의[12] ∨ 미소 때문 / 에 ∨/ 세상은 ∨ 빛나 / 요

정답게 ∨ 얘기 나누 / 던 ∨/ 친구를 ∨ 생각해 봐 / 요
언제나 ∨ 환하게 웃 / 던 ∨/ 어여쁜 ∨ 친구 / 를
꽃처럼 ∨ 예쁘고 ∨ 환하 / 게 ∨/ 별처럼 ∨ 하얗고 ∨ 빛나 / 게
(우리)의 ∨ 미소 때문 / 에 ∨/ 세상은 ∨ 빛나 / 요

위 (3)은 작은악절 단위로 줄바꿈을 해서 제시하였다. 각 연의 첫째 작은악절과 둘째 작은악절은 첫째 마디와 셋째 마디에 1음보를 넘는 음절 수가 나타나며, 이에 따라 빠른 리듬이 나타난다. 그리고 둘째 마디와 넷째 마디에는 1음보를 이루지 못하는 음절 수가 나타나면서, 박자를 맞추기 위해 리듬이 느려진다. 따라서 빠른 리듬과 느린 리듬이 두 마디 단위로 교차하게 된다. 셋째 작은악절은 3음보를 이루는 행 두 개를 한 작은악절 안에서 처리한 경우인데, 위에서 살펴본 <노을>과 같은 유형이다.

---

12) 가사 '우리'에 해당하는 선율이 여린내기임을 괄호로 표시하였다. 실제 노래에서 '우리'는 앞 행의 '게'와 같은 마디에 들어있다.

4.2.3. 회차별 MBC 창작동요제 본선 참가곡의 음보율 분포

앞서 살펴본 바와 같이 1980년대에는 동요 작곡자들의 저변이 넓어지고 작곡 기법도 다양해지면서 주로 작곡되는 동요의 율격과 리듬 패턴에도 적지 않은 변화가 일어났는데, MBC 창작동요제 참가곡들의 음보율 유형을 회차별로 분류하면 다음과 같다.

회차 / 음보율	1 (1983)	2 (1984)	3 (1985)	4 (1986)	5 (1987)	6 (1988)	7 (1989)	8 (1990)	9 (1991)	10 (1992)
3음보	11	3	5	5	5	5	6	3	4	3
4음보	2	5	3	2	4	5	5	6	5	8
혼합	8	10	8	8	6	6	4	5	6	4

〈표2: 제1~10회 MBC 창작동요제 회차별 본선 진출곡 음보율 유형 분포〉

위 표에서 1회 대회 때는 3음보 곡이 압도적으로 많이 나타나지만 햇수가 거듭될수록 4음보 곡의 비율이 꾸준히 늘고 있는 것을 확인할 수 있다. 특히 1990년 이후에는 4음보 곡이 3음보 곡보다 더 많이 발표되었다. 3음보와 4음보가 자유롭게 섞여 나오는 유형의 곡은 해마다 거의 일정한 비율로 발표되었다. 이를 통해, 1980년대를 기점으로 한국 동요 작가들이 선호하는 음보율이 3음보 위주에서 4음보 위주로 변화하였음을 발견할 수 있다.

5. 1993년부터 1999년까지 발표된 동요의 율격

5.1. 시기 개관

1990년대는 1980년대에 이어 창작동요 경연대회가 성행한 시기였다. MBC 창작동요제 등 동요 경연대회 참가자가 1980년대에는 주로 초중고교 교사로 한정되어 있었으나, 1990년대 이후에는 일반인에게도 참가 기회가 확대되어 작곡가의 저변도 넓어졌다. 초등학생이 자작곡을 가지고 MBC 창작동요제에 참가한 사례도 있다. 그리고 부산KBS 창작동요대회 등 지방에서도 독자적인 동요 경연대회를 개최하였으며, 국악 선율을 사용한 동요만을 전문적으로 발표하는 경연대회도 생겨났다. 그러나 한편으로는 대중가요가 초등학생들 사이에서도 더욱 유행하게 되어, 어린이들이 대중가요를 동요보다 좋아하는 현상이 더욱 심화되었다.

1980년대 이후에 작곡된 동요는 한용희(2004)에 따르면 "민속음악적 기법에 의한 <국악식 동요>, 재래식 보수적 기법에 의한 <서정동요>, 음악성 표출보다는 율동적 감각의 단순한 <유아동요>, 감각적인 리듬과 선율에 의한 <가요식 동요>, 순수 음악적 기법으로 예술성을 강하게 표출하는 <동요합창곡>, 일상적 생활감각을 나타내는 <현대식 생활동요>, 고유음계를 이용한 <가곡식 예술동요>, 고급음악이라 일컫는 <동요 칸타타>와 <오페레타>, <공연예술적인 뮤지컬> 등 아주 다양한 동요가 오늘의 동요로 숨쉬고 있다."[13] 이미 1980년대 이전부터 조짐을 보이던 이러한 현상은 1990년대 중반 이후로 더욱 두드러지게 나타났다.

13) 한용희(2004:215).

5.2. 제11회(1993)~제17회(1999) MBC 창작동요제 참가곡 분석

5.2.1. 본선 참가곡들의 음보율 분석

	11(1993)	12(1994)	13(1995)	14(1996)	15(1997)	16(1998)	17(1999)
3음보	3(1)	2(1)	1(0)	1(0)	0(0)	1(1)	0(0)
4음보	1(1)	2(2)	3(2)	3(3)	4(2)	3(2)	2(2)
혼합 또는 내재율	11(5)	10(4)	11(5)	11(4)	11(5)	11(4)	13(5)

〈표3: 제11~17회 MBC 창작동요제 회차별 본선 진출곡 음보율 유형 분포〉14)

위 <표3>에서 두드러지는 점은, 3음보나 4음보 등 어느 한 가지 율격만을 일관되게 보이는 노래들 자체가 매우 적게 나타난다는 점이다. 그 가운데 3음보 율격을 지닌 노래들의 퇴조가 더욱 뚜렷이 나타난다. 반면 악곡의 리듬 변화가 다양하고 복잡해진 대신 가사의 율격은 불규칙하게 나타나는 노래들이 급증하였다. 1~10회 MBC 창작동요제와 견주어 보더라도 그 차이가 뚜렷이 드러난다. 이는 1990년대 이후 한국 동요의 작곡 기법이 급속하게 변화하고 있다는 것을 의미한다.

5.2.2. 이 시기 동요들의 율격 유형

5.2.2.1. 각 행별 율격이 일정하지 않은 경우

(1) 이순형 작사 · 작곡(1993) <바람새>

다가올까 ∨ 사라질까 ∨ 보이지는 ∨ 않아도 ∨ 나는 ∨ 바람새를 ∨ 알아요
저 파란 ∨ 풀밭 위에 ∨ 나래깃을 ∨ 부비며 ∨ 다가오는 ∨ 바람새를

14) 수상곡 수를 괄호 안에 기재하였다.

동동동 ∨ 동동동 ∨ 비누방울을 ∨ 하늘에 ∨ 날려 보내면
어느샌가 ∨ 다가와서 ∨ 방울방울 ∨ 쪼아 먹어요

다가올까 ∨ 사라질까 ∨ 보이지는 ∨ 않아도 ∨ 나는 ∨ 바람새를 ∨ 알아요
저 파란 ∨ 풀밭 위에 ∨ 나래짓을 ∨ 부비며 ∨ 다가오는 ∨ 바람새를
동동동 ∨ 동동동 ∨ 빨간 풍선을 ∨ 하늘에 ∨ 날려 보내면
어느샌가 ∨ 다가와서 ∨ 두리둥실 ∨ 갖고 놀아요

(2) 선용 작사, 정삼화 작곡(1994) <팔려나온 강아지>

햇살이 ∨ 옮겨 앉은 ∨ 시골 장터 ∨ 한구석
라면 상자에 ∨ 담겨 ∨ 팔려나온 ∨ 강아지
집지키는 ∨ 엄마 개 ∨ 가슴 젖는 줄 ∨ 모르고
시장 구경 ∨ 하느라 ∨ 이쪽 저쪽 ∨ 눈이 바쁘다
"고놈들 참 ∨ 귀엽기도 ∨ 하지" ∨ 지나가는 ∨ 아이 소리에
멍멍 멍멍멍 ∨ 괜히 짖어 보고
"한 마리 ∨ 얼마요 ∨ 얼마예요" ∨ 값을 묻는 ∨ 아저씨 소리에
반갑다고 ∨ 꼬리를 ∨ 살랑살랑 ∨ 살랑살랑
햇살이 ∨ 옮겨 앉은 ∨ 시골 장터 ∨ 한구석
할머니 한숨 ∨ 길기도 하다

(3) 전유순 작사, 이용수 작곡(1993) <봄비>

소록소록 ∨ 봄비가 ∨ 내리는 들에 ∨ 방글방글 ∨ 새싹들이 ∨ 얼굴 내밀고
온 세상의 ∨ 어린이 ∨ 예뻐지라고 ∨ 봄바람이 ∨ 사르르르 ∨ 뿌리고 가요
진달래 ∨ 수줍어 ∨ 얼굴 붉히고 ∨ 개나리꽃 ∨ 노랗게 ∨ 활짝 웃으면

종달새 ∨ 벌 나비 ∨ 모두 일어나 ∨ 노래하며 ∨ 춤을 추네
소록소록 ∨ 봄비가 ∨ 내려온 뒤에 ∨ 선녀들이 ∨ 무지개를 ∨ 타고 내려와
온 세상의 ∨ 어린이 ∨ 밝아지라고 ∨ 일곱 빛깔 ∨ 웃음꽃을 ∨ 뿌리고 가요

(4) 정하나 작사, 정예경 작곡(1995) <내가 제일 좋아하는 말>

몇천 번을 ∨ 불러도 ∨ 또 부르고 ∨ 싶은 말
내가 제일 ∨ 좋아하는 ∨ 그런 말이 ∨ 하나 있죠
어머니를 ∨ 부를 때마다 ∨ 다가온 ∨ 어머니 얼굴
나에게 ∨ 사랑으로 ∨ 가르치시네
몇천 번을 ∨ 불러도 ∨ 또 부르고 ∨ 싶은 말
내가 제일 ∨ 좋아하는 ∨ 어머니 ∨ 내 어머니

(5) 권연순 작사, 한수성 작곡(1996) <아빠 힘내세요>

딩동댕 ∨ 초인종 ∨ 소리에 ∨ 얼른 문을 ∨ 열었더니
그토록 ∨ 기다리던 ∨ 아빠가 ∨ 문앞에 ∨ 서 계셨죠
너무나 ∨ 반가워 ∨ 웃으며 ∨ '아빠' 하고 ∨ 불렀는데
오늘 ∨ 아빠의 ∨ 얼굴이 ∨ 우울해 ∨ 보이네요
무슨 일이 ∨ 생겼나요 ∨ 무슨 걱정 ∨ 있나요
마음대로 ∨ 안되는 일 ∨ 오늘 ∨ 있었나요
아빠 ∨ 힘내세요 ∨ 우리가 ∨ 있잖아요
아빠 ∨ 힘내세요 ∨ 우리가 ∨ 있어요

(1)은 작은악절당 음보가 7음보, 6음보, 5음보, 4음보 등 다양하다. 이것은 가사를 지을 때 율격을 맞추는 것을 사실상 하지 않았다는 것

을 의미한다. (2)는 중간에 부분적으로 음보율이 일정하지 않은 대목이 나타나고 마지막에는 2음보로 끝을 맺었다. (3)은 3음보 율격이 지속되다가 '노래하며 춤을 추네' 한 곳에서만 2음보가 나타난다. (4)은 넷째 행이자 넷째 작은악절에서만 3음보가 나타나고 나머지 부분에서는 모두 4음보가 나타난다. (5)는 앞부분에서는 작은악절당 5음보가 나타나지만 뒷부분에서는 작은악절당 4음보가 나타난다.

이 가운데 3음보의 연쇄인 (3), 기본적으로 4음보 율격을 보이는 (4)는 이전 시기에서도 적지 않게 발견된 형태이다. 그러나 (1)과 같이 시의 운율을 일정하게 유지하기보다 음악 리듬의 변화를 더 많이 고려한 형태는 1990년대에 들어 많이 보이기 시작한다. (2)도 부분적으로 일정한 율격이 발견되지 않는다는 점에서 이전 시기의 동요에서는 찾아보기 쉽지 않은 모습을 보인다. (5)의 전반부와 같은 5음보 율격도 1980년대 이전에 발표된 작품에는 매우 드물게 나타나는 형태이다.

5.2.2.2. 각 행별 율격이 일정한 경우

(1) 나성 작사, 박영근 작곡(1994) <나의 친구>

물새 우는 ∨ 바닷가에서 ∨ 밀려오는 ∨ 파도를 보며
멀리 떠난 ∨ 나의 친구를 ∨ 모래 위에 ∨ 그려 봅니다
소라껍질 ∨ 주워 모으며 ∨ 속삭이던 ∨ 친구 목소리
조약돌을 ∨ 주워 세다가 ∨ 글썽이던 ∨ 친구 얼굴이
물새 우는 ∨ 바닷가에서 ∨ 가슴속에 ∨ 밀려 오는데
아직까지 ∨ 소식이 없어 ∨ 그리움만 ∨ 출렁입니다

바람 부는 ∨ 언덕에 올라 ∨ 흘러가는 ∨ 흰 구름 보며

멀리 떠난 ∨ 나의 친구를 ∨ 하늘 속에 ∨ 그려 봅니다
이름없는 ∨ 풀꽃 만지며 ∨ 속삭이던 ∨ 친구 목소리
산새들의 ∨ 노래 듣다가 ∨ 글썽이던 ∨ 친구 얼굴이
바람 부는 ∨ 언덕에 서면 ∨ 바람 타고 ∨ 달려오는데
편지 한 장 ∨ 소식이 없어 ∨ 그리움만 ∨ 흘러갑니다

(2) 박수진 작사, 김애경 작곡(1998) <꽃처럼 하얗게>

목련꽃 ∨ 활짝 핀 ∨ 뜨락에 서서
꽃처럼 ∨ 하얗게 ∨ 웃어 봅니다
긴 겨울 ∨ 가지마다 ∨ 꿈을 키워서
눈부시게 ∨ 피어난 ∨ 새 봄의 꽃이여
나도 ∨ 아름답게 ∨ 피어나고파
꽃처럼 ∨ 하얗게 ∨ 웃어 봅니다

(1)은 4음보 율격을 일관되게 보이고 있다. 그런데 (1)의 경우 한 작은악절 안에는 6음보가 들어간다. 앞서 살펴본 1980년대의 <노을> 등과 같은 구조라 할 수 있다. (1)은 전형적인 4음보 구조로, ‘♪♪ | ♩.♪♪♪♪♪ | 𝅗𝅥.’라는 여린내기 리듬이 반복되고 있다. 한 마디 안에 여러 음절이 들어가며 다른 한 마디에는 한 음절만이 들어가는 식으로, 리듬이 규칙적으로 빨라졌다 느려졌다 한다. 가사 자체의 운율뿐만 아니라 음악 가락에서도 시적인 운율이 관찰된다. (2)는 1990년대 동요 중에서 매우 보기 드물게 <반달>이나 <고향의 봄>과 같은 유형의 3음보율이 관찰되는 작품이다. ‘새 봄의 꽃이여’는 두 음보로 볼 수도 있으나, 전체적인 구조를 고려할 때 한 음보로 보는 것이 적절하다고 판단된다.

이와 같이 모든 행에 동일한 율격이 나타나는 노래들도 꾸준히 발표되고는 있으나, 앞서 살펴본 바와 같이 그 수가 상당히 줄어들고 있다.

6. 맺음말

지금까지 우리는 20세기에 발표된 창작동요들을 대상으로 하여 각 시대별로 두드러지게 나타난 음보율을 살펴보고, 그 변화 과정을 조망하였다. 전통적 3음보율이 1980년대를 기점으로 해서 뚜렷이 퇴조하고 있으며, 광복 이후 1980년대까지 4음보를 선호하는 경향이 점차 강해지다가 1990년대 이후에는 가사에 일정한 율격이 반복되어 나타나는 노래가 줄어들고 율격이 일정하지 않은 대신 리듬 변화가 많은 노래들이 많아졌다는 것을 알 수 있었다.

이러한 현상이 나타난 이유를 다음과 같이 몇 가지로 간추려 볼 수 있다. 첫째, 단조로운 리듬보다 변화가 많은 리듬이 지루하지 않게 느껴지기 때문이다. 일제 강점기에 많이 나타난 3음보 율격은 서정적인 심상을 나타내기에는 적합하지만, 변화가 적어 자칫 지루하게 느껴질 수가 있다. 그러나 4음보 율격은 앞서 살펴본 바와 같이 작곡을 했을 때 3음보 율격보다 리듬 변화를 추구하기가 더 쉬워 지루한 악상 진행을 막을 수 있다. 둘째, 경쾌하고 진취적인 노래들이 점차 많아졌기 때문이다. 어린이들도 이러한 노래들을 선호하는 경향이 있으며, 주로 교직에 종사하는 동요 작곡가들이 어린이들에게 진취적인 기상을 심어 주기 위해 이처럼 경쾌한 노래들을 많이 작곡하게 된 것이다.

언어학의 한 분야인 문체론의 대상과 범위는 단순히 문장 층위에 그치는 것이 아니라, 문장보다 큰 단위인 텍스트 층위를 포괄한다. 그리고 문학 텍스트의 형식적인 측면을 고찰하는 작업 역시 문체론의 중요한 연구 과제에 속한다. 이미 유럽 각국을 비롯한 다른 언어권에서는 운율 연구가 문체론의 한 갈래로서 문학과 언어학 모두에 걸쳐 오래 전부터 중요한 연구 분야로 손꼽혀 왔다. 동요를 비롯한 우리나라 시가들도 언어로 이루어진 텍스트인 만큼, 율격과 같은 시가의 형식적 측면을 문예학의 연구 대상으로만 간주하지 말고 언어학적 문체론의 시각에서 관심을 기울여 앞으로 더욱 활발히 연구하여야 할 것이다.

참고문헌

1. 악보집

한용희 엮음(1987), 『반주 붙인 우리동요 365곡집』, 삼호뮤직.

편집부 엮음(1992), 『MBC 창작동요제 10주년 기념 모음집』, 예성출판사.

편집부 엮음(2000), 『MBC 창작동요제 제11~17회 모음집』, 예성출판사.

편집부 엮음(2003), 『MBC 창작동요제 제18~20회 모음집』, 예성출판사.

2. 연구논저

강혜진(2004), 「한국 전래동요의 음악적 분석」, 서울대학교 석사학위논문.

강홍기(1999), 『현대시 운율 구조론』, 태학사.

고영근(1999), 『텍스트이론』, 아르케.

고정희(2004), 『고전시가와 문체의 시학-윤선도와 정철의 경우』, 월인.

권영민(2006), 『국문 글쓰기의 재탄생』, 서울대학교 출판부.

김정숙(1974), 「韓國童謠의 歷史的考察과 分析에 關한 硏究」, 이화여자대학교 석사학위논문.

로만 야콥슨/크리스티나 포모르스카, 전명선 옮김(2006), 『대화록』, 중앙대학교 출판부.

류덕희 · 고성휘(1996), 『한국동요발달사』, 한성음악출판사.

성기옥(1986), 『한국시가율격의 이해』, 새문사.

이영미(2002), 『흥남부두의 금순이는 어디로 갔을까』, 황금가지.

조동일(1996), 『한국민요의 전통과 시가율격』, 지식산업사.

한용희(2004), 『창작동요 80년』, 도서출판 한국음악교육연구회.

홍경희(1983), 「초등 음악교재를 위한 토속 동요 연구」, 이화여자대학교 석사학위논문.

Jeßling, Benedikt(2001), *Arbeitstechniken des literaturwissenschaften Studiums*, Philipp Reclam jun. GmbH Stuttgart.

Sowinski, Bernhard(1999), *Stilistik* (zweite Auflage), Verlag J. B. Metzler Stuttgart · Weimar.

Wagenknecht, Christian(2007), *Deutsche Metrik. Eine historische Einführung* (fünfte Auflage), Verlag C. H. Beck München.

한국 개신교 성서 번역

백정민

1. 서론

개신교의 한국어 성서는 1882년 로스의 역본을 시초로 하여, 시대의 흐름 속에서 여러 차례 간행 또는 개정되어 현대에까지 이르렀다. 이들 성서들은 번역 시기, 번역이 이루어졌던 지역, 번역에 관여한 사람에 따라 문체가 달라짐을 보여준다. 본고는, 100여 년이 넘는 기간 동안 간행되어 온 한국어 성서가 번역 시기에 따른 국어의 통시적인 변천을 보여줄 수 있음에 주목하여, 한국어 성서의 문체를 통시적인 관점에서 살펴보는 것을 목적으로 한다. 문체를 형성하는 요인으로는 음운, 어휘, 통사, 표기법 등 다양한 요소가 있는데, 성서 문체를 형성하는 특징적인 요소는 어휘와 통사 요소이다. 어휘 요소는 표상수(1971), 정길남(1997), 전혜영(1999)에서 여러 측면으로 논의가 되었으므로 본고에서는 통사적 변천과 각 역본에 두드러진 문체적 특징을 중심으로 분석할 것이다.

본고에서 검토 대상으로 삼은 역본은 로스역(1887)과 구역(1906), 개역(1938), 새번역(1967), 공동번역(1977), 표준새번역(1993), 그리고 최근에 나온 개인역 성서인 쉬운성경(2001)이다(이하 <로스>, <구역>,

<개역>, <새번역>, <공동>, <표준>, <쉬운>으로 씀). 분석 텍스트는 각 역본의 요한복음 6장으로 하였고, 필요에 따라 영역본 성서[1]를 대조하도록 하겠다. 그리고 인용문 중 현대어가 아닌 것은 필자가 띄어쓰기를 하였음을 밝힌다.

2. 본론

2.1. 한국어 성서 번역본 고찰

2.1.1. 한국어 성서 번역의 역사

현재 우리 나라에 번역된 성서는 사역(私譯)과 공역(公譯)을 합하여 200여 편 이상에 이른다. 여기서는 성서 번역사에서 중요한 역본(주로 공역이 된다)을 중심으로 간략하게 소개[2]하면서, 본고에서 분석할 개인역도 함께 언급하도록 하겠다.

1882년	최초의 한국어 성서 <예수셩교누가복음젼셔> 3월, <예수셩교요안ᄂᆡ복음젼셔> 5월, 만주에서 출간.
1885년	이수정 <신약마가젼복음셔언히>, 일본에서 출간.
1887년	최초의 신약성서 <예수셩교젼셔> 출간(<로스>역)
1887년	성서번역위원회 창립
1893년	대한성서공회 설립

1) 한국어 성서 번역에 영향을 준 영역 성서의 목록은 부록에 수록하였다.

2) 이 목록은 전혜영(2000)에서 참조하였는데, 한국어 성서 번역본의 자세한 서지 목록은 정길남(1992:309~27) 참조하기 바란다.

1895년	영국성서공회 조선지부 설립
1900년	<신약젼셔> 출간: 번역위원회에 의한 공역(마태복음-로마서)와 사역(고린도전서-요한계시록)의 합본.
1906년	결정본 <신약젼셔> 출간: 1900년 역본의 개정, 최초의 공인역본.
1911년	최초의 <구약젼셔>와 최초의 <셩경젼셔> 출간(1900년~1911년 사이에 나온 이 성서들을 <구역>이라 함)
1938년	<셩경개역> 출간
1952년	<성경전서 개역 한글판> 출간: 1948년 개정된 맞춤법 통일안 반영.
1961년	<성경전서 개역 한글판> 출간
1967년	<신약전서 새번역> 출간
1971년	<공동번역 신약성서> 출간
1977년	<공동번역 성서> 출간
1993년	<성경전서 표준 새번역> 출간
1998년	<개역개정판 성경전서> 출간
2001년	<쉬운성경> 출간
2005년	한국천주교주교회의 <성경> 출간

2.1.2. 본고에서 다룰 역본 소개

① 로스역 : <예수셩교젼셔>

1887년 만주에서 간행된 최초의 신약전서이다. 만주에서 선교하던 로스(Ross)와 매킨타이어(MacIntyre)가 평안도 출신 청년들과 함께 번역하였다. 먼저 한국인 번역자가 중국어 성서를 한글로 번역하고 그 원고를 선교사가 희랍어 성서 및 영역 성서(<KJV>, <RV>)와 대조해서 수정하는 방식으로 번역되었다. 한글을 읽을 줄 아는 사람이면 누구나 읽을 수 있도록 쉽게 번역하고자 한 방침 따라 대상 독자를 서민층에 두었으며, 순한글로 표기되었고 고유어의 사용이 상당히 많다. 그러나 중국어 성서의 영향으로 고문투의 문장, 한자어도 어느 정도 쓰이고 있다. 그리고 평안도 출신 한국인 번역자의 영향으로 평안도 방언이 많이 사용되었다.

② 구역(舊譯)

최초의 신구약 완역이자, '공인번역자회'에서 번역한 최초의 공인역(公認譯)이다. 1900년에 신약전서를 처음으로 편찬한 후 1906년에 확정된 신약전서를 출판하고, 1911년에 이르러 <신구약전서>를 완역하였다. 선교사들이 번역자로 참가했고, 한국인은 직·간접으로 조역(助譯)하였다. 성서번역 위원들은 대본으로 히브리 원전을 사용하였고, 영역성서(<KJV>, <RV>, <ASV>), 불어역, 독어역, 러시아역 성서도 참고 및 대조하였다. 한국인 조역자들은 중국어 성서와 일본어 성서, <로스>를 대본 및 참고로 했다.

모든 기록은 한문을 버리고 순한글로 한다는 원칙을 채택하였으나, 결과적으로 볼 때 원칙이 지켜지지 않았다. <로스>의 평안도 방언이 표준어로 대거 고쳐졌고 고유어가 한자어로 많이 대치되어 어휘 상 큰 변천을 보인다. <구역>은 <개역>이 나올 때까지 30여 년간 사용되었는데, 종교경전으로서 장중하고 위엄있는 특수한 문체인 소위 '성서문체'가 이때 이루어졌다(리진호 1996:279).

본고에서는 최초의 공역이자 <구역>의 결정판인 1906년판 <구역>을 다루기로 한다.

③ 개역(改譯)

'개역위원회'에 의하여 1938년에 <개역 성경전서>가 출판되었다. 이 역본은 원전에 충실하려는 축자적인 직역 방식이며, 여러 역본을 널리 참고하면서, 성서 원본을 대본으로 한 직역이라는 점에서 이전 번역이 갖는 '중역(重譯)'의 성격을 벗어났다(나채운 1985, 전혜영 2000에서 재인용). 어휘면이나 구문면으로 볼 때 <구역>에서 크게 변화하지 않았고, 오히려 <구역>의 고유어를 한자어로 바꾸어 번역 상 퇴보하는 현상을 보인다.

개역은 원어에 밝은 선교사를 중심으로 이루어졌는데, 이들은 한글을 잘 몰랐기 때문에 무리한 형식일치 번역으로 인한 국어답지 못한 구문이 나타났다.[3] 또한 <개역> 번역에 참여한 한국위원들마저도 국어학자는 없고 대부분 한학자(漢學者)자들이었기 때문에, 낯선 한자어와 한문투가 많이 등장한다. 한글맞춤법 통일안(1933)을 채택하지 않고 옛 철자법을 사용한 것 등으로 볼 때, 초기 기독교가 국어운동에 앞장섰던 것과 달리, 성서가 교회의 언어에 매이게 되는 분기점에 서게 되는 것으로 보인다(전혜영 2000).

개정된 한글맞춤법(1948)에 따라 수정하여 1956년에 나온 <한글 개역 성경전서>는 최근까지 한국 교회의 공인 성경이 되었다. 1998년에 출간된 <개역개정판 성경전서>는 현대의 한글 맞춤법과 표준어 그리고 외래어 표기법 통일안에 따라 수정한 역본이다. 따라서 조사, 어휘, 어미를 현대적으로 개정한 정도이며, <개역>의 문체를 거의 그대로 수용하였다(전혜영 2000). 오늘날 한국 교회에서는 이것을 새로운 공인 성경으로 채택하는 추세에 있다.

본고에서는 최초의 <개역>인 1938년판을 다룰 것이다.

---

3) 당시 번역에 참여한 16명의 선교사들은 모두 영어권 출신이었으므로, <개역>에 영어 직역투가 반영되었음도 배제할 수 없다.

④ 새번역 신약전서

해방, 6·25 동란 등의 역사 속에서 우리말은 급속하게 변천하여 오자, 개역 한글판의 용어와 문장은 현대 통용어와는 거리가 멀어졌다. 누구나 알아 볼 수 있는 성서 번역이 절실히 요구되어 대한성서공회는 새번역 출간 작업에 착수하였다.

이 역본은 1967년에 간행되었는데, 한국인 신학자들이 희랍어 원전에서 직접 번역했다는 점에서 의의를 가진다. 이 역본은 국역성서 사상 최초의 구어체 성서로서, 경어법을 사용하고 문장의 길이가 전반적으로 짧아진 것을 볼 수 있다. 또한 한자어를 대체한 고유어가 많아졌고, 지금까지 <개역>에서 축자적인 번역으로 이해하기 어려운 구문들도 거의 해소하였다. 그리하여 <새번역>은 문체 사상 획기적인 변화를 보여주는 역본으로 평가된다(리진호 1996, 표성수 1971). 그러나 고유어를 써도 되는 어휘에도 한자어를 사용한 한계점이 여전히 존재한다. 이러한 현상에 대한 여러 가지 원인이 있겠지만, 무엇보다도 <새번역>이 대한성서공회라는 기관에서 발간된 공인역이라는 점을 배제할 수 없다. <새번역>은 쉬운 구어체를 사용하고자 하는 취지로 번역에 착수하였지만, 공역 성서에 현대적인 문체를 처음으로 시도하는 데에 심리적인 부담이 어느 정도 작용한 것으로 추측된다.

⑤ 공동번역

1968년에 시작하여 1977년에 천주교와 개신교가 공동으로 번역, 출판한 것이 <공동번역 성서>이다. 신구교의 협력 분위기와 함께, 언어와 문화의 급격한 변화에 따라 젊은 세대에 맞는 번역을 하자는 것이 출간 동기가 되었다. 이 성서는 이후 천주교와 일부 개신교회에서 사용하였다.[4] 북한의 성서번역(1983년에 신약전서, 1984년에 구약전서를 조선기독교도연맹의 이름으로 1만부씩 출판함)은 이 번역을 북한의 언어실정에 맞게 교정한 것이다.

나이다(Nida)의 번역 원칙을 받아들여 축자적 번역이나 형식적 일치를 피하고 내용의 동등성을 취한 것이어서, 수용언어의 구조에 따라 원천언어의 낱말이 빠지기도 하고, 본문에 없는 낱말이 들어가기도 하고, 문장의 구성요소나 그 요소들의 배치에 큰 변화가 있는 번역이라고 할 수 있다(전혜영 2000).

⑥ 표준새번역

<공동번역 성서>가 쉬운 성경으로 이미 나오긴 했지만 개신교에서는 많이 쓰이지 않고 있어서, 개신교에 쉬운 성경을 보급하고자 대한성서공회는 <표준새번역>(1993)을 간행했다. 대한성서공회에 따르면, 신약만 번역하다가 중단된 <새번역> 본문을 출발본문으로 삼고 그 본문을 수정해서 <표준새번역> 초판의 신약 본문을 완성하였다. 이것은 <개역>에 반영된 옛 어휘나 표현을 바로잡고 10~20대들이 이해할 수 있는 현대어 문체로 번역되었다. 예배와 교회학교 교육에 적합한 번역이 되도록, 고유명사의 음역은 <개역>을 따르며 교회가 중요하게 여기는 용어는 바꾸지 않는다는 것을 번역지침으로 하였다. 그리하여 <개역>에서 사용된 번역투와 낡은 표현들이 사라지고, 고유어와 새로운 표현들이 많이 나타나게 되었다. 번역 방법은 직역을 원칙으로 하였으나, 직역으로 인해 우리말답지 못한 표현이 되거나 독자가 이해하기 어렵다고 생각되면 의역을 하였다.

4) 천주교에서는 임승필 신부가 책임을 맡아 원문에 충실하면서도 이해하기 쉬운 현대 국어로 새롭게 번역한 <성경>을 2005년말부터 사용하기 시작하였다. 이에 따라 2006년 현재 <공동번역 성서>는 대한성공회를 비롯한 개신교 일부 교단에서만 사용하고 있다.

⑦ 쉬운성경

이제까지 젊은 층을 위한 쉬운 현대어 역본이 간행되었지만, 어린이가 읽기에는 여전히 딱딱하고 어려운 면이 있었다. 기존의 어린이 성서가 없는 것은 아니었다. 1962년에 간행된 어린이 성경 신약(복음)은 어린이가 읽기 어렵다고 생각되는 부분은 빼고 잘 된 것만 빼내어 엮은 것인데, 예를 들어 마태복음 첫 장의 족보는 어린이에게 필요치 않다고 판단되어 삭제하였다(리진호 1996:346). 1992년 영광 출판사에 간행된 어린이 성경은 본 텍스트와 삽입 텍스트의 이중 구조로 되어 있다. <개역>을 전체로 실어 본 텍스트로 구성하였고, 삽입 텍스트는 본 텍스트 중간중간에 삽입된 것으로, 본 텍스트에서 중요하거나 어린이가 이해하기 어렵다고 판단되는 부분 또는 이야기화(narrative) 할 수 있는 서사구조 부분을 선택하여, 쉽고 간략하게 요약한 것이다. 이 책은 이처럼 이중 텍스트로 구성되어 있기 때문에 체계가 다소 복잡하며, 부피 또한 상당히 커서 어린이 독자를 위한 배려가 부족한 한계점이 있다.

이러한 상황에서 어린이 성서의 필요성을 인식하여 아가페 출판사에서 간행한 것이 <쉬운성경>이다. 간행사를 보면, 쉬운 성경은 국내 최초로 어린 자녀들을 위한 원문 번역 성경 편찬을 목적으로 하여 만들어졌다. 따라서 이 역본의 번역 위원은 신학대 교수 및 목회자들이나, 교열 및 교정 위원은 초등학교 교사들로만 이루어진 것이 특징적이다. <새번역>이 경어체를 사용한 현대어 번역이긴 하나, 여전히 어색한 한자어와 문어투가 남아있다. 더군다나 <새번역>이 비록 현대 구어체로 간행되지만 그것은 이미 30여 년 전의 언어인 것이다. 쉬운 성경은 30년이나 지난 시점에서 현대어에 맞게 발간된 성서이므로, 그 동안의 구어체 문체 변천을 보여줄 수 있다.

실제로 쉬운성경은 경어체 사용과 함께 인용문의 말투가 더욱 자연스러운 구어체로 되어있고, 문장이 전체적으로 간결하고 유려하다. 그리고 한자어와 한문투는 거의 사용되지 않았다. 따라서 이 역본의 가장 큰 문체적 특징은 동화책같은 느낌을 준다는 점이다. 쉬운 성경 간행사에 의하면, 원래 상정한 주 독자는 어린이지만, 원문을 다 번역했기 때문에 새신자나 성경 원문을 연구하고자 하는 신학생에 이르기까지 폭넓은 독자층에 도움을 주고자 하는 이차적인 목표를 가지고 있다. 따라서 본고는 이 역본을 문체 변천의 분석 대상에 포함하였다.

2.2. 문체 변천 연구

2.2.1. 구문 변천

① 경어법

3절

ㄱ. 예수 산에 올나 뎨자로 함ᄭᅴ 안자니<로스>

ㄴ. 예수가 산에 오르샤 뎨ᄌᆞ들과 ᄀᆞᆺ치 거긔 안즈신지라<구역>

ㄷ. 예수ᄭᅴ셔 산에 오르샤 뎨자들과 함ᄭᅴ 거긔 안즈시니<개역>

ㄹ. 예수께서 산에 올라가 제자들과 함께 앉으셨습니다.<새번역>

ㅁ. 예수께서는 산등성이에 오르셔서 제자들과 함께 자리잡고 앉으셨다. <공동>

ㅂ. 예수께서 산에 올라가서, 제자들과 함께 앉으셨다.<표준>

ㅅ. 예수님께서는 언덕으로 올라가 제자들과 함께 거기 앉으셨습니다.<쉬운>

(ㄱ)에서 (ㄷ)까지는 낮춤의 의고체이고 (ㄹ)과 (ㅅ)은 상대높임이며 (ㅁ), (ㅂ)은 상대 낮춤이다. <새번역>은 역대 성서에서 볼 수 없었

던 상대높임이 등장하였고, <쉬운>은 어린이를 위해 간행된 것이어서 어린이에게 친근감을 주기 위해 상대높임을 사용하고 있다.

주체 높임의 측면에서 살펴보면, (ㄱ)은 주체높임이 실현되지 않고 있다. 본고에서 분석한 텍스트에서 <로스>에는 주체높임이 잘 지켜지지 않으나 '갈오샤듸', '일으샤듸', '듸답하샤되'와 같은 인용 동사에서 주체높임선어말어미 '-시-'가 사용되는 양상을 보인다. (ㄴ)은 '-시-'가 특수 용언 뿐만 아니라 일반 용언에도 씀으로써 (ㄱ)보다 발전된 높임법 사용 양상을 보여주나, 주격조사는 '가'가 쓰이고 있어서 높임법 사용에 통일성이 없다. <개역>에 이르러서야 '-시-'와 격조사 '께서'를 함께 씀으로서 완전한 높임법이 실현된다. 한편, (ㅅ)은 접미사 '님'을 사용함으로써 주체인 예수를 더 극상시키고 있다. '님'은 높임의 자질 뿐만 아니라, '친근'의 감정 가치를 나타내기도 한다.[5)] <쉬운>은 어린이 독자를 상정하고 있기 때문에, 이러한 표현은 기존 성서에서는 볼 수 없는 동화책같은 문체를 형성한다. 한편, <로스>에서 <개역>까지 등장하는 특수 어휘인 '갈오샤듸'도 경어법을 형성한다.

② 문장 길이 및 성분

6절

ㄱ. 이 말은 뎌롤 시험ᄒᆞ미니 스사로 쟝차 힝홀 바롤 알미라<로스>

ㄴ. *이는 예수가 친히 엇더케 홀 거슬 아시고 빌닙을 시험코져 ᄒᆞ야 이

---

5) '님'의 사전적 의미 중에, '해, 달, 별과 같은 일부 명사 뒤에 붙어, 그 대상을 인격화하여 높임'이 있다. 이러한 표현은 유아어(幼兒語)로서, '님'이 붙음으로 인해 친근한 느낌을 준다. 사람 이름 뒤에 '님'을 써도 친근함의 느낌이 나타날 수 있다. '씨'가 격식적인 느낌을 주는 데 비해 '님'은 [+높임], [+친근]의 의미자질을 가지므로, 현대어에서 인터넷 상에서 뿐만 아니라 일상 언어사회에서도 사람 이름 뒤에 '님'을 사용하는 경우가 빈번함을 볼 수 있다.

말솜을 ᄒᆞ심이라<구역>[6)]

ㄷ. 이러케 말삼하심은 친히 엇더케 하실 것을 아시고 빌닙을 시험코져 하심이라<개역>

ㄹ. 이렇게 말씀하신 것은 빌립을 시험하려고 하신 것이요, 예수께서는 자기가 하실 일을 잘 알고 계셨습니다.<새번역>

ㅁ. 이것은 단지 필립보의 속을 떠보려고 하신 말씀이었고 예수께서는 하실 일을 이미 마음 속에 작정하고 계셨던 것이다.<공동>

ㅂ. 예수께서는 빌립을 시험해 보시고자 이렇게 말씀하신 것이다. 예수께서는 자기가 하실 일을 잘 알고 계셨던 것이다.<표준>

ㅅ. 예수님께서는 빌립이 어떻게 하나 보시려고 이런 질문을 하신 것이었습니다. 예수님께서는 빌립이 어떻게 할 것인가를 이미 알고 계셨습니다.

<KJV> And this he said to prove him: for he himself knew what he would do.

<NIV> He asked this only to test him, for he already had in mind what he was going to do.

먼저 문장의 길이 측면을 살펴보면, (ㄱ)에서 (ㅁ)까지는 두 개의 문장이 접속 구성으로 이루어져 있고, (ㅂ)과 (ㅅ)은 두 문장으로 나누어졌다. 중세어의 문장은 연쇄적인 접속을 이루는 경우가 많아 문장이 길었으나 현대어로 올수록 단문화되는 경향이 있다.

(ㄱ)과 (ㄷ)은 주어가 없고 (ㅁ)에서는 재귀대명사[7)](또는 그에 준하

6) 이 문장은 비문이므로 논의에서 제외한다.

7) 재귀대명사는 선행사가 주어나 화제일 때 쓰이는 경향이 있는데, (ㅁ)에서 선행사는 예수(주어)이므로 재귀대명사가 생략되자 어색한 문장이 된다.

는 표현)가 없어서 문장 구조가 어색해졌다. 반면, (ㄹ), (ㅂ), (ㅅ)에는 필요한 문장 성분을 다 갖추고 있다. 여기서 알 수 있는 것은 후대로 올수록 문장 성분들을 완벽하게 갖추고 있다는 점인데, 이 구절들은 영역성서와도 밀접한 관련을 가진다.[8] 한편, (ㅅ)은 'what he was going to do'의 he를 빌립으로 번역함으로써 오역이 되었다. 'be going to'는 예정된 미래를 의미하므로 예수가 자기가 할 일, 즉 기적을 일으키는 일을 작정하고 있었다는 것으로 봐서 'he'는 예수인 것이다.

③ 종속접속문

(2)에 제시된 예문을 다시 보자. (2)의 예문은 내용 상 두 부분으로 나누어지는데, 예수가 자신이 앞으로 할 일을 유념하고 있는 것이 먼저 일어난 일이고, 빌립을 시험하고자 묻는 것이 나중에 일어난 일이다. 아직 단문화가 이루어지지 않은 (ㄹ)에서는 인과관계에 따라 절이 배치되었으며, 이런 배열 구조는 이후에도 지속되다가 (ㅂ)에 와서는 두 문장으로 나누어졌다. 현대국어에서 인과관계에 의해 접속된 장문이 단문으로 풀릴 때는 앞 뒤 문장 관계가 인과관계에 의한 것이 먼저 진행되는 되는 경향이 있는데(최석재 2000:54), (2)에서 제시된 문장의 변천은 이를 잘 보여주는 예이다.

④ 내포문

9절

ㄱ. 여긔 한 아희가 볼리떡 다삿 기와 물고기 두 기가 이스니<로스>

---

8) 이와 유사한 현상이 정길남(1997:267)에도 나와있으니 참고하기 바람.

ㄴ. 여긔 ᄒᆞᆫ ᄋᆞ희가 잇서 보리ᄯᅥᆨ 다ᄉᆞᆺ 덩이와 물고기 두 마리를 가졋스나 <구역>

ㄷ. 여긔 한 아해가 잇서 보리ᄯᅥᆨ 다섯 개와 물고기 두 마리를 가졋나이다 <개역>

ㄹ. 여기 한 아이가 보리떡 다섯 덩이와 물고기 두 마리를 가지고 있습니다.<새번역>

ㅁ. 여기 웬 아이가 보리빵 다섯 개와 작은 물고기 두 마리를 가지고 있습니다마는<공동>

ㅂ. 여기 한 아이가 보리빵 다섯 개와 물고기 두 마리를 가지고 있습니다. <표준>

ㅅ. 여기 사내아이 하나가 가지고 온 작은 보리 빵 다섯 개와 작은 물고기 두 마리가 있습니다.<쉬운>

현대국어로 올수록 관계화절, 보문화절이 점차 늘어나는 현상이 나타나는데(최석재 2000:53), 위의 예에서도 그런 현상을 발견할 수 있다. 한편, (ㅅ)은 이전 번역과는 다른, 관계화절로 이루어져있다. (보완하겠습니다)

⑤ 인용구문

10절

ㄱ. 예수 갈오샤ᄃᆡ 이 사ᄅᆞᆷ덜ᄋᆞᆯ 다 ᄋᆞᆫ지오라<로스>

ㄴ. 예수ㅣ ᄀᆞᆯᄋᆞ샤ᄃᆡ 이 사ᄅᆞᆷ들을 안게 ᄒᆞ라 ᄒᆞ시니<구역>

ㄷ. 예수ᄭᅴ셔 갈아샤대 이 사람들노 안게 하라 하신대<개역>

ㄹ. 예수께서 "사람들을 앉게 하라"고 말씀하셨습니다.<새번역>

ㅁ. 예수께서 그들에게 "사람들을 모두 앉혀라." 하고 분부하셨다.<공동>

ㅂ. 예수께서는 "사람들을 앉혀라" 하고 말씀하셨다.<표준>

ㅅ. 예수님께서 말씀하셨습니다. "사람들에게 앉으라고 하여라."<쉬운>

언해에서 쓰인 전통적인 인용구문 형식은 '주어+인용동사+인용문((ㄱ)-(ㄹ))인데 현대국어로 올수록 언문일치의 반영으로 '인용동사+인용문+인용보문소 '-고'+(대)동사'((ㄹ)-(ㅂ)) 형식으로 변화한다. 위의 예문은 그러한 시대적 흐름을 잘 보여준다. 그러나 (ㅅ)은 다시 (ㄱ)과 같이 변한 특이한 모습을 보여준다. 이 현상에 대해서는 다음 단락인 '어순'과 연관지어 설명하겠다.

⑥ 어순

어순에서 가장 주목되는 현상은 술어가 주어에 인접되는 현상이다. 국어는 SOV이기 때문에 술어와 주어가 떨어져 있는 언어이지만 (6)의 예에서 볼 때, 'ᄀᆞᆯ아샤ᄃᆡ', '일ᄋᆞ샤ᄃᆡ'의 인용동사는 주어 바로 뒤에 쓰인다. 이 동사는 한문의 직역투인데, <로스>에서 <개역>까지 이 동사로 인해 나타나는 SVO식 구성은 중국어의 영향을 받은 언해의 흔적이라고 할 수 있다. <새번역>에서 <표준>까지는 SOV 구성이나, <쉬운>에서는 또다시 초기 역본들과 같은 SVO 구조가 나타난다. 이는 영어 번역투라고 볼 수도 있으나, 본고는 <쉬운>이 어린이용 성서임을 감안하여 이를 동화투의 문체로 보았다. 동화투는 다음장에서 논의할 것이다.

2.2.2. 기타 문체적 특성

① 문어체와 구어체

<로스>는 한자를 사용하지 않고 모두 한글로만 표기한 역본이긴 하지만 한국인 번역자들이 한학자인데다 이 책이 경전이라는 의식으로 인해 중후감을 갖게 하는 문어체를 주로 사용하였다(최태영 1986:899). 문어체는 어미에서 가장 두드러진 특징을 나타낸다. 전통 언해 산문체의 어말어미 '-니라', '-지라', '-러라', '-ᄂᆞ니라', '-하되' 등은 문어체의 전형적인 요소이며, 연결어미 '-니', '-고'의 반복으로 인해 형성된 만연체도 문어체의 특성이다. 이러한 언해체의 흔적인 문어체 어미들은 <새번역>에서는 모두 '-다'로 바뀐다. 따라서 한국어 성서의 가장 현저한 문체 변화는 <로스>~<개역>의 문어체에서 <새번역> 이후 구어체로의 변천이라고 할 수 있다.

한편, '한자 어근+보조적 연결어미+보조용언'의 '족(足)지 못하다'와 같은 구성은 한문투의 어색한 표현이다.

7절

ㄱ. 죡지 못ᄒᆞ갯나이다<로스>

ㄴ. 부죡ᄒᆞ리이다<구역>, 부죡하리이다<개역>

ㄷ. 부족하겠습니다<새번역>

ㄹ. 모자라겠습니다<공동>

ㅁ. 충분하지 못합니다<표준>

이것은 전혀 우리말답지 않은 구조이기 때문에 <구역>에서부터 '부족하다'로 고쳐졌다.

6절

ㄱ. 시험ᄒᆞ미니<로스>

ㄴ. 시험코져<구역>, <개역>

ㄷ. 시험하려고<새번역>

ㄹ. 속을 떠보려고<공동>

ㅁ. 시험해 보시고자<표준>

ㅂ. 어떻게 하나 보시려고<쉬운>

'시험(試驗)'이라는 단어는 (ㄱ)에서 처음 등장하였고, (ㄴ)에서는 접미사 '하-'와 연결어미 '-고져'가 축약되어 '시험코져'가 되었다. (ㄷ)에서는 축약형 '-코져'를 해제하였는데, '-쿄져'와 같은 축약형은 20세기 초반에는 널리 사용되었으나 점차 시간이 흐름에 따라 사용하지 않게 됨으로써 문어체 연결어미 '-고져'는 구어체인 '-고자'로 바뀌었다. (ㄹ)에 가서는 '시험'이라는 단어 자체도 사라지고 관용어로 의역되어 다른 역본들과 차이를 보여준다. (ㅂ)은 '시험하다'의 축자적인 의미를 가지면서도 우리말로 쉽게 풀어쓰고 있다. 한편, '시험'이 사라진 것도 시사하는 바가 있다. '시험(試驗)하다'가 중세어에서는 사람을 '떠보다'의 의미로 사용되었으나, 현대어에서는 주로 사물의 성질이나 기능을 검증하는 경우에 쓰인다. 즉, 사람에게 직접 쓰이는 일이 구어에서 흔하지 않을 뿐 아니라, 사용하더라도 부정적인 상황에 제한적으로 사용되므로 (ㄹ)과 (ㅂ)은 현대어의 구어체에 부합한 번역이라 할 수 있다.

11절

ㄱ. 츅슈(祝手)ᄒᆞ여<로스>

ㄴ. 츅샤(祝辭)ᄒᆞ신 후에<구역>

ㄷ. 축샤하신 후에<개역>

ㄹ. 감사(感辭)한 후<새번역>

ㅁ. 감사(感謝)의 기도를 올리신 다음<공동>

ㅂ. 감사(感辭)를 드리신 후<표준>

ㅅ. 감사(感謝)의 기도를 하신 후<쉬운>

축수나 축사는 현재 개신교 신자가 아니면 별로 쓰지 않기 때문에 일반인들이 쉽게 이해하기 어려운 단어이다. 그리하여 감사라는 쉬운 표현으로 바뀌었지만 (ㄹ)과 (ㅂ)에서 바꾼 감사(感辭) 역시 적합하지 않다. 感辭는 현재 사전에도 없는 단어로서 무리하게 새말을 만든 것이다. (ㅂ)은 더 문제가 큰데, 이 때의 感辭는 자칫 感謝로 오해할 소지가 다분하기 때문이다. <표준>의 경우, <공동>보다 15년이나 뒤에 간행되었음에도 우리말다운 번역에 있어서 퇴보하는 모습을 보여준다. (ㅁ)과 (ㅅ)은 감사를 현대적 의미인 感謝로 바꿔 '관형형+명사'로 풀어 씀으로써, 이해하기 쉽고 의미 전달도 명확해진다.[9] 이처럼 용어와 구문이 자연스러운 현대어로 바뀐 것도 한국어 성서가 문어체에서 구어체로의 변천을 보여주는 부분이 된다.

한편, <새번역>에서 처음 도입된 경어체 지문의 사용도 후대 성서가 구어체 문체의 특성을 갖는 데 일조한다.

9) '기도'와 공기관계에 있는 서술어를 눈여겨 볼 필요가 있다. 기도를 '올리다(드리다)'가 선택제약을 완벽하게 어겼다고 보기는 어렵지만, 현대인들이 보는 관점에 따라 연어제약으로 파악될 수도 있다. 기도는 '하다'와 더 자연스러운 결합관계를 형성하므로, (ㅅ)은 현대 구어체를 수용한 표현이라고 할 수 있다.

② 방언투

방언투가 가장 특징적인 역본은 <로스>이다. 전술한대로 <로스>에는 평안도 방언이 많이 쓰이고 있다.

ㄱ. 못ᄒᆞ갓나이다<로스> - 못하겠나이다(후대 역본에는 다른 표현으로 나타나므로 필자가 적음) (7절)
ㄴ. ᄋᆞᆫ지오라<로스> - 안게 ᄒᆞ라<구역> (10절)
ㄷ. 멕이다<로스>: 먹이다 (5절)
ㄹ. 만ᄂᆡ여<로스>: 만나서 (25절)
ㅁ. 두던<로스>: 언덕 (22절)
ㅂ. 말무암아<로스> : 말미암아 (31절)

(ㄱ)에서 보는 바와 같이, 평안도 방언에서 어미 '-겠-'은 '-갓-'으로 나타난다.

③ 고문투(古文套)

여기서 고문투라 하면 주로 언해투를 말한다. 언해체는 중세 시대에 중국어 경전을 번역함으로 인해 생겨난 번역투인데, 이것이 초기 성경 문체에 영향을 미쳐 <로스>는 언해체의 계승이다(김영덕 1971). 실제로 <로스>에 나타난 다양한 한문투 요소들은 단순히 중국어성서에 의한 중국어식 영향이라고 하기에는 상당히 광범위하고 다양한 언해투적 특징이 나타난다. 이 언해체의 특징들이 <로스>를 고문투답게 만드는 것이다. 김영덕(1971)은 <로스>가 구문요소는 문어체이나 어휘 요소는 구어체인 특징을 보여준다고 지적했다.

갈오샤듸<로스> - ᄀᆞᆯ아샤듸<구역>, 갈아샤대<개역> - 말씀하셨습니다(<새번역> 이후)

일으샤듸<로스> - 닐ᄋᆞ샤듸<구역>, 닐아샤대<개역> - 말씀하셨습니다(<새번역> 이후)

'갈오샤듸'와 '일으샤듸'는 언해체의 전형적인 용언으로 <로스>, <구역>, <개역>에 많이 쓰임으로써 이 역본들이 고문투를 띠게 한다.

이십금에치 쩍으로써<로스> (7절)

우리 맛당히 엇지 ᄒᆞ야써<로스> (28절)

'써'가 부사적 용법으로 사용되는 예이다. '써'는 언해에서 '以'를 번역하여 오던 관습인데, <로스>에서 이를 계승하고 있다. 이후의 역본에서는 발견되지 않는다.

11절

ㄱ. 안즌 쟈덜ᄋᆞᆯ 논아주고<로스>

ㄴ. 안즌 사ᄅᆞᆷ을 ᄂᆞᆫ화주시고<구역>

ㄷ. 안즌 쟈들의게 난화주시고<개역>

여격에 '에게'가 아닌 'ᄋᆞᆯ'을 쓰고 있다. 중세 국어에서 '을/를'이 대격 뿐만 아니라 여격에도 사용되었는데 <로스>에서 이를 답습한 것이다. 이것은 <구역>까지 이어지다가 <개역>에 와서 '에게'를 사용하기 시작한다.

④ 영어투

명사의 재수용 양상

11절~12절 상반절

ㄱ. <로스> 예수 그 ᄡᅥᆨᄋᆞᆯ 가져 축슈ᄒᆞ여 안즌 쟈덜ᄋᆞᆯ 논아주고 물고기도 ᄯᅩᄒᆞᆫ 갓치 ᄒᆞ여 뎌[10]ᄒᆞ고져 ᄒᆞ게 ᄒᆞ니 뭇사ᄅᆞᆷ덜이 ᄇᆡ불은지라

ㄴ. <구역> 예수가 ᄡᅥᆨ을 가지시고 축샤ᄒᆞ신 후에 안즌 사ᄅᆞᆷ을 ᄂᆞᆫ화주시고 고기도 ᄯᅩ 여러 사ᄅᆞᆷ의 먹ᄂᆞᆫ대로 주샤 다 ᄇᆡ부르매…

ㄷ. <개역> 예수ᄭᅴ셔 ᄡᅥᆨ을 가져 축샤하신 후에 안즌 쟈들의게 난화주시고 고기도 그러케 뎌희의 원대로 주시다 뎌희가 배부른 후에…

ㄹ. <새번역> 예수께서 떡을 들고 감사하신 후 앉은 사람들에게 나누어 주셨습니다. 물고기도 그와 같이 하여 그들의 원하는대로 주셨습니다. 그들이 배불리 먹은 후에…

ㅁ. <공동> 그 때 예수께서는 손에 빵을 드시고 감사의 기도를 올리신 다음, 거기에 앉아 있는 사람들에게 달라는 대로 나누어주시고 다시 물고기도 그와 같이 하여 나누어주셨다. 사람들이 모두 배불리 먹고 난 뒤에…

ㅂ. <표준> 예수께서 빵을 들어서 감사를 드리신 다음에, 앉은 사람들에게 나누어주셨다. 그리고 물고기도 그와 같이 해서, 그들이 원하는 대로 주셨다. 그들이 배불리 먹은 뒤에 …

ㅅ. <쉬운> 예수님께서는 빵을 가지고 하나님께 감사의 기도를 하신 후, 그 곳에 앉아 있는 사람들에게 그들이 원하는 만큼 나눠 주셨습니다.

---

10) '뎌'는 원래 3인칭 단수형으로 쓰여왔으나 여기서는 '저희'의 재귀대명사로 '저'를 사용하고 있다. 국어의 재귀대명사는 수표시가 규칙적이지 않기 때문에 주어명사가 복수형인데도 재귀대명사가 단수형으로 실현될 수 있다. 주어명사가 복수라 하더라도 '각자'의 의미를 표시하면 단수의 재귀대명사를 써도 어색하지 않기 때문이다(고영근 1987=2002:94).

예수님께서는 물고기를 가지고도 그렇게 하셨습니다. 사람들은 모두 실컷 먹었습니다.

<ASV> Jesus therefore took the loaves; and having given thanks, he distributed to them that were set down; likewise also of the fishes as much as they would. And when they were filled, …

각각의 예에서 '앉은 사람(들)'이라는 선행명사가 각각의 역본에서 다양한 형태로 재수용되는 모습을 살펴볼 수 있다. (ㄱ)과 (ㄴ)은 각각 다른 명사로 재수용되고 있는데 반해, (ㄷ), (ㄹ), (ㅂ)에서는 한결같이 '그들'이라는 동일한 대명사로 재수용되고 있다. (ㄱ)에서는 영어투가 거의 보이지 않는다. (ㄴ)은 우리말에 자연스러운 번역이며, (ㄷ), (ㄹ), (ㅂ)은 영역본 <ASV>와 비교해 볼 때 영어식 표현을 그대로 옮긴 듯한 인상을 준다. <개역>에서부터 영어투가 많이 나타남을 알 수 있다. 그러나 <공동>은 다른 공역본들과 달리, 의역을 기본 원리로 한 역본이므로 영어식 표현의 영향을 받지 않고 자연스러운 국어식 표현을 사용하고 있다. 우리말에서는 재수용이 일어날 때, 대명사를 연속해서 반복하기보다 일반 명사를 반복해서 사용하는 것이 더 자연스럽기 때문이다. (ㅅ) 역시, 굳이 대명사로 재수용하지 않아도 되는 위치에서는 일반명사를 씀으로써 자연스러운 우리말식 표현을 살렸다.

통사적 측면

9절

ㄱ. 여긔 한 아ᄒᆡ가 볼리쩍 다ᄉᆞᆺ ᄀᆡ와 물고기 두 ᄀᆡ가 이ᄉᆞ니 <로스>

ㄴ. 여긔 ᄒᆞᆫ ᄋᆞ희가 잇서 보리ᄯᅥᆨ 다ᄉᆺ 덩이와 물고기 두 마리를 가졋스나 <구역>

ㄷ. 여긔 한 아해가 잇서 보리ᄯᅥᆨ 다섯 개와 물고기 두 마리를 가졋나이다 <개역>

ㄹ. 여기 한 아이가 보리떡 다섯 덩이와 물고기 두 마리를 가지고 있습니다. <새번역>

ㅁ. 여기 웬 아이가 보리빵 다섯 개와 작은 물고기 두 마리를 가지고 있습니다마는 <공동>

ㅂ. 여기 한 아이가 보리빵 다섯 개와 물고기 두 마리를 가지고 있습니다. <표준>

ㅅ. 여기 사내아이 하나가 가지고 온 작은 보리 빵 다섯 개와 작은 물고기 두 마리가 있습니다. <쉬운>

<KJV> There is a lad here, which hath five barley loaves, and two small fishes:

<NIV> Here is a boy with five small barley loaves and two small fish

<NLT> There's a young boy here with five barley loaves and two fish

(ㄴ)은 영어의 'here is/there is … here' 구문에 이끌려 '한 아이가 있어'와 같이 어색한 영어투식 표현이 되었다. 이것은 (ㄷ)에서 그대로 답습되다가 (ㄹ)에서부터 어색한 영어투의 문장에서 벗어남을 보여준다.

(ㅅ)은 이전 번역과 다른 양상을 여러 모로 보여준다. 보리 빵과 물고기에 동일한 형용사 '작은'을 연달아 사용하고 있고, 전치사 with를 의식하여 번역함으로써 관형절이 매우 길어지고 있다. 전치사 'with'를 기계적으로 '가진'으로 번역하면 어색한 번역이 되는 일이 종종

발생하는데(이석규 외 2002), 이 발화 상황은 '여기'라는 부사로 보아, 음식을 가지고 있는 아이가 말하는 이의 면전에 있는 상황으로 추측할 수 있다. 그렇다면 '가진' 보다 '가지고 온' 또는 '들고 있는' 등이 더 자연스러울텐데, 'have'와 'with'에 이끌려 천편일률적인 번역을 한 것이다. 번역할 때, 단순히 뜻이 통하도록 번역하는 차원에서 벗어나, 좀 더 한국어다운 표현이 되도록 의식적인 노력을 기울일 필요가 있다.

한편, 용언의 시제 사용에서 오역을 발견할 수 있다. (ㄴ)-(ㄷ)은 '가졌으나'로 과거형을 사용하고 있으나, (ㄹ)-(ㅂ)은 '-어 있-'을 사용한 완료상으로 표현하고 있다. 의미 상으로 볼 때, 이 용언을 과거형으로 표현하는 것은 부적절하므로 <새번역> 이후에는 이를 수정하여 완료상으로 표현하고 있다.

⑤ 동화투

동화투는 동화책에 사용되는 문체로써 어린이에게 친근하고 유아적인 문체를 말한다. 2장에서 언급한 어순 '주어+인용동사+인용문' 또는 '인용문+주어+인용동사'의 구조는 동화책이나 구연 동화에서 쉽게 발견할 수 있다. 구연 동화에서 나타난 인용문의 동화투를 살펴보자.

> 알에서 막 깨어난 병아리는 엄마를 찾기 시작했어요. <u>병아리는</u> 제일 먼저 고양이에게 가서 <u>물었어요.</u>
>
> <u>"삐약! 우리 엄마세요?"</u>
>
> <u>고양이가 대답했어요.</u>
>
> <u>"야옹! 나는 아니야."</u>
>
> -『삐약! 우리 엄마세요?』,
>
> 출처 http://home.hanmir.com/~joara25/story3.htm

이처럼 인용문과 인용동사가 쓰인 구문을 분리함으로써 한 문장으로 된 장문을 두 개의 짧은 문장으로 나누어 문장이 짧아지는 현상이 나타나는데, 손수자(1998)에서 언급된 바와 같이 짧은 문장의 사용 또한 동화투의 특징으로 볼 수 있다. <쉬운>에서 짧은 문장의 사용은 인용문에서뿐만 아니라 복문이 두 개의 단문으로 나누어지는 다른 예에서도 볼 수 있다.

15절

ㄱ. 예수 장차 사ᄅᆞᆷ이 강권ᄒᆞ여 국왕 삭을 줄ᄋᆞᆯ 알고 다시 호을노 산에 가니<로스>

ㄴ. 예수가 뎌희들이 와셔 억지로 ᄌᆞ긔를 님군으로 삼으려ᄂᆞᆫ 줄을 아시고 다시 혼자 산으로 물너가시더라<구역>

ㄷ. 그럼으로 예수ᄭᅴ셔 뎌희가 와셔 자긔를 악지로 잡아 님군 삼으랴는 줄을 아시고 다시 혼자 산으로 ᄯᅥ나가시니라<개역>

ㄹ. 예수께서는 사람들이 와서 자기를 억지로 데려다가 임금으로 모시려는 것을 아시고 혼자서 다시 산으로 물러가셨습니다.<새번역>

ㅁ. 예수께서는 그들이 달려들어 억지로라도 왕으로 모시려는 낌새를 알아채시고 혼자서 다시 산으로 피해 가셨다.<공동>

ㅂ. 예수께서는, 사람들이 와서, 억지로 자기를 모셔다가 왕으로 삼으려고 한다는 것을 아시고, 혼자서 다시 산으로 물러가셨다.<표준>

ㅅ. 예수님께서는 사람들이 와서 자기를 강제로 데려다가 그들의 왕으로 세우려 한다는 것을 아셨습니다. 그래서 다시 그 곳을 떠나 혼자 산으로 올라가셨습니다.<쉬운>

단문을 사용하여 생생하고 적절한 상황 묘사를 함으로써 동화투의 효과가 더 잘 나타난다.

또한 전술한 대로 경어체 지문의 사용도 어린이 독자에게 부드럽고 친근한 느낌을 주어 동화투의 효과를 더해준다.

3. 결론

이상으로 초기부터 현재까지 번역 간행된 주요 한국어 성서를 문체 변천의 관점에서 살펴보았다.

① <로스>는 평민층 독자를 위해 고유어와 순한글로 번역하고자 한 것이 가장 특징적이다. 그러나 당시 번역자들의 경전으로서 의식과 중국어 성서의 영향, 언해체의 영향으로 고문투로 대변되는 문어체의 문체를 하고 있다. 문장은 전체적으로 매우 길다. 이 역본에서 형성된 문체는 1960년대 구어체의 역본이 나오기 전까지 오랜 기간 동안 공인역 성서에 영향을 준다. <로스>의 평안도 방언도 다른 역본들과 구분되는 <로스> 특유의 문체를 형성한다.

② <구역>은 <로스>의 장중하고 위엄있는 문어체의 문체를 그대로 계승한다. 그리고 <로스>의 평안도 방언이 표준어로 대거 교체되어 한국어 성서가 표준어로 사용된 공역으로서의 문체를 자리잡아 간다. 'ᄀᆞᆯ아샤ᄃᆡ, 닐ᄋᆞ샤ᄃᆡ'와 같은 용어와 '-니라', '-지라' 등의 종결어미 사용 등으로 인해 고문투의 성격을 보여준다. 한편, 영역 성서에 영향을 받아 영어투의 모습도 나타난다.

③ <개역>은 <구역>과 문체면에서 크게 다르지 않으며, <구역>에 비해 문장의 길이가 좀더 짧아진다. <개역>은 몇 차례 개정되어 현재에 이르러서도 공식 예배용으로 쓰이고 있는데, <개역>은

종교 경전으로서 성서의 문체를 확고하게 만들었다. 고문투와 함께 영어투도 더 많이 등장하여 번역투 문체의 인상을 주어 대중들이 쉽게 읽는 데 애로사항이 많아 20세기 후반 구어체 성서의 등장에 기여한다.

④ <새번역>은 최초의 구어체 성서로서 성서문체 사상 획기적인 변화라고 일컬어진다. 한국어 성서 최초로 경어체 지문을 사용하고 고문투가 대거 사라졌다. 그리고 문장도 더욱 짧아져 현대 국어의 단문화 과정을 보여주는 역할을 하기도 한다. 공역성서 최초로 구어체 문체를 시도한 점에 큰 의의를 가진다.

⑤ <공동>은 최초로 내용의 동등성에 중점을 둔 번역 방식을 취한 역본으로, 수용 독자인 한국인이 읽기 쉽도록 번역이 되었다. 이러한 번역 방침에 따라 이전 역본과 달리, 필요에 따라 관용어를 사용한 의역 표현도 나타난다.

⑥ <표준>도 구어체 역본인데 공식 예배용으로 사용하기 위해 <새번역>의 직역 방식과 <공동>의 의역 방식을 절충하여 간행된 것이다. 문장 구조는 이전의 역본들과 비교할 때 더 잘 다듬어졌고 더욱 단문화되는 현상이 나타난다. <공동>에 비해 영어투의 영향으로 보이는 부분도 더 많이 보인다.

⑦ <쉬운성경>은 어린이 독자를 위하여 간행된 성서로, 이전 역본과 비교하였을 때 가장 자연스러운 구어체를 사용하고 있다. 인용문의 문장 구성을 '주어+서술어+인용문'의 형식으로 사용하거나 합성문을 두 개의 단문으로 나눈 것 등 동화투의 문체를 보여주는 것이 이 역본의 가장 큰 특징이다. 그리고 영어투가 많아진 것은 21세기 현대 한국어가 영어의 영향을 많이 받아 영어투가 많이 나타나고 있는 점을 반영한다.

참고문헌

고영근(1987=2002), 『표준중세국어문법론』, 집문당.

김동언(1996), 「개화기 번역 문체 연구-'텬로력뎡'을 중심으로」, 『한국어학』 4-가을호.

김동언(2003), 「현대 국어 번역 문체 변천 연구-천로역정과 성경을 중심으로」, 『어문논집』 47.

김영덕(1969), 「언해문체와 성서 번역체와의 관계연구」, 『한국문화연구원논총』 14.

김정우(1994), 「번역문체의 역사적 연구」, 『국립국어연구원』.

김종택(1983), 「국어 표현구조의 변천 연구」, 『동양문화연구』 10.

김흥수(1993), 「국어 문체의 통사적 양상에 대한 연구」, 『한국어문학』 31.

나채운(1985), 「개역성서에 있어서의 국어학적인 문제점-오경의 문제를 중심으로」, 『한국어 성서와 겨레문화』, 서울: 기독교문사, 21~48쪽.

나채운(1994), 『우리말 성경 연구』, 기독교문사.

도한호(1998), 「<개역한글판> 성경 개정의 의의와 방법」, 『성경원문연구』 2.

리진호(1996), 『한국성서 백년사』 I, 대한기독교서회.

민현식(1994ㄱ), 「개화기 국어 문체에 대한 종합적 연구(1)」, 『국어교육』 84.

민현식(1994ㄴ), 「개화기 국어 문체에 대한 종합적 연구(2)」, 『국어교육』 85.

이석규 외(2002), 『우리말답게 번역하기』, 역락.

손수자(1998), 「동화의 문체적 특성 연구」, 『어문학교육』 20.

이정근(1976), 「성서 '새번역'에 대한 국어학적 고찰」, 『선청어문』 7.

전재호(1989), 「성서 언어의 변천과 올바른 이해」, 『어문논총』 23.

전혜영(1999), 「한국어 번역성서의 문화수용 양상」, 『기독교사상』, 492쪽.

전혜영(2000), 「한국어 성서 번역과 문화 수용의 문제」, 『인문학논총』 2.

정길남(1992), 『19세기 성서의 우리말 연구』, 서광학술자료사.

정길남(1994),『성서의 우리말 연구』, 서광학술자료사.
정길남(1997),「한국어 성서의 문체 연구」,『개화기 교과서의 우리말 연구』, 박이정.
표성수(1971),「한국어 성서 문체의 형성 및 변천 과정에 대한 소고」, 고려대학교 석사학위논문.
최석재(2000),「개화기 시대 이후 단문화의 과정」,『현대 국어의 형성과 변천』 3, 박이정.
최태영(1986),「초기번역성서연구(III)」,『국어학 신연구』, 탑출판사.

참고사이트

대한성서공회 http://www.bskorea.or.kr

부록

한국어 성서 번역 계보도

한국어 성서가 원전의 축자적인 번역을 하면서도, 번역 당시에 나와 있는 여러 외국어 성서를 참조 및 대조하였다. 특히 영역 성서는 수많은 다양한 번역본이 계속 간행되었기 때문에 한국어 성서 번역시 새로운 역본이 나올 때마다 이를 추가하여 기존의 역본들과 함께 참조하였다. 초기 한국인 번역자들은 영어에 익숙하지 못했기 때문에 한국어 성서 번역시 중국어와 일본어 성서를 많이 참조하였으나, 20세기 이후 다양한 영역 성서의 등장과 더불어 한국인 번역자들의 영어 수준 향상으로 인해 <개역> 이후에는 영역 성서를 많이 참조하게 되었다.

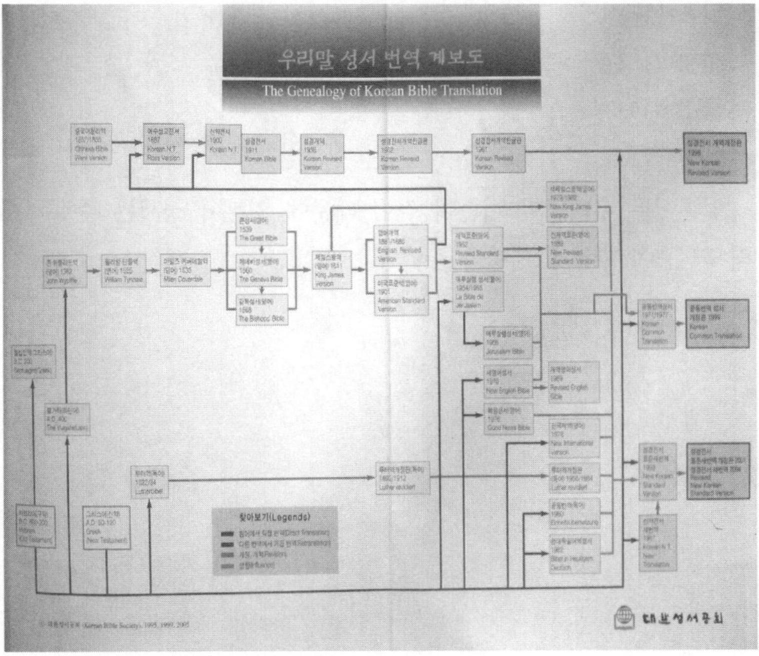

1. 영역 성서

<NLT>(1996): New Living Translation

<CEV>(1995): Contemporary English Version

<TEV>(1992): Today's English Version

<Msg>(1993): The Massage

<GWT>(1995): God's Word Translation

계보도에는 주로 공인역을 중심으로 나타나 있어서 <쉬운성경>에 영향을 주었을 것으로 추측되는 영역 성서는 나타나 있지 않다. 위 역본은 1990년대에 간행된 것으로 <쉬운성경>의 번역에 영향을 주었을 것으로 추측된다.

2. 일본어역 성서

<大正譯>(1887)

<文語譯>(1930)

일본어는 우리말과 어순이 같이 때문에 일본어 성서는 주로 <개역>의 용어 부분에 영향을 주었다.

교과서

—초등학교 국어과, 사회과 교과서를 중심으로

이수연

1. 서론

1.1. 연구 목적

초등학교 교과서는 대한민국 국민이라면 누구나 쉽게 접할 수 있는 흔한 책이지만, 다른 텍스트들과는 뚜렷이 구별되는 특징을 가진다. 교과서는 교육하는 사람의 입장에서 교육받는 사람의 입장을 고려하여 교훈을 주거나 설득을 하기 위한 목적으로 집필된다. 특히 초등학교 교과서는 8~13세의 어린 아이들을 대상으로 하기 때문에 쉽고 재미있게 쓰여지며 그에 따른 문체의 특징도 분명히 존재한다. 본고의 목적은 교과서라는 텍스트의 성격을 밝히고 교과서의 문체가 이 특성을 드러내는데 어떻게 기여하고 있는지를 살펴보는 것이다.

교과서를 텍스트로 하여 문체를 연구한 논저는 그 수가 적지 않지만 주로 개화기의 교과서에만 한정되어 있다. 정길남(1999)에서는 개화기 교과서를 대상으로 개화기 교과서에 드러난 우리말을 광범위하게 연구했고, 심재기(1999)에서는 국어 문체의 변천사를 개괄하는 과정에서 개화기 교과서의 문체에 대해 언급하고 있다. 민현식(1994)에서는 개화기 국어 문체에 대한 종합적인 연구에서 교과서 문체에 일부분을 할애하고 있다. 위 논저에 따르면 공통적으로 개화기 교과서에 드러난 문체적 특징은 국문체와 한문체가, 고유어와 한자어가 혼용되고 있다는 점이다. 현재의 국어 교과서를 대상으로 문체의 특징을 분석한 논문으로는 이용주 외(1999)가 있다. 이 논문은 국어 교육의 영역에서 문체가 어떤 역할을 하고 있는지를 밝히고 국어과 교과서를 분석하고 있다. 이렇게 선행 연구가 주로 해당 시기의 문체를 관찰하는 데 있어 분석 대상의 일부로 교과서 문체를 살펴 본 반면 본고에서는 교과서를 하나의 독립적인 텍스트로 설정하고 교과서 문체의 통시적인 변화에 대해 전반적으로 논의하고자 한다.

본고에서는 교과서 문체의 통시적 변화를 고찰하기 위해 우선 교과서 문체가 어떤 것인지를 밝히고 각 시기별로 교과서를 대상으로 하여 문체 형식소에 해당하는 표기 요소와 문체 내용소에 해당하는 운율요소, 어휘요소, 통사요소 등의 문체소[1])를 분석하겠다. 이러한 작업을 바탕으로 교과서의 문체적 특징이 어떻게 변해 왔는지를 논하려고 한다. 또한 보다 입체적인 연구를 위하여 문체가 각 시기의 언어 규범, 사회 상황과 조응하여 어떻게 변화하고 있는지를 고찰할 것이다.

1.2. 논의 대상

고대국가에서부터 교육은 국가적인 과제였고 교육을 위한 책도 존재해왔다. 천자문, 논어, 맹자와 같은 책들은 지금의 교과서와 그 모습이 많이 다르지만, 교육과 학습을 위한 책이라는 점에서 교과서라

---

1) '문체소'에 대한 설명은 민현식(1994:115)를 참고.

할 수 있다. 그러나 본고는 우리말 문체의 변천사를 논의할 것이기 때문에 '학교'라는 근대적인 제도가 정착되고 한글로 된 교과서를 사용한 개화기부터 현재까지의 교과서만을 논의 대상으로 하겠다. 일반적으로 우리나라의 교육과정은 다음과 같이 구분되며[2], 각 교육과정마다 선택한 교과서[3]는 아래와 같다.

시기/년도	교과서	교육과정 및 각 교과서에 대한 설명
개화기 (1890~1910)	유년필독 (幼年必讀) 1~4 (1908)	『유년필독』은 민간인(현채)이 쓴 초등학교용 국어 교과서이다. 개화기에는 정부가 친일 내각의 뒷받침을 받아 정책적 목표에 따라 직접 발행한 국정교과서와, 이에 반발하여 자주독립, 반일사상의 성향을 띤 민간주도용 교과서가 있었다. 『유년필독』은 개인이 발행한 대표적 교과서로 총 4권 132개 단원을 소학교에서 2년 동안 학습하도록 했다. 한 권당 평균 50쪽의 분량에 국가, 인물, 역사, 지리, 종교 등에 관한 내용을 담고 있다. 이 교과서는 목적의식이 뚜렷한 교과서로 국어나 문장의 교육보다는 계몽 중심의 교재 편찬 방법을 택하고 있다.
일제강점기 (1910~1945)	보통학교 조선어독본 4권 (1923)	이 교재는 일제의 문화정치 아래 편찬된 교과서이다. 이 시기 교과서에서부터 문학작품이 등장하기 시작하였다. 총 8권의 교과서 중, 『유년필독』과 비슷한 수준을 보이는 4권을 선택하였다. 총 118쪽, 27단원으로 구성되어 있다.
미 군정기 및 교수 요목기 (1945~1954)	한글첫걸음[4] (1945)	매우 짧은 기간이지만 사회적으로 큰 혼란이 있던 시기이다. 국어보급과 문맹퇴치를 위한 국어교재 발간과 국어교육이 시급하였고, 정규 교과서보다는 민간인의 자유로운 교재가 절대적 비중을 차지하였다. 1948년에야 정식으로 단원제 교과서가 편찬되었다. 『한글첫걸음』은 미 군정기(1945~1948)의 교재로

2) 교육과정의 시기 구분과 설명은 개화기, 일제강점기, 미 군정기 및 교수요목기의 경우 박붕배(1987), 107~110쪽, 523~528쪽에서 발췌하였다. 1차~5차 교육과정기의 경우는 교육과정 · 교과서연구회편(1990:10~33)에서 발췌하였고, 6차와 7차 교육과정에 대한 설명은 한국 교육과정 정보 서비스 홈페이지 www.kncis.or.kr를 참고하였다.

3) 이하 본고에서 지칭하는 '교과서'는 모두 논의 대상으로 선택한 '초등학교 교과서'를 뜻한다.

			조선어학회가 쓰고 군정청 학무국이 발행한 초·중등 국어교육을 위한 기초학습서이다. 총 52면, 정가 85원의 교과서로 1단원부터 35단원까지는 각 자모에 대한 설명이 있고, 36단원부터 41단원까지는 노래가사, 속담, 우화, 시, 애국 의식 등의 문장학습으로 구성되어 있다.
교육과정기	제1차 (1954~1963)	사회생활[5] 4-1 (1959)	체계적인 교육제도가 마련되고 '경험중심 교육과정'이라는 목표 아래 교과서도 새롭게 편찬되었다. 1차 교육 과정기에는 처음으로 '사회과'가 등장하였고 국정교과서 '사회생활'이 편찬되었다. 총 107쪽에 6개 대단원으로 이루어졌고 그 내용은 예절, 지역, 지리, 전통 문화 등이다.
	제2차 (1963~1973)	사회 4-1 (1967)	2차 교육과정은 '경험중심, 생활중심'으로 전개되었다. 2차 이후로 '사회'가 사회과 교과서의 이름이 되었다. 자연환경과 농업의 발달, 전통 문화 등 4개의 대단원, 95쪽으로 구성되어 있다. 이 시기부터 교과서에 컬러 사진이 사용되었다.
	제3차 (1973~1981)	사회 4-2 (1975)	3차 교육과정은 학문중심, 민족주체성 확립, 전통과 개혁의 조화, 전인적 인간상 등을 포함하고 있다. 사회 교과서는 105쪽으로 산업, 국토개발, 문화재에 대한 내용을 3개 대단원으로 구성하였다. 그 구성은 3차와 큰 차이점이 없다.
	제4차 (1981~1987)	사회 4-2 (1984)	국민정신 교육 강조 시기이며, 교과서의 분량이 150쪽으로 이전에 비해 크게 늘었다. 국토 개발, 공동생활, 문화재에 대한 3개 대단원으로 구성되어 있다.
	제5차 (1987~1992)	사회 4-1 (1990)	국제화, 다양화되어 가는 사회에 대비하여 기초 교육의 강화, 정보화 사회에 대응하는 교육의 강화, 주체성과 창조성의 강화를 기본 목표로 설정하였다. 이 시기 교과서는 각 지역에 따라 편찬되었는데, 본고에서는 '서울특별시'편을 사용하였다. 총 160쪽, 4개 대단원에서 서울지역과 우리나라의 지역별 특징과 생활에 대해 다루고 있다. 또한 개정된 한글 맞춤법과 표준어규정에 따라 간결하고 평이하게 서술하는 것을 원칙으로 하였다.
	제6차 (1992~1997)	사회 4-2 (1995)	교육부가 전담하던 교육과정 편성·운영권을 시·도 교육청과 학교에 분담시켜 교육의 자율성을 확대한 시기이다. 사회 교과서는 4개의 대단원, 150쪽에서 민족과 문화재, 사회 생활에 대한 내용을 다루었다.
	제7차	사회 4-1	7차 교육과정의 가장 큰 특징은 학생중심 교육과정

	(1997~현재)	(2001) 사회과 탐구 4-1 (2001)	과 수준별 교육과정의 도입이다. 지역 및 학교의 자율과 재량을 확대하였고 학생의 자기 주도적 능력과 창의력 신장을 목표로 했다. 이 시기의 교과서는 이전시기보다 그 크기가 크고, 지역 공통인 『사회』와 지역별 교과서인 『사회과 탐구 - 서울의 생활』로 나뉜다. 130~140여 쪽에 3개 단원으로 이루어져 있고 우리나라 각 지역의 생활에 대한 내용을 담고 있다.

2. 교과서 문체의 특징

'교과서 문체'라는 것은 다소 추상적인 개념이다. 교과서에는 설명문, 논설문, 편지, 대화와 같은 여러 가지 양식의 글이 혼재하고, 교과서 자체를 하나의 글의 양식이라고 보기는 어렵기 때문이다. 그럼에도 불구하고 교과서는 특수한 목적과 특정한 대상을 염두에 두고 집필되었으므로 독특한 문체를 가진다. 본고에서 논의의 대상으로 삼은 4학년 교과서는 보통 10~12세의 아동을 대상으로 지식의 전달 및 국가와 사회에 대한 올바른 인식을 갖게 하기 위해 쓰여진 책이다. 이러한 텍스트의 성격을 적절히 구현해 내기 위해 초등학교 교과서의 문

4) 『한글첫걸음』은 제목에서도 살펴볼 수 있듯이 저학년 학생을 대상으로 하는 매우 쉬운 한글 학습 교재이다. 다른 자료들과 그 성격이 다르므로 평행한 시각으로 분석할 수는 없지만, 다른 교과서와 비슷한 수준의 해당 시기의 자료를 구할 수 없었으므로 이 책을 부득이하게 자료로 삼았다.

5) 사회 교과서를 분석의 텍스트로 삼은 이유는 다음과 같다. 개화기와 일제강점기의 교과서는 '국어' 교과서에 도덕, 사회 등의 과목이 분리되지 않은 채 실려 있다. 그러나 교육과정기에는 이전 시기의 '국어' 교과서에서 여러 과목이 분리되기 시작하였고, 국어 교과서의 경우 문장을 읽고 쓰는 능력을 기르기 위한 간단한 예문들과 시나 소설 같은 문학 작품들이 실리기 시작하였다. 교과서의 문체를 분석하기 위하여 문학작품이나 예문을 분석하는 것은 적합하지 못하기 때문에 국어 교과서가 아닌 사회 교과서를 논의대상으로 삼았다. 사회 교과서가 국어 교과서 보다 시대별로 골고루 보존이 잘 되어 있었다는 점도 중요하게 작용하였다.

체는 다음과 같은 특성을 띠게 되었다.

첫째, 교과서는 교육을 위한 텍스트로, '교육'은 교육하는 사람과 교육받는 사람의 존재를 전제로 한다. 그러나 교과서는 다른 책과는 달리 저자가 전달하고자 하는 내용을 일방적으로 전달하지는 않는다. 교과서는 교실에서 선생님과 학생들을 중계하며, 독해가 아닌 강의를 목적으로 쓰여진 것이다. 따라서 교과서는 학생들에게 과제를 제시하고, 문제를 함께 풀어보기를 제안해야 하고,[6] 교과서를 읽는 독자는 끊임없이 누군가가 자신에게 말을 거는 듯한 느낌을 받는다. 본고는 교과서의 이러한 특성을 '청자지향성'이라는 용어로 설명해 보고자 한다. '청자지향성'이라는 용어는 Bybee et al(1994)의 용어인 '화자지향성(Speaker-oriented)'에 대응하는 것으로 박재연(2003)에서 사용되었다. 이 용어는 원래 양태의 의미 기술에 있어서 의문문의 양태가 담화상의 청자를 향하고 있다는 점을 나타내는 용어였으나, 본고에서는 이를 문체론의 관점에서 '담화 상에서 청자의 존재가 필수적으로 요구되며, 청자의 입장을 우선적으로 고려한 문체'로 수용하려 한다. 즉 교과서를 읽는 학생들에게 '끊임없이 말을 걸기 위해서'는 항상 청자의 존재를 의식하고 청자의 수준을 고려할 수밖에 없기 때문에 '청자지향적 문체'는 교과서의 성격을 드러내는데 큰 부분을 기여한다고 할 수 있다.

교과서의 청자지향성은 주로 의문문과 청유문의 사용으로 실현된다. 청자가 존재하지 않는 담화 상에서는 의문문과 청유문이 사용될 수 없다. 의문문과 청유문은 각 단원의 내용과 글의 양식과는 상관 없

6) 심재기(1999:93)에서는 이러한 교과서의 서술 특징을 '강화적(講話的) 저술'이라고 설명하고, 강화적 저술은 대화로 실현된다고 하였다. 그러나 교과서에는 '의문'과 '권유'가 나타날 뿐, 그에 대한 '답'과 '반응'은 나타나지 않는다는 점에서 완전한 대화체로 저술된다고는 할 수 없다.

이 '학습 목표'와 '과제 제시' 부분에서 어김없이 사용된다.

(1) 여러 가지 기호를 써서 우리 시 · 도의 모습을 나타내어 보자. (사회 4-1, 7차)
(2) 우리가 사용하는 물건은 어떤 사람들의 손을 거쳐 우리에게 왔을까? (사회 4-1, 7차)

또한 교과서는 쉽고 재미있게 쓰여진 책이다. 아동을 대상으로 하고 있기 때문에 한자어와 외국어가 적고 다양한 삽화와 사진을 통해 흥미를 유발한다. 각 단원마다 '진영이, 민지, 순희' 등 학생들의 이름이 등장하여 마치 자신과 같은 학생들과 함께 공부를 하고 있다는 인상을 받기도 한다. 또한 효과적으로 지식을 전달하기 위해 짧고 간결하게 쓰여지며 객관적인 시각에서 서술된 문장을 사용한다. 한정된 시간에 일정한 분량의 내용을 전달하기 위해서는 문장이 길어져서 의미가 모호해지거나, 지루해 지는 것은 바람직하지 않기 때문이다.

둘째, 교과서는 규범적인 텍스트이다. 교과서는 우리나라 교육에서 가장 독보적인 지위를 확고하게 차지하고 있으며 당시의 언어 규범과 교과과정에 맞춰 편집된 책이다. 특히 교과서는 국가 전체의 학생들을 대상으로 하여, 여러 명의 편찬자가 글을 쓰고 몇 번의 심의과정을 거친 후에 탄생하는 책이다. 이 과정에서 해당시대의 표준어 규정과 표기법을 준수할 것이 요구된다. 따라서 교과서는 가장 대표적이고 규범적인 문체를 사용한 책으로 권위를 가지게 되고, 그 자체로 한 나라의 언어 규범과 교육과정을 담고 있는 역사서적인 성격을 띠기도 한다. 교과서의 규범적인 성격에 대한 논의는 해당시대의 표준어 규정과 표기법을 함께 고찰함으로써 가능하다.

셋째, 교과서는 계몽적인 텍스트이다. 한 나라의 교육은 단순한 지식의 전달 뿐만이 아니라 장차 국가와 사회에 이바지할 수 있는 학생을 길러내는 것을 목적으로 한다. 따라서 개화기의 교과서가 자주 독립, 반일 사상, 개화 계몽사상이라는 목적을 잘 드러내고 있다는 것은 당연한 일이다. 일제시대 조선어 교과서는 실용적인 교재와 재미있는 이야기들로 구성되어 일정한 목적의식이 없는 것 같지만, 박붕배(1987:367)는 당시의 교과서가 '목적의식이 없는 교과서'를 목적으로 삼았다고 지적하였다. 교과서의 목적성은 각 시기의 교육과정에서도 드러난다. '사회과'가 하나의 교과목으로 성립된 이래 '홍익인간의 정신에 입각한 애국 애족 교육을 강화' '근로정신의 체득과 사회생활에 성실 유능한 국민이 되게 함' 등의 국가 의식과 민족적 과제를 강조하는 것이 사회 교과의 목표로 제시되었다.7)

3. 교과서 문체의 변천 과정

이 장에서는 2장에서 제시된 교과서의 문체적 특징이 구체적으로 어떻게 드러나며, 어떠한 과정을 거쳐 현대에 이르게 되었는지를 살펴본다. 3장 1절에서는 교과서가 교육 받을 대상을 대하는 태도가 어떠하며, 이것이 언어적인 표현으로 어떻게 실현되고 있는지를 밝힌다. 이는 문장 종결법과 높임법의 사용 양상으로 구체화될 수 있다. 3장 2절에서는 당시의 언어 규범과 교과서의 언어 사용이 실제로 잘 호응하고 있는지를 알아본다. 또한 문장에 대한 개념과 문체가 변화하면서 드러나는 전체적인 문장의 길이와 문단 구분 등의 문제도 논할 것이다. 3장 3절에서는 교과서가 교과서로서 당시의 교육에서 요구되던

---

7) 교육과정・교과서연구회편(1990), 앞의 책 116~145쪽에서 발췌.

덕목들을 어떻게 강조하고 있는지를 살펴보려고 한다.

3.1. 청자지향적 문체의 변천

3.1.1. 개화기, 『유년필독』: 사용과 화자지향적 문체의 약화

『유년필독』에서 사용되는 문장 종결법을 통해서 이 교과서의 청자지향성을 설명할 수 있다. 문장 종결법은 화자의 서술 태도와 담화의 서술 방식을 반영한다는 점에서 문체적 의의가 크다. 개화기 교과서에서 사용되는 문장은 '-이라, -올시다 -오이다' 등으로 끝맺는 문장이 많은데(예문 (3)~(4) 참고), 이는 당시의 신문기사와 소설 문장에서 주로 '-더라'를 사용하고 있다는 사실과 차이가 있다. '-더라'는 누군가 그 내용을 들었거나 본 것이라는 것을 그대로 문장에 드러내는 종결법으로 사건과는 거리감을 두고 서술자(화자)가 직접 보고하는 의미를 가진다.[8] 그러나 『유년필독』에서는 좀 더 객관적이고 단정적인 서술을 위해 '-이라, -올시다, -오이다' 등의 평서문체를 사용하고 있다. 물론, 이러한 종결법은 현대의 평서문체와는 차이가 있지만 당시의 서법 범위 내에서는 상대적으로 객관적인 서법이라고 할 수 있다. 화자가 직접적으로 드러나던 문체에서 화자지향성이 약해지고, 객관적인 서법과 청자 높임법을 사용하고 있다는 점은 이 시기 교과서 문체의 강한 청자지향성을 반증하고 있다.

한 편, 이 시기의 교과서에는 학습 목표나 과제를 제시하는 부분이 따로 없기 때문에 청유문이나 의문문이 나타나 학습자에게 행동이나 대답을 요구하는 부분은 없다. 그러나 (6)에서와 같이 애국애족을 호

8) 개화기의 논설문, 신문기사, 소설의 문체에 대해서는 김미형(2002), 김흥수(2002)를 참고.

소하는 부분에서 청유문이 나타나기도 한다.

(3) ㄱ. (상략)나의一身(일신)이,(중략)나라ᄅᆞᆯ,믿드ᄂᆞᆫ一個人(일개인)**이라**

ㄴ. 그러ᄒᆞᆫ즉,ᄂᆡ가,곳,나라ᄅᆞᆯ,맛튼者(자)라,엇지貴重(귀중)치,아니**ᄒᆞ오릿가**

(4) 우리나라,녯적에(중략)百濟(백제)라,ᄒᆞ얏ᄂᆞ**이**다

(5) 이졔,우리나라,사ᄅᆞᆷ은二天萬(이천만)이,되니(중략)세상에,큰나라**올시다**

(6) ㄱ. (상략)우리大韓(대한)나라ᄅᆞᆯ中興(중흥)**ᄒᆞ옵시다**

ㄴ. (상략)우리本分(본분)**직힙시다**9)

3.1.2. 일제시대, 『조선어독본』: '-다' 종결법과 다양한 문체의 사용

『조선어독본』의 문체의 가장 큰 특징은 종결법으로 '-다'가 사용되고 있다는 점이다.

(7) 하라버지는「오래도살고볼**것이다**。」하고,껄껄**웃엇다**。겨울은매우**칩다**。

(8) 다시새로운남비와가마와고무신이**됩니다**。

(9) 金剛山은,참으로朝鮮에서第一가는名山**이니라**。

(10) 휴지,실밥같은것이**올시다**。

'-다' 종결법은 '-라' 종결법과는 달리 그 문장이 화자의 말이라는 것을 드러내지 않고 그 문장을 하나의 사실로 받아들이게 한다. 즉 글의 내용 자체만을 전달한다는 인상을 줌으로써 그 문장이 객관성을

9) 『유년필독』과 『조선어독본』의 본문은 모두 세로쓰기로 되어있고 『유년필독』의 한자음독 표기는 해당한자의 오른쪽에 있다. 그러나 본고에서는 편의상 위 예문의 형식으로 표기하겠다. 해당 교과서의 실제 본문을 131, 132쪽에 실었다.

획득할 수 있게 된다. 이는 현대의 교과서에서 사용되고 있는 '-다'체가 이미 1920년대에 확립되기 시작하였음을 알 수 있게 해준다. 또한 교과서 문체의 화자지향성이 약해지는 과정의 통시적인 흐름을 짚어주는 대목이기도 하다. 그러나 당시의 교과서가 완전히 '-다' 종결법으로만 쓰여진 것은 아니다. 비록 부분적이기는 하지만 (9)~(10)에서 보듯이 개화기의 문장 종결법도 여전히 남아 있다.

『조선어독본』의 또 하나의 특징은 각 단원마다 여러 가지 문체를 사용하고 있다는 점이다. 예를 들어, '第二 進步하는世上, 第五 廢物利用'(7, 8, 10) 등에서는 합쇼체를 사용하고 있지만, '第三 選擧, 第九 間道'(9), 등에서는 해라체를 사용하고 있다. 청자 높임법의 사용 양상이 개화기와는 달라지고 있음을 보여준다. 또한 설화와 시와 같은 문학작품도 수록하고 있고, 편지글, 일기와 같은 다양한 양식의 글을 싣고 있어 여러 가지 상황에서 사용될 수 있는 다양한 문체를 접할 수 있게 하였다.

3.1.3. 미 군정기, 『한글첫걸음』: 현대의 문체 확립

『한글첫걸음』은 단문 중심의 아주 간단하고 쉬운 문장으로 꾸며져 있다. 이는 국어 보급과 국문 문장 교육이 우선시되었던 시대적인 요청에 의한 것으로 생각된다. 1장 2절에서도 설명하였듯 이 교과서의 목적은 어학적인 능력의 신장을 위한 것이기 때문에 한 과가 하나의 내용을 가지고 꾸며진 것이 아니다. 일상의 다양한 상황에서 쓸 수 있는 문장들을 제시하고 있으며 따라서 지식적인 내용을 전달하는 문장은 거의 없다. 즉 이 교과서는 그 대상과 성격, 목적에 있어서 본고에서 선택한 다른 교과서와는 일정한 차이를 가지고 있기 때문에 똑같은 잣대로 분석할 수 없다는 문제점이 있다. 따라서 '-더라' 종결법과

'-다' 종결법이 혼재하던 시기에서 벗어나 현대국어와 거의 같은 모습의 다양한 문체들을 엿볼 수 있다는 점만 언급하고자 한다.

(11) 비가 몹시도 온다.
(12) 저 집이 네 집이냐? / 뉘 구두냐?
(13) 엽서 사오너라. / 할 말은 당당히 하여라.
(14) 고기 잡으러 가자. 한글을 잘 배우자.
(15) 모두 다 좋구나. 나이는 같아도 키는 같지 않구나.

문장의 종결어미로는 해라체와 하오체가 주로 쓰이고 있다. 평서문, 의문문, 청유문, 명령문, 감탄문이 모두 나타나며 경어법도 현대와 거의 같은 모습으로 쓰였다.

(16) 늦어도 괜찮으니 꼭 오셔요.
(17) 교장 선생님이 나오신다.
(18) 아저씨 그런 것이 아닙니다. 잠깐만 기다립시오.

3.1.4. 1차 교육과정, 『사회생활』: 교과서의 체계 확립과 청유문, 의문문의 사용

이 시기에 이르러서 교과서는 현재와 같은 모습으로 구성되었다. 한 단원은 크게 '본문'과 '익힘'으로 구성되어 있는데 본문에는 주로 평서문이 합쇼체로 쓰였고, 익힘에는 의문문이나 청유문이 해라체로 쓰였다. 지식적인 것에 대한 설명 외에도 과제를 제시하고, 질문을 하는 교과서의 텍스트적 특징이 본격적으로 드러나기 시작하였다. 또한 '효성이, 영희' 등 학생들이 등장하여 학교와 동네, 집에서 공부하고

활동을 하는 모습을 보여준다.

본문에서는 각각 하나의 상황을 설정하고 그에 따라 다양한 문체를 구사하고 있다. 이는 『조선어독본』의 문체와도 상통한다. 학급 회의를 하는 상황에서는 주체가 '우리들'이며 합쇼체가 사용되었고, 발표하는 아이들도 모두 합쇼체를 사용하고 있다.[10] 공적인 자리에서의 문체가 드러난다. 그러나 선생님은 항상 해라체를 사용하는 것으로 설정되어 있다. 아이들이 서로 말할 때는 반말체를 사용하고 선생님이나 어른들에게 말할 때는 해요체, 합쇼체 등 경어법을 구사한다. 그 외에도 편지, 이야기, 관찰, 여행, 견학을 통한 경험이 두루 나타나고 각 상황에 따라 합쇼체의 평서문, 해라체의 평서문, 해요체, 대화체 등이 골고루 쓰이고 있다.

주체를 '우리' 혹은 학생들로 설정하고 있다는 것은 독자들이 교과서 속의 경험을 좀 더 직접적으로 함께 하기 위한 장치이다. 실제 학교 생활에서와 같이 여러 명의 친구들과 선생님이 등장하고 있다는 점은 친밀감과 공동체 의식을 느낄 수 있게 한다. 반면 선생님의 말과 질문, 과제가 해라체로 제시되고 있다는 점은 교과서의 서술자가 독자에 대해 일정한 권위를 확보하기 위해 선택한 방법으로 해석할 수 있다.

(19) 우리들은 4학년이 되었읍니다. 4학년이 된 첫 금요일에, 우리들은 학급 어린이회를 조직하였읍니다. (본문)

(20) "우리들은 서로 의좋게 지내야 하겠읍니다." (효성)

(21) "여러분은 곤충의 생활을 통하여, 그들이 훌륭한 협동 생활을 하고 있는 것을 알았을 것이다." (선생님)

---

10) 그러나 수업 시간에 선생님 앞에서 발표를 할 때나, 첫 회의 시간에만 합쇼체를 사용하였고, 그 외의 어린이회의 시간에는 반말체를 사용하였다.

(22) "선생님 이거 좀 잡수시지요" / "아저씨 모자 좀 벗어 주셔요." (아이들)
(23) 편지를 쓸 때는 할 말은 짤막하게 똑똑히 쓰도록 하자. (본문)
(24) 여러 가지 동물이, 어느 모로 보면, 사회적 생활을 하고 있다. (본문)
(25) 지도를 그려서 다음 공부를 하여 보자. 식목일은 무슨 날이며 언제 인가? (익힘)

3.1.5. 2~6차 교육과정, 『사회』: 단일하고 건조한 문체

이전 시기의 『사회생활』에서 대화체를 비롯한 다양한 문체가 공존했던 것과 달리, 이 시기의 사회 교과서에는 평서형 해라체가 주로 사용되었다. 또한 여러 가지 상황이 설정되는 경우도 없고 주로 설명문의 형식으로만 서술되고 있다.[11] 이는 이 시기의 사회 교과서가 도덕 교과서와 분리됨으로써, 교훈과 계도의 목적에서 벗어나 지식의 전달을 중요한 과제로 담당하고 있었기 때문이라고 생각된다. 평서문 해라체 '-다' 종결법이 거의 모든 부분 사용됨으로써 교과서의 문체는 한층 더 객관적인 성격을 띠게 되었다. 지난 시기 단원마다 등장하던 등장인물들도 사라졌다. 교과서의 문체가 단일해지고 건조해지고 있는 것이다.

그러나 단원의 시작과 끝에서는 학습 목표를 제시하고 과제를 주는 방식을 택하여 본문과는 달리 의문문과 청유문을 사용하고 있다. 질문과 특정 행동의 촉구를 통해 학습, 평가를 위한 서술자가 존재하고 있음을 독자들에게 알리는 교과서 특유의 특징은 계속 고수되고 있는 것이다.

---

11) 이는 같은 시기의 3학년 교과서에는 여전히 합쇼체가 사용되는 것과 차이를 보인다.

(26) 우리 생활에서 전기는 매우 중요하다. (3차, 본문)

(27) 사회생활을 하는데 규칙과 질서를 지켜야 하는 까닭은 무엇인가? (4차, 공부할 문제)

(28) 다음 이야기를 읽고, 부모님께 효도할 방법을 토의해보자. (6차, 연구)

3.1.6. 7차 교육과정, 『사회』, 『사회과 탐구』: 다양한 문체

현재의 교과서는 그 체계를 한 눈에 파악하기 어려울 만큼 복잡하고 다양한 구성으로 짜여 있다. 기존의 교과서에서 각 단원의 시작과 끝을 알리는 '학습목표, 정리, 공부할 문제, 연구' 등이 사라지고 본문과 질문, 과제가 뒤섞여서 나타난다. 또한 만화를 보듯 캐릭터와 말풍선이 등장하여 구어체로 대화를 나누기도 하고, 절차적 텍스트도 나타나는 점이 독특하다.[12] 지난 시기에 사라졌던 '상황의 설정' 방식이 다시 나타나 문체도 좀 더 다양해질 수 있었다. 이러한 시도를 통해 학생들이 교과서를 읽으며 좀 더 친근감과 흥미를 느끼며 학습 내용에 접근할 수 있는 효과를 가질 수 있으리라고 생각된다. 본문과 과제의 구분 없이 질문과 과제가 수시로 등장함으로써 이전 시기의 교과서 보다 의문문과 청유문이 훨씬 많아진 것도 주지할 만한 특징이다. 교과서의 목적이 지식전달이 아닌 다양한 활동의 학습으로 변해가고 있으며, 이 과정에서 교과서의 청자지향적 문체가 좀 더 강화되고 있다는 사실을 알 수 있다.

---

12) 절차적 텍스트라는 용어는 강범모(1999)에서 사용되었다. 이 책에서는 사용설명서, 요리법 등 단계별로 차례차례 제시되는 텍스트를 절차적 텍스트라고 하였다. 절차적 텍스트의 특징은 '현재형이 나타나고, 대명사가 나타나지 않는다' 등이다. 사회 교과서의 '관광 안내는 이렇게! - 1. 우리 시 · 도의 관광지, 유적지, 특산물을 소개하는 관광 지도를 구한다. 2. 소개하려는 관광지에 대하여 자세히 조사한다. 3. 안내원이 되어 여러 사람 앞에서 설명한다.' 를 절차적 텍스트라고 할 수 있을 것이다.

(29) "지도의 등고선에 맞추어 색칠을 해봐요"

(30) 우리 시의 관광지를 한 눈에 알아볼 수 있구나.

(31) "어머니, 승용차를 타고 갈 때 보았던 호수도 볼 수 있어요?"

(32) 서울에는 어떤 재해가 있습니까? - 홍수와 태풍재해가 있지요.

(33) 왜 사냥꾼이 고생하고 있을까요?

교과서의 청자지향성은 각 시기마다 다양한 형태로 드러나고 있다. 개화기의 교과서는 다른 매체보다 화자지향적 문체가 약화된 '-이라, -올시다' 등의 종결어미와 청자 높임법 및 청유문의 사용으로 청자지향성을 드러냈다. 일제시대와 미 군정기의 문체에서는 과거의 화자지향적 문체가 현대의 객관적인 문체로 변해가는 과정을 알 수 있었다. 이후 1차 교육과정기의 교과서가 청유문과 의문문의 사용, '우리'와 '학생들'을 주체로 한 문장, 다양한 문체의 구사 등 청자 지향적인 문체와 흥미있는 짜임새로 교과서의 특징을 잘 드러내고 있다고 한다면, 2~6차 교육과정의 교과서는 설명문의 형식으로만 전개되어 단일하고 건조한 느낌을 준다고 할 수 있다. 교과서의 청자지향성은 7차 교과서에 이르러서 강화되는데 청유문과 의문문이 이전에 비해 훨씬 많이 사용되었고 간결한 문체와 대화체가 사용되었다는 것이 특징이다.

3.2. 규범적 문체의 변천

3.2.1. 개화기, 『유년필독』: 국한문 혼용체의 보다 쉬운 표기

개화기는 국어 문체사에서도 중요한 의미를 가지는 시기이다. 종래의 사고 방식과 생활제도에 대한 새로운 혁신의 시도는 문체 문제에도 예외가 아니었다. 전통적으로 권위를 가지고 있던 한문체에 대하

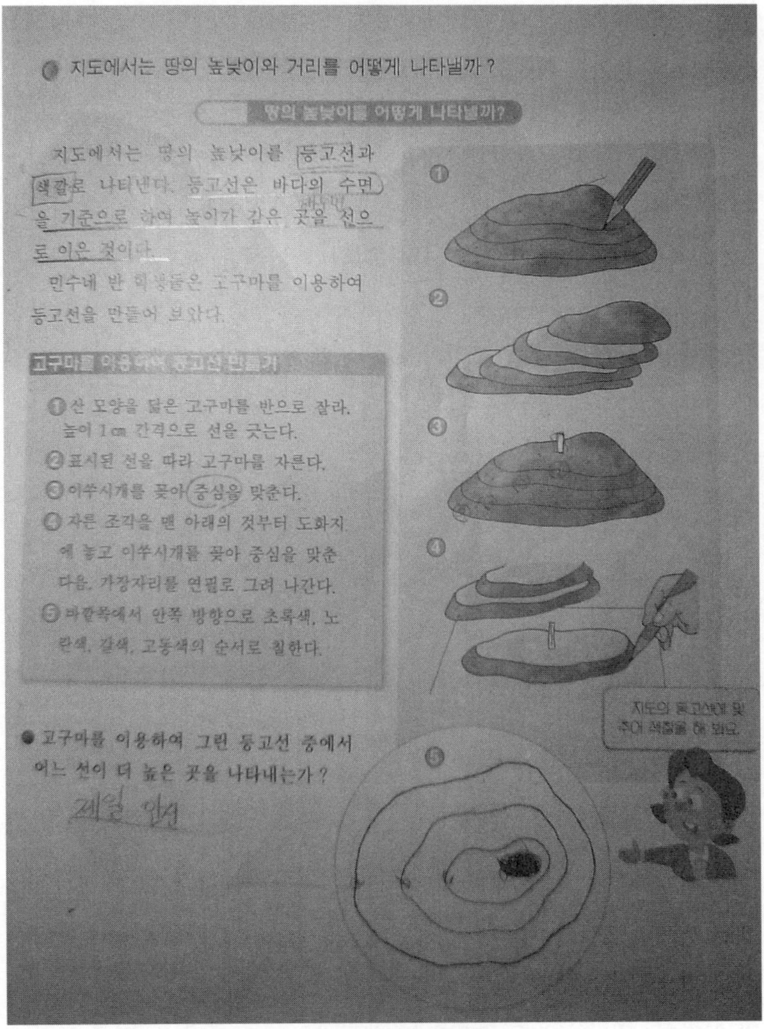
지도에서는 땅의 높낮이와 거리를 어떻게 나타낼까?

땅의 높낮이를 어떻게 나타낼까?

지도에서는 땅의 높낮이를 등고선과 색깔로 나타낸다. 등고선은 바다의 수면을 기준으로 하여 높이가 같은 곳을 선으로 이은 것이다.

민수네 반 친구들은 고구마를 이용하여 등고선을 만들어 보았다.

고구마를 이용하여 등고선 만들기

① 산 모양을 닮은 고구마를 반으로 잘라, 높이 1㎝ 간격으로 선을 긋는다.
② 표시된 선을 따라 고구마를 자른다.
③ 이쑤시개를 꽂아 중심을 맞춘다.
④ 자른 조각을 맨 아래의 것부터 도화지에 놓고 이쑤시개를 꽂아 중심을 맞춘 다음, 가장자리를 연필로 그려 나간다.
⑤ 바깥쪽에서 안쪽 방향으로 초록색, 노란색, 갈색, 고동색의 순서로 칠한다.

지도의 등고선에 맞추어 색칠을 해 보자.

● 고구마를 이용하여 그린 등고선 중에서 어느 선이 더 높은 곳을 나타내는가?

〈그림 1〉, 7차『사회 4-1』

여 국한문혼용체, 국문체가 등장하여 나름의 역할을 수행하며 영역을 넓히려 하였다. 갑오경장 이후 공식적으로는 국문이 중심 문체임을 천명하였지만 한문체는 당시의 지식인들의 글에서 여전히 주도적인 위치를 차지하였다. 이러한 상황에서 국한문혼용체는 국문체와 한문체의 중도적 성격으로 양쪽의 문체를 부분적으로 수용하여 넓은 독자층을 가질 수 있었다. 따라서 개화기의 교과서가 국한문혼용체를 서술의 방식으로 선택한 것은 당연한 일이었다. 당시의 교육에서 전달하고자 하는 지식은 여전히 전통적이고 관습적인 "문자(한문)"이었지만, 교육의 대상층은 새로운 시대를 살아갈 어린 학생들이었기 때문이다. 또한 넓은 독자층을 가지며 시대적 조류를 타고 있는 국한문혼용체는 시대 분위기를 충실하게 반영할 수 있는 방법이기도 하였다.[13)]

유년필독 역시 국한문혼용체를 선택하였고, 편찬 형식은 세로쓰기를 하고 있다. 주요 단어는 모두 한자로 표기하였지만 조사나 서술어는 고유어로 표기하였다.

(34) 第三課 우리大韓나라

(35) 萬一(만일)ᄂᆡ가,업스면,나라에,一個人(일개인)이,업셔셔,나라의一分(일분)힘이減ᄒᆞᄂᆞ니

(36) 山(산)우희,큰못이,잇셔三面(삼면)東은豆滿江,西는鴨綠江,北은松花江으로흐르고

(37) 黃海(황해바다) 首府(첫 부) 人(사) 國(나라) 入(드러오) 南走(남으로 쥬) 水田(…논…)

일반 본문에는 한자어 옆에 독음을 달아 국한문혼용체이면서도 국문체의 모습을 갖추고 있다. 이는 중세문헌의 한자 표기의 보편적인 방식이었다.[14)] 그러나 제목이나 협주, 그림 설명에서는 독음이 달리지 않았다. 특이한 점은 (37)과 같이 한자를 훈독하여 그 뜻을 한자어 옆에 써 놓은 단어도 있다는 점이다. 명사뿐만 아니라 동사도 훈독하였고, 한자어를 국문 구조로 해석하여 놓은 부분도 눈에 띈다. 水田을

---

13) 개화기의 국한문혼용체에 대한 설명은 심재기(1999:85~89)를 참조.
14) 고영근(1987:25) 참조.

'논'으로 표시할 때는 그 음가가 원래 한자음보다 줄어들자 말줄임표를 사용하였다. 이는 교과서의 독자인 어린 학생들의 수준을 고려하여 최대한 쉽게 서술하기 위한 편집 방법이라고 생각된다.

(38) 우리大韓(대한)나라ᄂᆞᆫ長(장)은三千(삼천)六百(육백)里(리)오廣(광)은　千餘里(천여리)도,되고惑(혹)六七百(육칠백)里(리)도,되며,此外(차외)에北間島(북간도)가잇고

(39) 葡萄牙(포도아) / 德法兩國(덕법양국) / 白耳義(백이의) / 瑞西(서서)

(40) ᄯᅩ / ᄯᅵ

(38)에서 보듯 현대어에서는 모두 고유어 '길이', '넓이', '그밖에'에 해당하는 말이 모두 한자어로 쓰이고 있음을 알 수 있다. 반면 '나라', '사ᄅᆞᆷ', '옛', '우리' 등의 고유어도 쓰이고 있어 한자어의 위세 속에서 고유어도 점차 그 영역을 넓혀가고 있음을 유추할 수 있다. 또한 외래어를 모두 한문식 단어로 받아들여 표기하고 있다는 점도 특이하다. 이때에도 한글독음을 달아놓았다.(39) 숫자는 모두 한자로 표기하였고, 'ㆍ'와 합용병서가 쓰이고 있어 이전 시대의 표기 방법을 그대로 전승하고 있다는 사실을 알 수 있다.

또한 띄어쓰기와 마침표가 없는 대신 쉼표로 단어나 구절을 표시하고 있다. 쉼표로 끊어 읽게 되는 단위가 어떤 문법 단위인지, 호흡의 단위인지는 확실하지 않으나 의미의 전달과 낭독의 측면에서 일정한 역할을 담당하고 있는 것으로 보인다. 또한 한 문장 혹은 한 구절이 끝날 때마다 줄을 바꾸어 쓰고 있다는 것은 당시의 '문장'에 대한 인식을 보여준다. 한 문장이나 한 구절이 끝나는 부분이 그 줄의 끝부분이어서 줄을 바꾸어도 빈칸이 생기지 않을 경우에는 가로로 직선을 그어 한 문장이나 구절이 끝났음을 보여주었다.

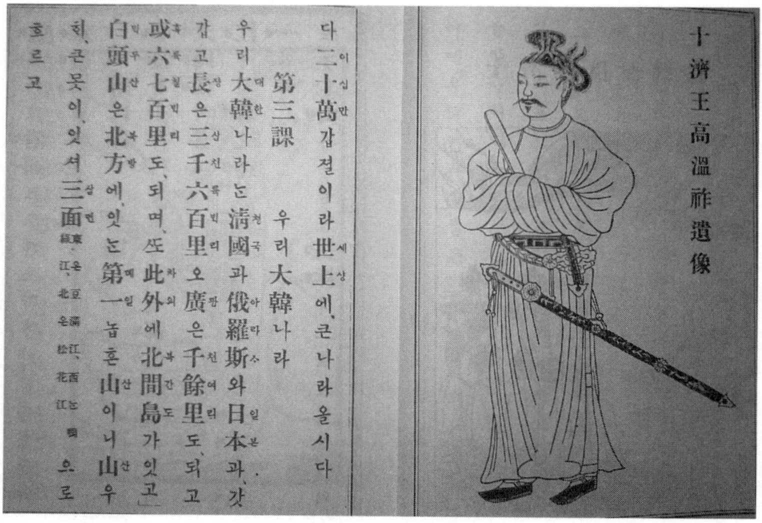

〈그림 2〉『유년필독』

한편, 유년필독의 문장길이는 평균 95.2[15]자로 매우 긴 것을 알 수 있다. 단문은 거의 없었고[16], 한 문장은 거의 2~3개의 문장으로 이루어진 복문이었다. 이 시기의 문장은 한 문장 안에 한 사건의 배경과 원인, 결과의 3단계를 갖추어 하나의 이야기와 같은 단위를 이루기 때문에 매우 길다는 특징을 가진다.[17] 보통 한 과는 한 쪽으로 구성되어 있고 1~2문장으로 이루어져 있다. 특이한 점은 한 문장이 끝나지 않았을 때에도 일정한 글자 수가 채워지면 단원을 바꾸어 다시 그 문장을 쓰고 있다는 점이다. 교육 하는 사람과 받는 사람을 배려하여 일정한 시간 안에 배울 수 있는 내용으로 각 단원을 구성한 것으로

15) 각 권당 20개(총 80개)의 문장을 세어 그 평균을 계산하였다.

16) 본문에서는 단문이 나타나지 않았고, '本分직힐일'이라는 과에 시 형식의 호소문이 쓰였는데, 이 곳에서만 단문이 쓰였다.

17) 최석재(2000), 개화기 시대 이후 단문화의 과정, 『현대 국어의 형성과 변천 3』, 박이정, 32쪽.

보인다.

이 시기는 아직 우리말의 '규범'에 대한 인식이 미미했던 시기이지만 국한문혼용체를 선택하면서도 좀 더 쉽게 표기하려는 『유년필독』의 노력은 점차 언문일치로 나아가는 모습을 엿볼 수 있게 한다. 외국어의 표기에 있어서는 중국음을 중심으로 하거나 중세국어 표기법을 전승하고 있다는 점에서 이전의 방식이 여전히 우위에 있음을 알 수 있다. 그러나 다른 개화기의 문헌에 비해 고유어가 많이 사용되고 있다는 점은 역시 교과서가 가지고 있는 독자층의 특수성과 연관된다고 하겠다.

3.2.2. 일제시대, 『조선어독본』: 띄어쓰기의 시도 및 외국어의 사용

『조선어독본』의 가장 큰 특징은 띄어쓰기의 시도로 교과서의 시각적인 면이 확연하게 달라졌다는 사실이다. 물론 띄어쓰기가 완전하게 이루어진 것은 아니었고, 교과서별로도 차이가 있었다. 『조선어독본』 1,2권에서는 낱말 단위로 단어를 띄어썼는데 조사도 띄어썼다. 그러나 우리가 논의대상으로 삼은 4권은 한 문장이 끝날 때만 한 칸을 띄어쓰거나 시를 표기할 때 어절 단위로 띄어 쓰는 등 아직 띄어쓰기가 완전히 확립된 모습을 보여주지는 않는다. 한자가 여전히 사용되어 국한문혼용체의 모습을 보이고, 세로쓰기의 형식으로 쓰여졌

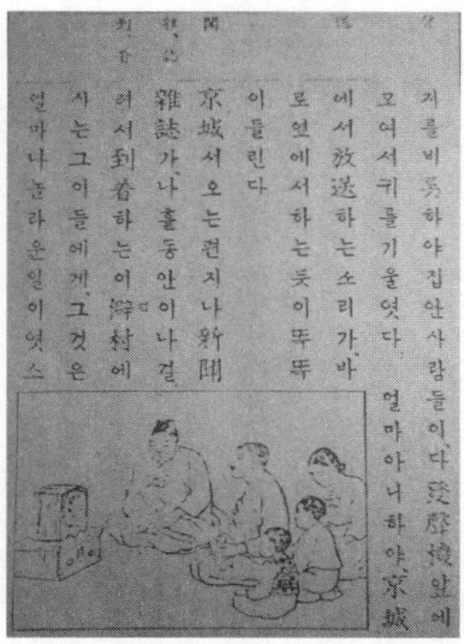
자를비롯하야집안사람들이다受話機앞에
모여서귀를기울엿다. 얼마아니하야京城
에서放送하는소리가바
로엿에서하는듯이뚝뚝
이들린다
京城서오는편지나新聞
雜誌가나흘동안이나걸
려서到着하는이僻村에
사는그이들에게그것은
얼마나놀라운일이엿스

〈그림 3〉『조선어독본』

다. 그러나 문장의 형식은 거의 국문체와 같아졌고 일부 한자어만 한자로 표시되고 있음을 알 수 있다. 모든 한자어에 독음이 달리지는 않았지만 어려운 한자어에는 독음이 달린 것은 학생들을 위한 배려라고 생각된다. 평균 문장의 길이는 51.45[18]자로 이전시기에 비해 약 45% 정도 짧아졌다. 개화기 이후 단문화의 과정을 겪었던 국어 문장의 모습이 교과서에서도 잘 드러난다고 할 수 있다.

(41) ~옛적사람은꿈에도想像(상상)치못하든것뿐입니다。

(42) 닭의알을팔아서貯蓄(저축)하얏든돈으로,裝置(장치)하야노은라듸오의안테나엿섯다.

(43) 방실방실 햇님의 옛븐웃음은,

(42)에서 보듯 외국어가 직접적으로 차용되어 쓰이고 있음을 알 수 있다. 이는 외래의 문물이 들어오면서 그에 따른 새말들도 함께 들어오게 되었다는 사실에 기인한다. 그러나 이 시기 역시 따로 우리말의 표기와 표준어에 대한 규정이 없었기 때문에 이러한 표기가 뚜렷한 기준을 가지고 이루어진 것은 아니었다.

3.2.3. 미 군정기, 『한글첫걸음』: 표기법의 혁신과 국문체의 사용

전면 가로쓰기, 문장 부호의 사용, 띄어쓰기 시행, 등으로 이전의 교과서와는 판이하게 다른 모습을 보여준다. 한 편의 긴 글이 실린 단원에서는 문단 구분이 되어 있고, 대화가 사용되는 경우에는 현대와 같은 방식으로 줄을 바꾸어 쓰고 있다. 문장의 길이는 단문 중심이며 보통 10자 내외로 매우 짧았지만 교과서의 후반부인 우화와 논설문에

---

18) 이후 각 교과서의 평균 문장 길이는 임의로 100개의 문장을 추출하여 계산하였다.

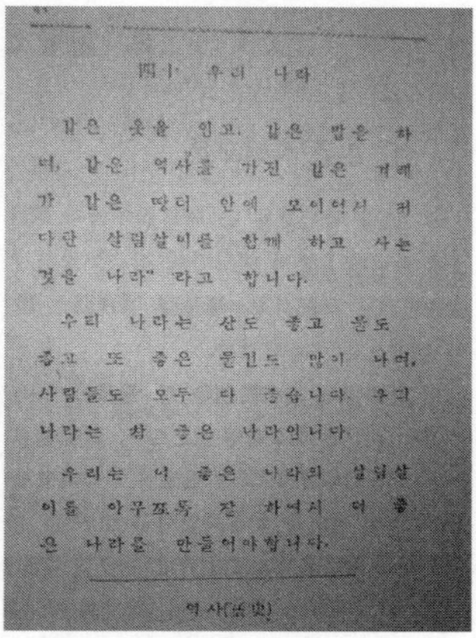
四十 우리 나라

같은 옷을 입고, 같은 밥을 하며, 같은 역사를 가진 같은 겨레가 같은 땅의 안에 모이어서 커다란 살림살이를 함께 하고 사는 것을 나라" 라고 합니다.

우리 나라는 산도 좋고 물도 좋고 또 좋은 물건도 많이 나며, 사람들도 모두 다 좋습니다. 우리 나라는 참 좋은 나라입니다.

우리는 이 좋은 나라의 살림살이를 아무쪼록 잘 하여서 더 좋은 나라를 만들어야합니다.

〈그림 4〉『한글첫걸음』

서는 평균 40자 이상의 문장이 나타나기도 했다. 문체 형식도 국한문혼용체에서 완전한 국문체로 바뀌었다. 쪽수를 표시하는 데는 아라비아 숫자가 사용되었지만 각 단원의 표시는 한자로 되어 있고, 한자어로 된 중요 단어는 괄호 속에 한자를 병기하였다. 각 단어나 구절의 구분을 위해 사용되던 쉼표는 사라졌고 띄어쓰기가 행해졌는데 완전한 것은 아니었다. 그러나 '한글첫걸음'의 띄어쓰기는 당시『한글마춤법통일안(1933, 이하 통일안)』의 띄어쓰기 규정을 받아들인 것으로 당시의 언어 규범을 보여주고 있다. (44)에서 볼 수 있는 예들은 지금의 띄어쓰기 규정에는 맞지 않지만, 의존명사를 앞 단어에 붙여 쓴다든지, 합성동사 뒤에 보조 용언이 오는 경우 붙여 쓰는 것은 당시의 통일안을 따른 것이다.

(44) 요 <u>얄미운놈의</u> 여우, <u>되었던것이니까,</u> <u>들여다보아주십시오</u>

(45) 해ㅅ빛, 백지ㅅ장, 배ㅅ속

?, *, " " 등의 다양한 문장 부호가 사용되었는데 따옴표는 대화나 생각에 모두 사용되어 현재의 쓰임과는 차이를 가지고 있다는 것을 알 수 있다. 문장부호가 사용되고, 합용병서가 사라진 것도 모두 통일안을 따르고 있는 것으로 보인다. 그러나 사이시옷에 관해서는 (45)와 같은 표기를 보이고 있는데 이는 통일안의 규정과는 다르다.[19]

어휘 사용의 측면에 있어서 개화기에 비해 한자어의 사용이 줄고 고유어의 사용이 늘어났다는 것은 주지의 사실이다. 특히 『한글첫걸음』은 그 제목부터가 고유어이고 본문에서도 형용사나 부사, 의성의 태어가 많이 쓰여 고유어가 많이 사용되었다는 인상을 준다.

(46) 한강은 길고도 깊은 강이다. 백두산은 높은 산이다.

(47) ~따뜻한 봄 볕을 담뿍 쪼이면서~, 물이 졸졸 흐른다. ~아이가 쌔근쌔근 잔다~

3.2.4. 1차 교육과정, 『사회생활』: 한글 전용

이 시기 교과서의 평균 문장 길이는 평균 31자였고, 3~5문장이 모여 한 문단을 이루고 있다. 교과서의 문장의 길이와 문단의 양식도 이 시기부터 확립되고 있다고 할 수 있다.

이미 이전 시기에 교과서는 국문체에 도달하였기 때문에, 이전 시기의 교과서와 문체 형식에 있어서는 크게 달라진 점이 없다. 그러나 한자 병기가 사라졌고, 대단원을 표시하기 위한 숫자를 제외하고는 숫자도 모두 아라비아 숫자로 표기되었다는 점에서는 차이가 있다. 사이시옷도 사라졌으며 띄어쓰기도 현대국어와 같다. 된소리의 표기법은 현대국어의 그것과 차이를 보이지만, (50)의 손벽을 '손'과 '벽'의 합성어로 본

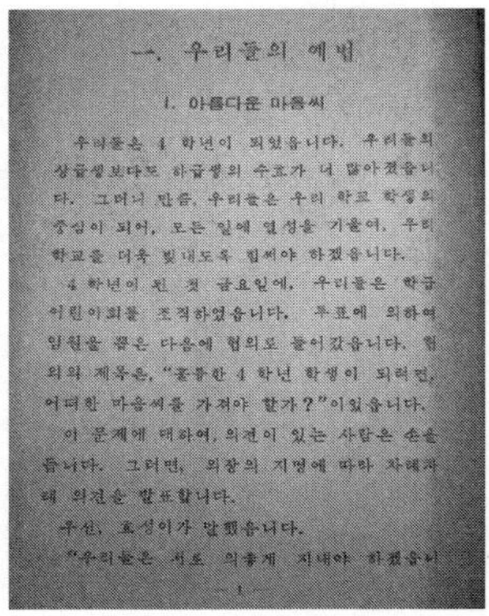

一. 우리들의 예법

1. 아름다운 마음씨

우리들은 4 학년이 되었읍니다. 우리들의 상급생보다도 하급생의 수효가 더 많아졌읍니다. 그러니 만큼, 우리들은 우리 학교 학생의 중심이 되어, 모든 일에 열성을 기울여, 우리 학교를 더욱 빛내도록 힘써야 하겠읍니다.

4 학년이 된 첫 금요일에, 우리들은 학급 어린이회를 조직하였읍니다. 투표에 의하여 임원을 뽑은 다음에 협의로 들어갔읍니다. 협의의 제목은, "훌륭한 4 학년 학생이 되려면, 어떠한 마음씨를 가져야 할가?"이었읍니다.

이 문제에 대하여, 의견이 있는 사람은 손을 듭니다. 그러면, 의장의 지명에 따라 차례차례 의견을 발표합니다.

우선, 효성이가 말했읍니다.

"우리들은 서로 의좋게 지내야 하겠읍니

— 1 —

〈그림 5〉 1차 『사회 4-1』

19) 『한글마춤법통일안』(1933)에서는 30항에서, '복합명사 사이에서 나는 "사이ㅅ" 소리는 홀소리 아래에서 날적에는, 위의 홀소리에 "ㅅ"을 받치고, 닿소리와 닿소리 사이에서는 도무지 적지 아니한다' 라고 규정하고 있다.

다면 당시의 통일안 규정인 '둘 이상의 품사가 복합할적에는 소리가 접변하거나 아니하거나를 물론하고 각각 그 원형을 바꾸지 아니한다'를 따르고 있음을 알 수 있다.

(48) 응원은 필요한 때 질서 있게 할 것 이요, 함부로 떠들어대어, 경기의 방해가 되어서 는 안 됩니다.

(49) 훌륭한 4학년 학생이 되려면, 어떠한 마음씨를 가져야 할가?

(50) 영화가 점점 재미나, 이따금 손벽 소리가 울렸읍니다.

이 시기의 두드러지는 어휘적 특성은 외래어의 사용이다. 1941년에 『한글마춤법통일안』이 개정되며 <외래어표기법통일안>이 마련되었다. 그러나 이 시기의 교과서에 쓰이는 외래어는 <외래어표기법통일안>에 따르지 않은 예가 많다.

(51) 빼스, 프로펠라, 프로그람, 개라멜, 쥰펜 / 사이더

(52) 공일, 공산두목, 모래막기, 임간학교

(51)에서 '빼스'는, <외래어표기법통일안>에서 'b'가 유성음으로 발음될 때에도 'ㅂ'로 쓰게 하고 있기 때문에 잘못된 표기이다. '개라멜, 프로그람'도 '캐러멜, 프로그램'으로 쓰여야 한다. 그러나 '사이더'는 지금의 표기와는 차이가 있지만, 당시 <외래어표기법통일안>에 따르면 원어의 발음이 /saidər/ 이므로 '사이더'로 바르게 표기되고 있다. 또한 현재에는 흔히 쓰이지 않는 어휘들인 (52)도 흥미롭다.

3.2.5. 2차~6차 교육과정, 『사회』: 표준어 규정과 표기법에 맞춘 표기

한자의 표기는 완전히 사라졌고, 된소리의 표기가 현대의 표기와 같아졌다. 띄어쓰기도 현대의 그것과 다른 점을 거의 찾아 볼 수 없었다. 특이한 점은 외래어의 표기를 고딕체로 하고 있다는 점이다. 'Bus'의 표기도 이전 시기의 '빠스'에서 '버스'로 바뀌었다. 현대의 표기와 다른 점은 '읍니다'의 표기와 몇 가지 외래어의 표기이다.

(53) 유우엔군, 치이즈, 덴마아크, 터어미널 / 텔레비젼(2, 3, 4차)

(54) 새로지은 집들이 잘 정리되어 있었읍니다. (4차, 3-1)[20]

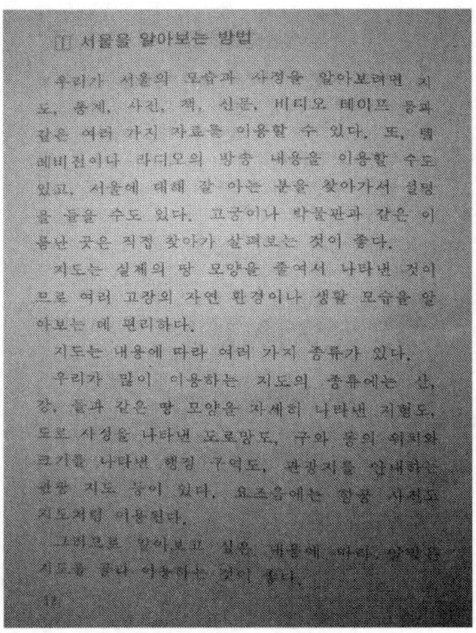

1 서울을 알아보는 방법

우리가 서울의 모습과 사정을 알아보려면 지도, 통계, 사진, 책, 신문, 비디오 테이프 등과 같은 여러 가지 자료를 이용할 수 있다. 또, 텔레비전이나 라디오의 방송 내용을 이용할 수도 있고, 서울에 대해 잘 아는 분을 찾아가서 설명을 들을 수도 있다. 고궁이나 박물관과 같은 이름난 곳은 직접 찾아가 살펴보는 것이 좋다.

지도는 실제의 땅 모양을 줄여서 나타낸 것이므로 여러 고장의 자연 환경이나 생활 모습을 알아보는 데 편리하다.

지도는 내용에 따라 여러 가지 종류가 있다.

우리가 많이 이용하는 지도의 종류에는 산, 강, 들과 같은 땅 모양을 자세히 나타낸 지형도, 도로 사정을 나타낸 도로망도, 구와 동의 위치와 크기를 나타낸 행정 구역도, 관광지를 안내하는 관광 지도 등이 있다. 요즈음에는 항공 사진도 지도처럼 이용된다.

그러므로 알아보고 싶은 내용에 따라 알맞은 지도를 골라 이용하는 것이 좋다.

〈그림 6〉 5차 『사회 4-1』

(53)은 현대의 외래어 표기와 다른 점이다. 장음을 강조하여 표현하고 있는데 이는 <외래어표기법통일안>과도 다르고, 1986년에 제정된 현행 외래어 표기법과도 차이가 있다. 그러나 '텔레비젼'은 <외래어표기법통일안>을 따르고 있는 표기이다.

(55) 또, 텔레비전이나 라디오의 방송 내용을 이용할 수도 있다. (5차, 4-1)

---

20) 2차 교육과정 이후 『사회』 교과서에는 평서문 해라체가 주로 사용되었기 때문에 '-읍니다'로 끝나는 문장을 찾을 수 없었다. 이 예문은 1987년의 3학년 1학기 사회 교과서를 참고하였다.

(56) 우리 나라는 바닷가에 큰 도시들이 많이 있습니다. (5차, 3-2)

1986년에 외래어 표기법이 제정되고 1989년에 제정된 한글맞춤법의 영향으로 5차 이후의 교과서는 그 이전의 교과서와 표기에 있어서 몇 가지 차이점을 가지게 되었다. 한글맞춤법과 외래어 표기법의 영향으로 지금과 같은 모습의 표기가 완전하게 이루어지고 있음을 알 수 있다. 그 외 '철바람' '잔바람' '모둠' 등에서 '계절풍' '약풍', '조, 단체'와 비교되는 고유어의 쓰임을 알 수 있다.

3.2.6. 7차 교육과정, 『사회』, 『사회과 탐구』: 외래어의 사용

표준어 규정과 그 표기법에 있어서는 지난 시기와 다른 점이 없지만, 외래어를 고딕체로 나타내서 강조하던 방식이 사라졌다. 또한 다양한 외래어가 사용되어 현대의 언어 사용의 특징을 알 수 있게 해준다.

(57) 모노레일, 홈페이지, 관광 벨트, 디자이너

한편, 평균 문장의 길이는 28.9자로 이전의 시기보다 더욱 짧아진 것을 알 수 있다. 절차적 텍스트가 등장하고, 대화체가 많아짐에 따라 문장이 더욱 간결해진 것으로 보인다.

3.3. 계몽적 문체의 변천

3.3.1. 개화기, 『유년필독』: 개화 계몽의 목적의식

주지하다시피 이 교과서는 목적의식이 뚜렷한 교과서로 당시의 사회가 요구하는 개화 계몽 의식을 잘 드러내고 있다. 유년필독에는 주관적인 표현이 여러 번 쓰이고 있는데 이는 목적의식이 뚜렷한 교과서로 특징을 보여준다. 특히 국민의 의무, 애국정신, 국가 중흥과 관련하여서는 호소하는 문체를 사용하고 있다.

(58) 우리나라는,참世上(세상)의第一(제일)조흔나라오이다

(59) 우리學生(학생)들이,우리大韓(대한)나라를中興(중흥)치,못ᄒᆞ면,國民(국민)된義務(의무)가,아니오이다

(60) 우리나라,슬푸구나 / 이나라이,업셔지면

(61) 愛國(애국)愛國(애국)우리同胞(동포) / 國民(국민)自由(자유)굿게,직혀 / 獨立權利(독립권리) 이일치,말셰

3.3.2. 일제시대, 『조선어독본』: 왜곡된 역사의식

『조선어독본』은 일본이 한국인의 교육을 위해 만든 책이므로 당시 우리 민족에게 절실히 요구되던 독립사상의 고취나 애국 애족 사상에 대한 내용이 언급될 수 없었다. 그렇다고 해서 그 내용이 노골적으로 일본의 침략정치에 찬성하고 있다든지 일방적으로 일본문화를 전달하는 것은 아니었다.

(62) 참으로皇國의興亡이달린歷史上未曾(미증)有의大海戰이엿슴으로써,(第六,日本海의 大海戰(전))

(63) 間道에滿洲國이新興함으로부터는秩序(질서)가整頓(정돈)되여,지금은살기조은곳이되엿다。

(64) 우리들은,이便利한諺文을使用할때마다,언제든지,世宗大王의功德에對하야感謝를드리지아니할수업습니다.

그러나 위 예문에서 보듯 일본은 『조선어독본』을 통해 일본의 역

사에 대해 서술하며 전쟁에서의 승리를 자축하고 간도의 침략을 정당화하고 있다. 훈민정음과 금강산 등 한국의 문화와 자연에 대해서도 서술하고 있지만 훈민정음을 '언문'이라고 칭함으로써 한국의 문화에 대한 부정적인 인식을 드러낸다. 또한 정길남(1997)에서는 조선어 교과서가 폐품의 활용, 설화 등과 같은 실용적인 교재와 재미있는 이야기들로 구성되어 있음을 지적하고, 당시의 일본어 교과서가 학력과 지력을 강조하고 있는 것과 비교하여 조선어 교과서가 직업이나 생활적인 면, 단순한 재미에만 치중하고 있다고 주장하였다.

3.3.3. 미 군정기, 『한글첫걸음』: 애국과 교육의 중요성 강조

이 교과서는 어학적인 능력의 신장을 위한 것이기 때문에 일상의 다양한 상황에서 쓸 수 있는 문장들을 주로 제시하고 있다. 지식적인 내용을 전달하는 문장은 거의 없다. 하지만 미미하게나마 다음과 같은 문장들이 나타나고 있다는 점은 주목할 만하다. 이는 이 시기의 교육이 여전히 애국 정신과 교육의 중요성을 강조하고 있다는 점을 알 수 있게 한다.

(65) 나라 일에 밤낮을 가리랴? 나라를 위해서 힘을 다하는 것은 옳은 일이다.

(66) 부지런히 배우세. 우리도 배우고 배워 좋은 사람 되오리.

(67) 같은 옷을 입고, 같은 말을 하며, 같은 역사를 가진 같은 겨레가 같은 땅터 안에 모이어서 커다란 살림살이를 함께 하고 사는 것을 나라라고 합니다. 우리 나라는 산도 좋고 물도 좋고 또 좋은 물건도 많이 나며, 사람들도 모두 다 좋습니다. 우리 나라는 참 좋은 나라입니다. 우리는 이 좋은 나라의 살림살이를 아무쪼록 잘 하여서 더 좋은 나라를 만들어야합니다. (40과 '우리 나라' 전문)

3.3.4. 1차~6차 교육과정, 『사회생활』, 『사회』: 의무와 당위의 표현

이 시기는 새로운 국가의 건설이라는 국가적인 과제 아래, 교육과정에서도 자유, 민주, 반공, 통일, 경제적 효율성의 증진 등이 강조되던 시기였다. 특히 이러한 사회적인 목표는 사회 생활을 올바르게 이해시키고 사회를 진보 향상 시키는 능력을 기를 것을 목적[21)]으로 하는 사회 교과의 편찬 방향에 큰 영향을 주었을 것이라고 생각한다. 당시 사회가 강조하던 이러한 덕목들은 교과서에서도 찾아볼 수 있다.

(68) 우리는 모든 일에 열성을 기울여, 우리 학교를 더욱 빛내도록 힘써야 하겠읍니다. (1차)

(69) 모진임금이나 공산두목 아래서 사람들은 행복하게 살 수 없을 것입니다. (1차)

(70) 우리들은 모든 물건을 아껴서 쓰도록 해야 하며, 그것을 만들어 준 분들에 대한 감사한 생각을 잊어서는 아니 되겠습니다. (5차, 3-1)

(71) 두레, 계, 품앗이처럼 우리 조상들이 협동해서 일하던 정신을 이어받아 발전시키면, 우리 사회는 앞으로 더욱 살기 좋은 사회가 될 것이다. (6차)

(72) 직업은 특별한 지식이나 기술을 필요로 하므로, 그러한 지식과 기술을 열심히 익혀야 한다. 그렇지 못하면, 자기의 일을 잘 할 수 없을 뿐만 아니라, 재미도 없어진다. 그러면 하루하루의 생활도 즐겁지 않고, 더 나아가서는 일생 동안 일에 대한 보람을 느끼지 못한다. (6차)

---

21) 교육과정·교과서연구회편(1990), 125쪽.

위 예들은 각각 노력, 반공, 협동, 생산성 등의 덕목에 대해 서술하고 있는 부분이다. 이 문장들은 또한 일반적인 교과서의 문장과는 조금 다른 문체로 쓰여졌다는 느낌을 준다. (70)에서 '~해야 한다, ~해서는 안 된다, 그렇지 못하면~' 등은 의무나 당위를 나타내는 표현이다. 또한 (71)의 '더욱 살기 좋은 사회가 될 것이다' 는 객관적인 사실이 아닌 예상, 추측의 양태 의미를 가지는 문장이다. 교과서가 규범적인 텍스트라는 점에서는 객관적인 문장으로 쓰여졌다는 기대를 할 수 있지만 특정한 어휘의 사용이라든지, 특정한 태도를 드러내는 문장에서 교과서가 일정한 의도성을 가지고 주관적으로 쓰여지고 있다는 점도 간과할 수 없다.

3.3.5. 7차 교육과정, 『사회』, 『사회과 탐구』: 객관적 서술 강화

이 시기의 교과서는 7차 교육과정에서 목표로 하는 민주적인 방식의 사회적 문제 해결, 우리 문화의 우수성, 합리적인 생활태도를 강조하고 있다. 그러나 이전의 교과서에서 특정한 문체로 학생들의 국가의식과 의무감을 고취시켰던 것과 달리 한층 객관적인 태도로 서술되어 있다.

(73) 다른 후보를 헐뜯는 말은 하지 않고 선거 공약을 내세운다.

(74) 투표권을 행사하는 것은 대표자를 뽑아 우리의 권리를 대신하게 하는 것이므로 매우 중요한 일이다.

(75) 서울과 이웃하고 있는 다른 시 · 도와 서로 협력하면서 문제를 해결해 나가고 있다.

이러한 문장은 과거의 교과서와 달리 특정한 행동을 제시하면서도 의무나 당위의 문장으로 쓰여지지 않고 있다. '~해야 한다', '~가 될 것이다' 등과 같은 문장이 사라진 것은 이 시기 교과서의 뚜렷한 특징으로 이는 교과서에서 주관적인 태도를 배제하기 위해 의도적으로 문체를 선택하고 있다는 사실을 알려준다.

4. 결론

텍스트와 문체는 긴밀한 연관성을 가진다. 그 텍스트의 특성을 구현하기 위해 특정한 문체를 사용하기도 하고, 특정한 문체의 사용으로 그 텍스트의 특성이 드러나기도 한다. 교과서는 교육적, 규범적, 계몽적 성격을 가지는 특정한 텍스트이다. 교과서의 이러한 특성을 드러내기 위해 특정한 문체가 선택되었고 이는 시대에 따라 조금씩 변화해 왔다는 것을 알 수 있었다.

개화기 교과서는 '-이라' 종결법을 통해 객관성을 드러내었고 청유문을 사용하여 독자들의 애국애족 의식을 고취시켰다. 국한문혼용체와 긴 문장, 외래어의 표기 방식, 세로쓰기 등은 당시의 글들이 공통적으로 가지고 있는 문체였다. 그러나 개화기 교과서는 긴 문장을 여러 개의 과로 분리하여 제시하고, 한자어 옆에 독음을 달아 주는 등 어린 학생에 대한 배려도 잊지 않았다.

일제시대의 교과서에는 띄어쓰기 되었고 '-다' 종결법이 사용되는 등 현대적인 문체로 변해가는 과도기적인 모습을 보여준다. 문장의 길이도 짧아졌고 다양한 텍스트들이 교과서에 실리기 시작함에 따라 문체도 다양해졌음을 알 수 있다. 그러나 이 시기의 교과서는 한국의 문화에 대한 부정적인 인식을 드러내고 일본의 간도 침략을 정당화하는 등 왜곡된 역사의식의 부산물일 수밖에 없었다.

미 군정기와 교수요목기는 매우 혼란스러운 시기였으며 일제시대의 교과서를 대체할 새로운 교과서를 만드는 것이 시급하였다. 이 시기의 교과서인 『한글첫걸음』은 국어보급과 국문문장의 교육이 우선시 되던 시대적인 상황을 잘 보여주는 교과서이다. 이는 독본 위주의 매우 가벼운 교과서로 그 문체적인 특징을 파악하기 쉽지 않지만 현대국어와 거의 같은 모습의 문장과, 가로쓰기, 띄어쓰기 등 글쓰기의 양식에 있어 혁신이 일어났다는 점은 주목할 만하다.

교육과정기에 이르러 비로소 교과서는 교과서로의 목적과 구성을 갖추게 되었다. 민주 시민으로서의 다양한 가치를 학습하고, 우리 사회의 정치, 경제, 문화, 사회 등 다방면에 걸쳐 지식을 습득할 수 있도록 하였다. 이 시기의 교과서는 효과적인 지식의 습득과 학습을 위하여 의문문과 청유문을 통해 끊임없이 학생에게 '말을 거는' 능동적인 모습을 보여준다. 건조하고 객관적인 문체로 지식을 전달하지만 때로는 사회적인 가치를 당위적으로 역설하기도 한다. 각 시기의 표준어 규정과 표기법에 맞추어 교과서가 편찬되고 있다는 점도 중요하다.

7차 교육과정기인 현재의 교과서는 그 외견에 있어서부터 이전의 교과서와 판이하게 다르다. 모든 쪽에 천연색 그림이 있고 그 크기가 커졌다. 또한 지역 공통의 사회교과서와 각 지역별 사회과 탐구 교과서는 학생들과 각 학교의 자율성을 확대하고 있는 현재 교육의 모습을 보여준다. 이 시기의 교과서는 좀 더 간결하고 객관적인 문체를 사용하고 있지만 매우 다양한 텍스트 유형을 하나의 교과서 안에 도입함으로써 좀 더 다채롭고 재미있는 교과서를 만들어 냈다.

사회 교과서 문체의 역사는 우리의 언어와 사회와 교육의 단면을 보여주는 연구이기도 하다. 이 연구가 교과서와 문체에 대한 기존의 연구들의 빈칸을 채우면서 한 사회와 조응하여 역동적으로 변화하는 언어의 모습을 고찰하는 기회가 될 수 있었기를 바란다.

참고문헌

1차 자료

현채(1907), 「유년필독 1~4」, 『한국 개화기 교과서 총서』, 동아출판사, 1~218쪽.

조선총독부(1923), 「보통학교 조선어 독본」 4, 『한국 교육 사료 집성』, 한국정신문화연구원, 448~475쪽.

조선어학회(1945), 「한글첫걸음」, 『한국 국어 교육 전서』, 대한교과서주식회사, 529~541쪽.

문교부(1959), 『사회생활 4-1』, 대한문교서적주식회사.

______(1967), 『사회 4-1』, 국정교과서주식회사.

______(1975), 『사회 4-2』, 국정교과서주식회사.

______(1984), 『사회 4-2』, 국정교과서주식회사.

교육부(1990), 『사회 4-1』, 국정교과서주식회사.

교육부(1995), 『사회 4-2』, 국정교과서주식회사.

교육인적자원부(2001), 『사회 4-1』, 대한교과서주식회사.

서울특별시교육청(2001), 『사회과 탐구 4-1, 서울의 생활』, 경인정보문화사.

2차 자료

고영근(1987), 『표준 중세 국어 문법론』, 집문당.

강범모(1999), 『한국어의 텍스트 장르와 언어특성』, 고려대학교 출판부.

교육 과정·교과서 연구회 편(1990), 『한국 교과 교육 과정의 변천』, 대한교과서주식회사.

김미형(2002), 「논설문 문체의 변천 연구」, 『한말연구』 11호, 23~67쪽.

김흥수(1997), 「문체의 변화」, 『국어사연구』, 국어사연구회, 태학사, 955~1025쪽.

민현식(1994), 「개화기 국어 문체에 대한 종합적 연구(1)」, 『국어교육』 83,

84, 113~152쪽.

박붕배(1987), 『한국 국어 교육 전서』, 대한교과서주식회사.

박재연(2003), 「국어 양태의 화·청자 지향성과 주어 지향성」, 『국어학』 41호, 249~275쪽.

심재기(1999), 『국어 문체 변천사』, 집문당.

안병희 · 이광호(1990), 『중세국어문법론』, 학연사.

이용주 외(1994), 「언어 교육과 문체」, 『국어문체론』, 박갑수 편저, 대한교과서, 236~272쪽.

정길남(1997), 『개화기 교과서의 우리말 연구』, 박이정.

최석재(2000), 「개화기 시대 이후 단문화의 과정」, 『현대국어의 형성과 변천』, 박이정, 31~55쪽.

한글학회(1982), 『한글 맞춤법 통일안』, 한글학회.

Bybee, J., R. Perkins & W.Pagliuca(1994), *The Evolution of Grammar*, The University of Chicago Press.

참고 사이트

한국 교육과정 정보 서비스 홈페이지 www.kncis.or.kr

국립국어원 홈페이지. http://www.korean.go.kr

한국 동화의 주제
—초등학교 교재를 중심으로

항가이마

1. 서론

주제는 구체성을 띠고 형상화된 의미의 내용이고 사건이나 인물에 대한 해석이면서 작가가 이야기하고자 하는 중심 사상이나 생각이라고 할 수 있다. 그러므로 주제에는 그 시대에 따른 사회적인 가치관이 직접이나 간접으로 나타난다.

1.1. 연구의 목적과 대상

동화의 경우 주제는 어린이들의 연령과 흥미, 정서 등을 고려하여야 한다. 밝고 건강한 정신과 삶의 슬기를 상상적으로 체험하도록 하여 인생을 보다 풍요롭고 적극적으로 살 수 있도록 배려해야 한다.

초등학교 1~2학년의 경우 자기 중심적 심정에서 어느 정도 탈피하고 남의 경험을 통하여 새로운 현실을 배움으로써 선과 악의 판단이 가능해지고 현실을 알게 되기 시작하는 단계이다. 3~4학년은 논리적인 사고와 새로운 행동 영역을 적극적으로 개발하여 확대해 나가는 단계이다. 5~6학년 어린이들은 현실 생활 속에서 어떤 문제나 상황에 따라 때때로 반발하면서 그것을 해결해 나가는 방법을 모색하는 단계이다. 이러한 어린이들의 단계별 특성을 이해하고 알면 주제의 선정을 잘 할 수 있을 것이다.

본고에서는 1차부터 6차까지 교육과정의 초등학교 국어과의 동화 교재의 주제 변천을 각 교육과정별, 학년별로 알아보는 것이 주 목적이다. 초등학교 중, 고학년 읽기 교과서를 주 대상으로 삼았다.

2. 기존의 논의

2.1. 동화 교재의 주제 유형

동화의 주제는 작품의 바닥에 흐르고 있는 철학이나 인간문제, 미의 문제에 관하여 작품의 인물, 사건, 배경을 통해 구형된 의미이다. 김은전(1979)에서는 동화의 교육적 가치, 석용원(1980)은 상상력과 간접적도의 교육, 최현섭(1989)은 도덕성, 창조성, 상상력을 강조하고 있다. 신연식(1980)은 어린이들의 성격과 습관 형성 도움, 이상금(1979)에서는 이해력, 논리적 사고, 심미적 정서, 정내화(1983)는 예술성, 언어교육, 도덕, 최문수(1997)와 엄해영(2000)은 동화의 주제에 대해 서술했다.

아래는 초등학교 3~6학년 국어 교과서에 수록되어 온 동화 교재에 나타나 있는 주제들을 모은 것이다.

주제	내용
따뜻한 마음	혈연, 친구 관계를 벗어나 확장된 사랑의 마음으로 이웃 등 일상 생활에서 사람들을 대할 때 필요한 마음가짐에 관한 주제

지혜와 슬기	일상 생활 속에서 위기를 넘기는 재치와 기지를 나타내는 주제
동물 사랑	동물과의 마음의 교감을 통하여 동물을 사랑하고 아끼는 마음을 나타내는 주제
자기 인식	자신의 위치와 본질을 이해함으로써 발전적이고 긍정적인 생각과 생활을 할 수 있도록 강조한 주제
자연 사랑	자연과 어울리며 아끼고 가꾸는 아름다운 마음을 나타낸 주제
나라 사랑	나라와 민족에 대한 사랑을 나타낸 주제
효성	전통적 윤리인 경로효친을 근본으로 다루고 있는 주제
근면, 성실	자신의 일과 본분에 충실한 참된 행동이나 말을 나타낸 주제
가족 사랑	부모와 자식간, 형제간, 부부간의 사랑 등 가족간의 사랑을 다룬 주제
선행과 보은	착한 일을 하면 복을 받는 것으로 고대 소설 및 전래 동화에 많이 나타나는 주제
우정	친구 사이의 정을 나타낸 것으로 서로간에 지켜야 할 도리나 믿음, 예의 등을 강조한 주제
과욕은 손해	전래 동화에 많이 나타나며 욕망의 억제를 강조한 주제
정의	사람으로서 지킬 올바른 도리를 강조한 주제
정직	거짓이나 꾸밈 없이 마음이 바르고 곧음을 의미한 주제
전통문화에 대한 사랑	전통적인 가치와 문화를 아끼고 보존하려는 애착심을 나타낸 주제
환경 오염	인간 활동의 결과로 생기는 생태계 전체에 걸치는 환경의 악화
개척 정신	새로운 분야를 처음으로 시작하여 다른 사람의 본이 되는 정신을 다룬 주제
희생 정신	남을 위해 자신을 돌보지 않는 마음을 다룬 주제
용기	어떤 것도 겁내지 않는 씩씩한 의기를 다룬 주제
평화통일	평화적인 방법으로 통일을 하고자 하는 우리 민족의 염원을 다룬 주제

〈표 1〉[1]

2.2. 시기별로 본 동화 교재의 주제

1차부터 6차까지 읽기 3~6학년에 수록된 동화 교재는 총 165편인데, 시기별로 동화 교재의 주제를 분류해 보면 다음과 같다.

주제별/시기별	1차	2차	3차	4차	5차	6차
따뜻한 마음	4	3	3	5	2	8
지혜와 슬기	2	3	1	2	4	6
동물 사랑	2	0	2	3	1	7
자기 인식	1	3	2	2	2	3
자연 사랑	2	2	2	2	2	2
나라 사랑	1	2	4	3	1	1
효성	2	2	2	1	3	2
근면, 성실	0	3	2	2	1	3
가족 사랑	3	0	1	0	2	3
선행과 보은	2	2	1	1	1	1
우정	0	0	2	0	3	3
과욕은 손해	1	0	0	0	2	3
정의	0	1	1	0	0	1
정직	0	0	0	0	0	2
전통문화에 대한 사랑	0	0	0	1	0	1
환경 오염	0	0	0	0	0	2
개척 정신	0	0	0	0	0	2
희생 정신	0	0	0	0	0	2
용기	0	0	0	0	0	2
평화 통일	0	0	0	0	0	1
작품 수	20	21	23	22	24	25

〈표 2〉

1) 표 1, 2, 최문수(1997)를 참고.

동화 교재의 수는 중학년에 97편, 고학년에 68편이다. 주제 중 '따뜻한 마음'은 총 25편, 15.2%를 차지하고 있어서 가장 강조된 주제임을 알 수 있다. 이 주제는 모든 시기에 골고루 분포되어 있으며, 특히 중학년에 집중적으로 수록되어 있는데, '달님 이야기', '다섯 개의 완두콩' 등이 대표적인 작품이다.

다음은 '지혜와 슬기'에 대한 주제를 들 수 있는데, 18편, 10.9%를 차지한다. 1～4차 교과서에 실린 '노적봉과 영산강'이나 4～5차 교과서에 실린 '훌륭한 원님' 등은 이 주제를 강조하는 대표적인 동화 교재이다.

세 번째로는 '동물 사랑'으로 15편, 9.1%를 차지한다. 6차 동화교재에서 많이 나타났다. 그리고 12편, 7.3%인 '자연 사랑', 2편, 1.3%인 '환경 오염'에 대한 주제이다. 산업화 개발로 인하여 자연 환경이 오염, 파괴되고 있는 것에 대한 이야기이다.

'자기 인식'은 13편, 7.9%로 네 번째로 많이 실린 주제이다. 3학년의 '달과 박', 4학년의 '한 줌의 흙'이나 6학년의 '기사임명식' 등의 작품이 이에 해당된다.

'나라 사랑'에 대한 주제는 12편, 7.3%로 3차 교육과정에서 가장 강조되고 있는 주제이다. 5학년의 '고지의 태극기'와 6학년의 '마지막 수업'이 대표적인 작품이다. 그러나 동화 교재에서 차지하는 비중이 점차 줄어들고 있는 상황이다.

'효성'은 전통적으로 가장 강조되어 왔던 주제로 12편이 실려있으며, 1차부터 4차까지 수록되어 온 '심청 이야기'가 대표적인 작품이다. 5, 6차에 수록된 '할머니의 안경'이나, 6차의 '고물 자전거' 등은 대표적인 작품이다.

11편, 6.7%가 실린 '근면 · 성실'은 인생의 모든 생활에서 가장 기초가 되는 중요한 가치 덕목이며, 어린 시절부터 몸에 배어야 하는 생활습관이라고 할 수 있다.

'가족 사랑'은 사회의 가장 기본적인 단위인 가정의 소중함을 느끼게 해주는 주제이다. 6차 시기에 가장 많이 수록되었다.

'선행과 보은'의 주제는 모든 시기에 4학년 작품으로 '흥부와 놀부'가 실려 있다. '우정'이 주제인 작품은 3차에 2편, 5, 6차 시기에 3편씩 실려 있다. '과욕은 손해'에 해당하는 작품은 6차 시기에 가장 많은 3편이 실려 있다.

이 밖에 덕목인 정직, 불의에 대처하는 정의와 용기, 전통문화 사랑, 개척 정신, 희생 정신, 환경 오염, 평화 통일에 관한 주제들이 6차 시기에 이르러 새롭게 등장하였다.

이와 같이 교육과정 시기별로 볼 때는 6차 교육과정 시기에 수록된 작품 수가 가장 많았으며, 선정된 주제도 가장 다양하게 실려 있음을 알 수 있다. 동화 작품의 주제들은 교육과정의 배경이 되는 정치, 경제, 사회문화적인 시대 배경의 영향을 받아 교육과정 시기별로 차이가 있음을 알 수 있다.

2.3. 학년별로 본 동화 교재의 주제

165편의 동화 교재를 주제별, 학년별로 나누어 보면 다음과 같다.

학년별/주제별	3	4	5	6	합계(%)
따뜻한 마음	9	7	4	5	25(15.2)
지혜와 슬기	10	3	4	1	18(10.9)
동물 사랑	2	5	5	3	15(9.1)
자기 인식	5	4	1	3	13(7.9)
자연 사랑	8	2	2	0	12(7.3)

나라 사랑	5	0	4	3	12(7.3)
효성	2	2	4	4	12(7.3)
근명, 성실	5	0	6	0	11(6.7)
가족 사랑	2	3	2	2	9(5.5)
선행과 보은	2	6	0	0	8(4.8)
우정	1	4	1	2	8(4.8)
과욕은 손해	1	2	1	2	6(3.6)
정의	0	2	0	1	3(1.8)
정직	0	1	1	0	2(1.2)
전통문화에 대한 사랑	0	1	0	1	2(1.2)
환경 오염	0	0	1	1	2(1.2)
개척 정신	0	0	1	1	2(1.2)
희생 정신	0	1	1	0	2(1.2)
용기	0	1	0	1	2(1.2)
평화 통일	0	1	0	0	1(0.6)
작품 수	52	45	38	30	165(100)

〈표 3〉

3학년에서는 따뜻한 마음, 지혜와 슬기, 자연 사랑의 덕목이 많았다. 4학년에서는 따뜻한 마음, 선행과 보은, 동물 사랑이 강조되었다. 또한 자기 인식, 우정, 가족 사랑 등도 있었다.

5학년에서는 근면 · 성실, 동물 사랑, 나라 사랑이 강조되고 있다. 학년이 올라 갈수록 자신뿐만 아니라 가족, 친구를 생각하는 마음을 길러 주는 주제가 필요하다. 또한 나라 사랑과 따뜻한 마음의 주제도 강조했다. 6학년에서는 따뜻한 마음, 효성, 자기 인식에 초점을 두고 있다.

학년별로 강조된 주제들을 살펴보면, 작품 수가 중학년에서는 가장 많았다. 기본적인 마음가짐과 생활 태도를 강조하였다. 또한 자기 인식에 관한 주제를 강조하였다.

고학년에서는 따뜻한 마음, 동물 사랑, 자기 인식, 효성 등의 주제가 집중적으로 많았다. 발달 단계로 볼 때 단순한 실천보다는, 스스로 이해하고 납득한 다음 실천하는 사고력과 판단력을 요구하는 깊이 있는 주제의 설정임을 알 수 있다.

3. 교육과정의 변천에 따른 동화의 주제

3.1. 제1차 교육과정기

1955년 8월 1일 문교부령 제44호로 제정한 제1차 국어과 교육과정은 교육과정 개념상 교과 교육과정, 또는 교과 중심 교육과정이라 부른다. 이 시기에는 반공 교육과 교육의 질 향상, 도의 교육의 진흥을 강조했다.

제1차 교육과정기에는 총 190개 단원에 200제재가 편성되었는데, 그 중 문학 교재는 65제재였다. 장르별로 볼 때 동화가 20편이 실려 있어서 이야기 교재의 25.6%를 차지하였다. 학년별로는 3학년에 7편, 4학년에 10편, 5학년에 2편, 6학년에 1편이 실렸다.

제1차 교육과정기 동화의 주제

제1차 교육과정기의 교과서 수록 동화 교재의 주제는 따뜻한 마음, 가족 사랑, 효성, 자연·동물·나라 사랑, 선행과 보은, 지혜와 슬기, 과욕은 손해, 자기인식 등의 순으로 나타나 있다.

이 시기는 문교 정책의 방향중의 하나인 반공 교육에 접근하고, 전쟁의 참혹상을 고발하며 평화를 추구하는 작품이 많지 않았다. 또한 전래 동화의 수록편수가 많았던 것은 그 당시의 동화의 개념이 '옛날 이야기'의 수준임을 나타내고 있음을 알 수 있다.

'삼년 고개', '할미꽃', '왕자와 제비', '달님 이야기', '행복', '아름다운 신호', '심청 이야기'등 동화가 있었다. '심청 이야기'는 제1차 교육과정부터 제4차 교육과정까지 6학년 교과서에 한 번도 빠짐없이 수록되어 왔다. 그 이유는 이 작품의 주제가 모두 다 공감하는 효라는 데서 비롯되었다고 생각한다. '심청 이야기' 줄거리를 소개하면 다음과 같다.

<심청 이야기>

먼 옛날, 바다 물결 소리가 사철 들려 오는 조그만 마을에, 심청이라는 예쁜 소녀가 살고 있었다. …… 집안이 가난하고, 아버지가 앞을 못 보아 일을 잘 할 수 없었기 때문이다. ……밤마다 맑은 물을 떠 놓고, 천지 신명께 아버지의 눈을 뜨게 해 달라고 빌었다. ……하루는, ……바다를 건너다니며 장사하는 선인들이 처녀를 사러 다니는데, …… "저의 아버지를 위해 쌀 삼백 석을 내 주시고, 저를 데려가 주세요." 하고 자기의 결심을 말했다. ……얼마 후, 너른 바다 위에는 한 송이 예쁜 연꽃이 피어나더니, ……그 꽃 속에서는 뜻밖에도 물에 뛰어들었던 심청이 나타났다. ……그 뒤에 왕비로 뽑히게 되었다. ……임금님께 청해서, 나라 안에 있는 모든 소경들을 위한 잔치를 베풀게 하였다. ……그 날, 심청은 구석 자리에 끼이어 앉은 심 봉사를 발견하고, "아버지!" 하고, 달려가 얼싸안았다. ……그리하여, 심 봉사는 생전 처음으로 광명한 찬지에서 그리운 딸의 얼굴을 보게 되었다.

3.2. 제2차 교육과정기

제2차 교육과정기는 1963년 2월 15일 문교부령 제119호 별책으로 공시되었다. 이 시기 국어과 교육의 목표는 "국어의 사용을 효과적으로 하여 말하기, 듣기, 읽기, 쓰기에 있어서 좋은 습관과 태도와 기능을 기르며 일상 생활에 필요한 이해와 지식과 감상하는 힘을 넓힘으로써 올바른 국어 생활의 향상을 꾀하는데 있다."고 4가지의 일반목표와 27가지 구체적 목표를 제시하였다.

제2차 교육과정기 동화의 주제

동화 교재의 수록 상황은 1차 교육과정기와 크게 달라진 것이 없다. 동화가 모두 21편이 실려 1차와 큰 차이는 없으나 작품 수가 늘어났고, 역시 중학년에 동화 교재가 편중되고 있음을 알 수 있다.

이 시기는 따뜻한 마음, 선행과 보은, 자기 인식, 근면·성실, 효성 등과 같은 주제가 1차와 비슷하게 나타나고 있다. 1차에서 6차까지 수록된 '선행과 보은'을 주제로 수록된 '제비와 흥부'가 있다.

<제비와 흥부>

옛날, 어느 마을에 놀부와 흥부라는 형제가 살았습니다. ……동생 흥부는 형과는 달리, 마음씨가 곱고 착했습니다. ……어느 봄날, 제비 한 쌍이 흥부네 집으로 찾아와 오막살이 처마 밑에 집을 짓기 시작하였습니다. 이것을 본 흥부는 널빤지를 갖다 받쳐 주었습니다. 제비는 그 집에 여러 마리의 새끼를 쳤습니다. …… 어느 날 아침, 구렁이 한 마리가 제비집으로 올라가 새끼제비를 잡아먹으려고 하였습니다. 이 때, 구렁이를 피하려던 새끼제비 한 마리가 땅에 떨어졌습니다. ……

새끼제비는 가엾게도 한 쪽 다리가 부러져 있었습니다. 흥부는 아내와 함께 …… 정성스레 약을 바르고 …… 제비집 안에 잘 넣어 주었습니다. ……여름이 가고 가을이 왔습니다. ……어미제비와 새끼제비들은……남쪽 나라로 날아갔습니다. ……이듬해 봄이 되자, ……제비 한 마리가 흥부 앞을 날면서 박씨 하나를 떨어뜨렸습니다. ……첫째 박이 갈라졌습니다. ……"아니, 이건 보석이 아니오? 보석!"…… 이렇게 해서 흥부네는 큰 부자가 되었습니다. ……

3.3. 제3차 교육과정기

제3차 교육과정은 1973년 2월 14일 문교부령 제 310호로 개정, 공포된 후 1977년과 1979년 두 차례에 걸쳐 부분 개정되었다.

이 시기의 교육과정은 국민교육헌장 이념의 구현을 기본 방향으로 삼고, 국민적 자질의 함양, 인간교육의 강화, 지식 · 기술 교육의 쇄신을 3대 기본 방침으로 삼았다.

동화 교재의 수록편수는 23편이며 문학 교재 전체에 대한 비율은 32.9%로 1, 2차시기보다는 다소 늘어나 전기문 다음으로 높은 비중을 차지하고 있다. 이 시기의 특징을 보면 동화 교재가 학년별로 골고루 배치하여 고학년의 동화 교재의 수가 증가된 것을 볼 수 있다. 동화 교재를 학년별로 고르게 배치한 것도 3차 교육과정기에 동화교육의 위상이 국어 교육 내에서 어느 정도 자리잡게 되었음을 증명해 주고 있다.

제3차 교육과정기 동화의 주제

제3차 교육과정기에 강조된 동화의 주제는 나라 사랑, 따뜻한 마음, 자기 인식, 자연 사랑, 효성, 우정 등이 있다. '마지막 수업'이 대표적인 작품인데 처음으로 제1차 교육과정기에 중학교 1학년 교과서에 실렸다. 작품이 내포하고 있는 주제인 조국과 언어의 소중함은 누구나 가슴 뭉클하게 감동을 느낄 수 있게 구성되어 있어서 고학년 어린이들에게 적당한 작품이다.

<마지막 수업>

이것은 지금으로부터 100여 년 전, 프랑스가 프로이센과의 싸움에서 패하고 알자스, 로오렌의 두 지방을 잃었을 때, 알자스에 살던 어느 어린이의 이야기이다. ……내가 이러한 모든 것에 놀라고 있는 사이, 아멜 선생님은 교단에 올라가서, ……"여러분, 이 시간은 내가 여러분에게 가르치는 마지막 수업 시간입니다. 알자스와 로오렌의 국민학교는 도이칠란트말만을 가르치라는 명령이 베를린에서 왔습니다. 새 선생님이 내일 오십니다. 오늘은 여러분이 마지막으로 프랑스말을 공부하는 날입니다. 열심히 들어 주기 바랍니다." ……내 마지막 프랑스말 수업!……

또한 '고지의 태극기'는 2차에서 5차까지 실렸다.

<고지의 태극기>

민족의 비극인 6·25가 일어난 지도 이미 1년 3개월. 참으로 길고 고통스러운 세월이 흘러갔다. 국군 제 6사단은 압록강까지 공산군을 밀고 올라갔다가, 중공군과 부닥쳤다. ……제 30연대 제 3 대대가 지키고 있는 이 695고지 …… 박 소위가 지휘하고 있는 제 1소대 용사들은……695고지를 지키기 위하여 최전선에 자리잡고 있다. ……'이제는 할 수 없다. 마지막 수단을 쓸 수밖에 없구나!'……참호를 둘러싸고 있는 지뢰망을 터뜨리기로 결심한 것이다. ……박 소위가 정신

이 들었을 때, 그의 앞은 그저 깜깜하기만 했다. ……"여기가 어딘가?"…… "소대장님, 정신 차리셨어요? 여기는 야전 병원입니다."…… "그래, 695고지는?" "끄떡없습니다. 지금도 태극기가 나부끼고 있습니다."……

3.4. 제4차 교육과정기

3차까지 말하기, 듣기, 읽기, 쓰기 등의 언어 사용 기능을 중심으로 제시하고, 그 속에 언어 지식, 문학 등의 내용을 부분적으로 포함시켰던 것을, 4차에서는 이해 · 표현(언어 사용 기능), 언어, 문학의 세 영역으로 구분하여 제시하였다. 표현과 이해는 말하기, 듣기, 읽기, 쓰기를 포함하고 있다.

제4차 교육과정에서는 문학 교육의 지도 내용을 학년별로 3항목씩 제시하여 체계화, 계열화된 문학 교육이 이루어지도록 하고 있다.

동화의 수록편수는 21편으로 3차 때보다 2편이 줄었으나, 전체에 대한 비율은 36.8%이다. 전기문보다 더 높은 비중을 차지하고 있으며 학년별로도 4~6편으로 골고루 나와 있다.이 시기는 국민적 단합과 주체성 확립, 비인간화 현상에 따른 전인격적 교육의 강화를 주장하던 시기이다. 고학년의 경우 '동화'의 개념을 '소설'의 개념으로 발전시킨 시기이다.

제4차 교육과정기 동화의 주제

제4차 교육과정기는 전인 교육을 강조하던 시기라서 가장 강조된 주제는 따뜻한 마음, 동물사랑, 나라 사랑 등이었다. 나라 사랑의 주제는 3차에 비해 줄었고, 새로운 주제로 전통 문화에 대한 사랑이 나타났다. 따뜻한 마음을 다룬 6편의 작품은 모두 창작 동화인 점이 특이하다. 전체적으로 보면 창작 동화가 11편으로 50%를 차지하고 있고, 그 나머지가 전래 동화, 소설 등으로 이루어져 있다. 3차와 주제의 양상은 조금 변화되고 있다.

'송아지'가 대표적인데, 초등학교 3학년 어린이의 실제 작문을 따옴표로 인용하는 등 특수한 기법을 사용하여 초등학교용 동화 작품으로서 적절한 작품이다.

<송아지>

돌이네가 송아지를 사 온 것은 3학년 봄 방학 때였다. 아주 볼품없는 송아지였다. ……돌이는 아침마다 송아지 마당비소를 쓸어 주었다. ……어느 날, 송아지의 코뚜레를 꿰게 되었다. ……'매애 매애' 하는 송아지의 코멘 소리가 들렸다. ……송아지 콩에서 피가 흐르고, 눈에는 눈물이 괴어 있었다. '저것도 사람처럼 눈물을 다 흘린다'. ……뜯어 먹을 만한 풀이 돋아나자, 돌이는 학교에서 돌아오는 대로 송아지를 데리고 방죽으로 나갔다가 저녁때가 되어야 돌아오곤 했다. ……돌이는 고삐를 놓고 방죽에 앉아 숙제를 하는 일도 있었다. ……저녁 그늘이 내린 속에 송아지가 혀로 목을 핥고 있는 것이다. 이제는 집에 가자는 듯………… 그 무시무시한 6·25가 일어났다. …… 공산군이 ……돌이네 집에도 와서 송아지를 끌어 가려 했다. ……돌이네도 피난을 가야 했다. ……"내 곧 데리러 올께, 응." ……송아지는 쏜살같이 언덕배기를 내려 이리 달려오는 것이었다. ……돌이는 송아지의 목을 끌어안았다……

또한 '따뜻한 마음'을 주제로 한 '아저씨'도 어린이들의 동화 교재로 아주 잘된 작품의 하나이며, 전쟁의 비참함에 대한 내용이다.

<아저씨>

형이는 기어이 오백 원을 주고 권총을 샀다. ……빨간 화약지도 한 장 샀다. ……동네 아이들을 위협하는 따위의 장난이 아니라, 바로 이웃인 여학교(현 육군 병원) 보초를 찾아가는 것이었다. ……6 · 25남침 이후, 학교가 갑자기 육군 병원으로 바뀌자, 그와 형이도 발걸음을 끊게 되었다. ……형이는 권총을 뒷자락에 감추고 정문 앞으로 가 보았다. ……보초도 걸음을 멈추고, 물끄러미 형이를 바라보았다. …… "손 들어라!" 보초는 웃음을 간신히 참고, 만세를 부르듯 두 팔을 번쩍 추켜들었다. ……형이는 보초를 국군 아저씨라고 불렀다. ……아저씨가 월급이라도 받는 날이면, 호콩을 사서 주머니에 갈라 넣고는 맛있게 먹으며 이야기를 하였다. ……다음 날부터 형이는 초보 훈련을 받았다. ……가을이 지나고 겨울이 왔다. "형아, 아저씨는 인제 또 나쁜 놈들하고 싸우러 간다." ……한 달 뒤, 형이가 폐렴으로 앓아 누운 지 사흘째 되는 날이었다. 형이 앞으로 군사 우편 한 통이 왔다. 아저씨가 보낸 편지였다. ……"속히 싸움 이기고 형이 있는 데 갈게"……

3.5. 제5차 교육과정기

제 5차 시기는 일상 생활 속에서 국어를 사랑하고, 소중히 여기며 바르게 사용하는 생활 속의 국어를 강조한 전문과 언어 기능, 언어 지식, 문학 지식과 감상의 하위 목표로 구성되어 있다. 국어과의 교육목표를 달성하기 위하여 국어교과서를 말하기 듣기, 읽기, 쓰기의 3권으로 나누어 4차 교육과정기보다 훨씬 많은 동화가 게재되었다.

동화 교재는 총 24편이 실려 전체 문학 교재의 38.1%를 차지하고 있다. 학년별로도 동화가 다른 때보다 많이 실려 있다.

제5차 교육과정기 동화의 주제

이 시기는 건강한 인간, 자주적인 인간, 창조적인 인간, 도적적인 인간을 추구한 시기이다. 지혜와 슬기를 다룬 교재가 4편, 효성이 3편, 우정을 다룬 주제가 3편, 가족애를 다룬 작품이 2편, 따뜻한 인간애를 다룬 작품이 2편, 욕심을 부리지 말라는 주제가 2편, 자연사랑·동물사랑에 관한 작품이 3편 등이 수록되어 있다. 4차에 비해 전래동화의 수록이 늘어났다.

작품 수로는 4차 교육과정기보다 2편이 늘었고, 작품의 내용면에서도 많은 변화가 있었다. 4차까지 수록된 「심청 이야기」, 「기사 임명식」, 「송아지」, 「마지막 수업」 및 「아저씨」가 빠지게 되었다. 「심청 이야기」 대신에 고대 소설인 「장끼전에서」가 새로운 작품으로 들어가게 되었다. 「달밤에 탄 스케이트」, 「5월의 선물」 , 「보리 바람」 등 17편의 새로운 작품이 추가되었다. 대표로 「5월의 선물」의 줄거리를 보자.

<5월의 선물>

5월의 훈풍이 귓불을 간지럽히며 뒤로 밀려 갔다. ……"미란아!" 영만이는 왼손을 번쩍 들며 소리쳤다. ……영만이는 미란이의 자전거 앞에 매달려 있는, 철사로 엮은 바구니 속에 가득 담긴 것을 보며 물었다. "점심 도시락, 과일, 과자, 음료수, 뭐 그런 거야" ……영만이와 미란이는 파릇한 신록의 가로수가 굴을 이루고 있는 넓은 길을 신나게 달리기 시작했다. ……"내일 몇 시 차로 떠난다고 했니?" ……"서울서 살게 돼서 좋겠다." ……거의 점심때가 되어서야 마을에서 5, 6 킬로미터쯤 떨어져 있는 여항 저수지에 도착했다. ……지난 2 년 동안, 미란이와 영만이는 어느 오뇌보다도 더 다정했었다. ……영만이는 클로버꽃으로 정성껏 엮어 만든 목걸이를 들고 일어섰다. ……"고

마워, 오빠!" ……금방 따낸 네 잎 클로버가,……"이건 오빠에게 주는 내 선물이야……". ……"고맙다, 미란아!" ……미란이의 작은 손을 꼬옥 잡으며 다정한 목소리로 말했다.

3.6. 제6차 교육과정기

국어과 교육과정은 비교적 체계적이고 구체화 되었다. 국어과의 영역 체계는 언어 사용 기능, 언어, 문학의 세 영역으로 구성하여 제5차와 크게 다르지 않았다. 언어 영역과 문학 영역을 언어 사용기능 신장을 위한 기반 지식으로 설정하고 있다. 문학 영역에서는 문학교육의 목표를 문학 작품을 이해할 수 있는 지적 능력을 길러주는 데 있다고 하여, 초등학교 학생들에게 적합한 문학작품을 많이 접하도록 하였다.

이 시기에는 교재가 다양하게 많이 나왔다. 동화에서는 큰 차이가 없고 전기문이 크게 줄었다. 어린이들의 문학교육보다는 어린이가 쉽게 흥미와 친밀감을 느끼는 데 관심을 두었다.

제6차 교육과정기 동화의 주제

이 시기의 작품에서는 동물 사랑, 생명의 소중함, 환경 오염, 자연 사랑에 대한 주제가 눈에 띄게 증가하여 무려11편이나 실려 있다. 이 외에 효성, 가족애, 이웃사랑, 우정, 선행과 보은, 과욕은 손해, 자기 인식, 근면 성실, 희생 정신, 개척 정신, 용기와 같은 주제도 수록되었다.

전체적으로 자연 지향적인 주제가 늘어났다. 시대적인 상황에 맞게 주제를 선정했고, 여타 주제도 적절하게 선택하였다고 볼 수 있다.

이 시기에는 작품수가 급격하게 늘어나 무려 55편이나 된다. 4차나

5차 시기의 20여 편 정도에 비해 두 배 이상이나 늘어났고, 작품의 주제도 무척 다양해졌다. 특히 지적 수준이 높아지고 있는 요즈음의 초등학생들의 발달 정도에 비추어 볼 때 작품의 수준이 낮았던 면도 보인다. '우리들의 일그러진 영웅' 같은 것은 고학년 어린이들이 동화 교육을 통해 상급학교에서 본격적으로 다루게 될 소설의 세계를 미리 느끼게 한 점에서 바람직하다.

아래에 <우리들의 일그러진 영웅> 가운데 일부를 발췌하여 소개한다.

<우리들의 일그러진 영웅>

나는 그때껏 자랑스레 다니던 서울의 명문 국민학교를 떠나 한 작은 읍(邑)의 별로 볼것없는 국민학교로 전학을 가게 되었다. 공무원이었다가 바람을 맞아 거기까지 날려간 아버지를 따라 가족 모두가 이사를 가게 된 까닭이었는; 그때 나는 열두 살에 갓 올라간 5학년이었다. …… 그 전학 첫날 어머님의 손에 이끌려 들어서게 된 Y 국민학교는 여러 가지로 실망스럽기 그지없었다. 붉은 벽돌로 지은 웅장한 3층 본관을 중심으로 줄줄이 늘어섰던 새 교사(校舍)만 보아 온 내게는; 낡은 일본식 시멘트 건물 한 채와 검은 타르를 칠한 판자 가교사(假校舍) 몇 채로 이루어진 그 학교나 어찌나 초라해 보이는지 갑자기 영락한 소공자(少公子)의 비애(悲哀)같은 턱없는 감상에 젖어들기까지 했다. …… 거기다가 그런 내 첫인상을 더욱 굳혀 준 것은 교무실이었다. …… 머리 기름은커녕 빗질도 안해 부스스한 머리에 그날 아침 세수를 했는지가 정말로 의심스런 얼굴로 어머님의 말씀을 듣는둥 마는둥 하고 있는 그가 담임 선생이 된다는게 솔직히 그렇게 실망스러울 수가 없었다. ……「새로 전학온 한병태다. 앞으로 잘 지내도록」 담임 선생은 그 한 마디로 소개를 끝낸 뒤 나를 뒤쪽 빈 자리에 앉게 하고 바로 수업에 들어갔다. …… 대단한 추켜세움까지는 아니

더라도, 최소한 내가 가진 자랑거리는 반아이들에게 일러주어, 그게 새로 시작하는 그들과의 관계에 도움이 되기를 바랐다.그때 내게는 나름으로 내세울 만한 게 몇 있었다. ……

4. 결론

이 글에서는 초등학교 교육과정과 교과서의 변천을 통해 국어 교과서에 수록되어 온 동화의 주제 양상 및 동화의 주제 변천을 살펴보았다. 1~6차까지 교육과정 국어과 교과서에 수록되어 온 동화 교재를 중심으로 연구했다.

1차 교육과정기에는 따뜻한 마음, 가족관의 사랑, 2차 교육과정기에는 근면 성실한 생활과 선행 실천의 중요성, 3차 교육과정기에는 국가 발전과 한국적 가치관, 4차 교육과정기에는 국민적 주체성 확립과 전인교육, 5차 교육과정기에는 지혜와 슬기, 따뜻한 마음, 우정, 6차 교육과정기에는 용기, 정직, 평화 동일, 전통문화 보존, 개척 정신, 희생 정신을 강조한 주제들이 많이 등장했다.

많은 동화에서 동사는 '받침이 있는 동사+읍니다(습니다)' 형으로 나타났다. 5차 교육과정기까지는 비슷비슷했지만 6차교육과정기부터는 작품수나 주제 등이 다양하게 나타났다.

7차 교육과정기에도 색다른 변화가 있었으나, 이 글에서는 다루지 못했다. 여기에 대해서는 앞으로 다루어야 할 것이다.

참고문헌

강길(2005), 「강길 아동문학작품집」, 『한국학술정보』, 동화편.

김양순, 김종상(1997), 『(1학년)동화집』, 파란나라.

김양순(1997), 『(2, 4학년)동화집』, 계림출판사.

김양순(1998), 『(3학년)동화집』, 계림출판사.

문교부(1962), 『국어』 1-1, 1-2, 2-1, 2-2, 3-1, 3-2, 4-1, 4-2, 서울; 대한문교서적 주식 회사.

문교부(1970), 『국어』 1-1, 1-2, 2-1, 2-2, 3-1, 3-2, 4-1, 4-2, 서울; 대한문교서적 주식 회사.

문교부(1976), 『국어』 1-1, 1-2, 2-1, 2-2, 3-1, 3-2, 4-1, 4-2, 서울; 대한문교서적 주식 회사.

문교부(1987), 『국어』 1-1, 1-2, 2-1, 2-2, 3-1, 3-2, 4-1, 4-2, 서울; 대한문교서적 주식 회사.

문교부(1989), 『국어』 1-1, 1-2, 2-1, 2-2, 3-1, 3-2, 4-1, 4-2, 서울; 대한문교서적 주식 회사.

박혜숙 외(2005), 『동화의 형성과 구조』, 한국학술정보.

이성훈(2003), 『동화의 이해』, 건국대학교 출판부.

임정중(2001), 「초등 국어교과서에 나타난 동화의 주제 변천 연구」, 『초등국어교육』 11호.

최문수(1997), 「초등학교 국어과 교육과정 변천에 따른 동화교재의 주제 연구」, 석사논문.

www.naver.com

제 2 장

광·고·텍·스·트

여성 화장품 광고

김세환

1. 서론

이 글에서는 주로 잡지에 게재된 여성 화장품 광고문의 문체에 대한 사적 변화를 탐구하고자 한다.

일반적으로, 언어학적 방법으로 문체를 구성하는 요소를 살펴볼 때는 언어 단위 또는 계층으로 나누어 고찰하는데, 음운론, 형태론, 통사론, 의미론, 담화론 차원에서 음운, 형태소, 단어, 문장, 담화와 같은 언어 단위로 나눈다. 한 시대의 문체나 개인의 문체를 논하려면 문체 요소, 즉 문체소를 분석해야 하는데, 표기 요소, 운율 요소, 어휘 요소, 구문 요소 등으로 구분하여 문체를 분석하는 것이 문체의 변천을 파악하는 데도 유리하다. 이 글에서는 운율 요소와 어휘 요소에 한정하여 살펴본다. 운율 요소로는 '두운, 각운, 단어 및 문장의 반복'을 위주로 살펴보고, 어휘 요소로는 '고유어, 한자어, 외래어' 등으로 나누어 살펴본다. 또한 시기에 따라 화장품 광고에 어떤 어휘가 쓰였는지도 파악해 보고, 각 시대에 쓰인 어휘를 통해 그 시대의 사람들이 추구하던 '미(美)'에 대해서도 파악해 보고자 한다.

1.1. 시기의 구분

신인섭(1986)에 의하면 한국의 광고사는 구한말(1886~1910), 일제 무단정치 시대(1910~1920), 일제시대(1920~1945), 해방에서 1969년까지의 기간, 1969년 이후 등으로 나누고 있다. 박갑수 편(1994:333~345)에서는 현대의 문체를 '현대 초기(20세기 초~1920년), 현대 중기(1920~1945년), 현대 후기(1945년~현재)' 등으로 나누었다. 화장품 광고문의 경우도 대체로 위와 같이 나눌 수 있으나, 이 글에서는 아래와 같이 나누고자 한다.

1920년대~1930년대
1970년대
1990년대

1920년대에는 '언문 철자법(1912, 1921, 1930)'이 나오는 시기이다. 1933년 '한글맞춤법통일안'이 나오면서 『신동아』에 실린 화장품 광고에 한하여, 1933년을 전후로 표기가 달라지나,[1] 전반적으로 어휘, 통사적 특징은 한 시기로 묶을 수 있기 때문에 1920년대와 30년대는 하나의 시기로 처리한다. 1970년대는 50, 60년대의 전쟁시기, 전후복구시기와 구분되며, 산업이 발전함에 따라 제품의 종류가 늘어나고, 사회 전반적으로 그 전 시기와 구분되며, 화장품 광고도 50, 60년대와 비교해 보면, 광고의 수와 광고 제품이 차이가 나기 때문에 하나의 시기로 따로 처리한다.[2] 1990년대 이후는 현재의 광고와 크게 다르지

---

1) 예를 들면, ㅅ계 된소리 표기(ᄭᅩᆨ, ᄶᅢ)가 사라지는 것과 원형을 밝혀적는 표기법이 적용된 것(젊으시게, 빗갈→빛갈) 등이다.

2) 실제 50, 60년대는 화장품 광고가 많이 나오지 않았다. 또한 이 글에서 다루는 자

않다고 보아 마지막으로 시기 구분을 삼고자 한다.

1.2. 대상 자료

이 글에서 다루는 자료는 주로 『신동아』[3] 1932년 5월(창간호)~1936년 7월, 1970년~1971년의 광고와 『여성동아』[4] 1970년~1971년, 1991년 1월~6월의 여성 화장품 광고를 주요 자료로 한다. 남성 화장품의 경우 시기적으로 늦게 나타날 뿐만 아니라, 광고의 숫자도 적으며, 어휘 면에서도 여성 화장품 광고와는 이질성을 보이므로 화장품 광고문이라는 동일 주제 아래 다루기가 어려워 자료에서 제외한다.

위 선행연구의 시기구분에 따라 1920년~1930년 사이의 광고자료도 필요하다는 판단에 따라 광고정보센터[5]에서 검색하여 1920년~1930년 사이 신문과 잡지에 게재된 화장품 광고도 포함하였다.[6] 이 글에 쓰인 자료의 숫자는, 1921년~1936년의 경우는 55개이며, 1970년~1971년의 경우는 24개이며 1991년의 경우는 42개이다.

료인 『신동아』는 60년대 후반에 복간(復刊)되었기 때문에 자료로 이용하기도 어려웠다.

3) '신동아'는 '신'으로, '여성동아'는 '여'로 표기한다.

4) 『여성동아』를 자료에 넣은 이유는 『신동아』의 여성화장품 광고가 1970년을 전후하여 대폭 축소되고, 대신 남성화장품 광고가 전면에 등장하였기 때문이다. 그 이유는 두 가지가 복합된 듯한데, 하나는 『신동아』의 예상구독층이 바뀌었을 가능성이 있고, 다른 하나는 『여성동아』가 이 시기를 전후해서 창간되었기 때문이다.

5) 이 곳에 올려진 자료는 출처가 표시되어 있지 않고 게재년월일만 표시되어 있다.

6) <한성순보>(1883)는 정부 기관인 박문국에서 발행한 우리나라 최초의 신문인데, 이 신문에는 광고가 실리지 않았지만, '광고'라는 용어는 이 신문에서 처음으로 등장한다. 우리나라 최초의 신문 광고는 <한성주보>로 1886년 2월 22일자 제 4호에 처음으로 독일 무역상 세창양행(世昌洋行)의 광고가 실렸다.

2. 본론

2.1. 운율적 특징

2.1.1. 1920년~1930년대 화장품 광고문

이 시기의 광고에서는 운율적 특징이라고 할 만한 것이 두드러지게 눈에 띄지 않는다. 다만 장음이 두드러지며, 단어나 문장 구조의 반복이 나타난다. 대표적인 운율적 특징을 보이면 아래와 같다.

(1) 의것!의것!의거시아니면 (1927.2)[7)]

(2) 가. 朝夕의몸가지는데/[8)]散步에訪問에 (1928.3)

나. 觀劇에/郊外散步에/스포-츠에/튜-브入/ヘチマコロン를/핸드쌕에잇지마시고 (신 1932.10)

다. 人/間美의極致이다,靑春의表徵이다。(신 1932.6)

라. 明朗한現代美/산뜻한自然美/포동포동한/健 康 美 (신 1932.9)

마. 우데나입니다/향기가高尙하다!/쓰기좋게개어젓다!/윤태가알맞게난다!(신 1935.12)

(3) 가. 가을! 가을! 가을! 이가을은 (신 1933.1)

나. 海! 海! (신 1934.8)

다. 참말美人 아니 참말 化粧美를탕고도-랑으로/맛보십시요! (신 1935.2)

---

7) 출처를 확인할 수 없는 것이 있는데 이것은 '광고정보센터'를 참고한 것들이다. 여기에는 출처가 표시되어 있지 않다.

8) '/'표시는 행구분을 나타낸다. 1990년대는 행구분 표시를 하지 않았다.

〈그림 1 1928.3 御園水白粉〉

(1)은 두운이 쓰인 예이며 (2)는 각운이 쓰인 예이고, (3)은 단어가 반복적으로 쓰인 예이다. 두운의 경우 '이'가 반복되고 있으며, 각운의 경우는 각각 '에, 이다, 美, 다'가 반복되고 있다. 단어 반복의 경우 '가을, 해, 참말'이 반복되고 있다. 반복을 함으로써 강조효과를 얻으려는 의도가 있어 보인다.

〈그림 2 1927.2 新御園〉

음장도 사용되었는데 주로 외래어에 많이 보이며, 그 표기는 일본어의 장음표기에 따라 '–'로 표기하였다.

(4) 淸爽한가을은/스마–트한女性의天地/스마–트한女性에게는튜–브入의 처리(신 1932.10)

(4)는 음장이 사용된 예인데, '스마–트'를 반복해서 표시해 줌으로써, '스마트'가 두운으로 반복됨과 동시에 음장의 효과를 주어 더욱 강조하고 있다. 이러한 음장의 표시가 언제부터 사용되었는지 확실하지 않으나, 일본어의 장음 표시를 한글 표기에 도입한 듯하다.

(5) 가. クラブ美身クリーム구라부 구리-무, レートメリー레-도메리-, レートクレーム레-도구레-무
나. 스마-트, 스포-츠, 튜-브, 크리-무, 씨-슨, 크리-ㅁ, 크-림
다. 모-든化粧美는/레-도크림의/表現입니다 (신 1934.10)

(5가)는 일본어에 장음이 표기된 예이며, (5나)는 외래어의 장음이 표기된 예이고 (5다)는 우리말의 장음이 표기된 예이다. '구리-무' 등의 표기는 일본어의 장음표기를 그대로 우리말로 표기한 것으로 볼 수 있다. '스마-트, 스포-츠' 등과 같이 외래어에도 장음표기를 이용한 것이 있고, 나아가 우리말의 장음표기에 '-'을 이용하고 있다.

한편 장음과 관련된 표현인 듯한 것이 'ㅂ-불규칙' 어휘에 한해 보인다. '곱게~고웁게(신 1935.9), 쉬웁게(신 1935.11)' 등이 그 예인데, 이들은 일음절의 장음을 표시한 것일 수도 있다. 장음 표기의 의도가 있었을 가능성을 배제할 수는 없으나, 기본적으로 이들은 교체형의 단일화로 볼 수 있으며 장음의 표기는 아니었을 것이다. 즉, '아름다웁게(신 1936.1)'와 비교해 보면, 자음어미 결합형의 어간(아름답-)과 모음어미 결합형의 어간(아름다우-)의 blending으로 볼 수 있어, 장음 표기에서는 제외한다.

2.1.2. 1970년대 화장품 광고문

앞서 살펴본 1920년대와 1930년대의 화장품 광고문은 운율적 요소가 두드러지지 않았음을 볼 수 있었다. 이 시기는 화장품 광고문에서 운율적인 요소가 이전 시기에 비해서 많이 나타난다. 두운, 각운 등에 대해서 살펴본다.

(6) 가. 보다 아름답고 보다 윤기있는 (여 1970.3)

나. 당신이 고르시는 당신의 사랑은 무슨 색깔일까요? (여 1971.4)

(7) 가. 더 예뻐지고 싶은 20代… / 보다 아름다움을 연장하고 싶은 30代… / 보다 더 젊어지고 싶은 40代의… (여 1970.12)

나. 여름철 햇볕에 탄 피부에… / 출산후의 거칠어진 피부에… / 가을철 비늘이 생기는 피부에… (여 1970.12)

(8) 가. 찬바람의 당신의 외출을 주저하게 만듭니다./ 찬바람의 당신의 고운 피부를 거칠게 만듭니다. (여 1970.3)

나. 당신의 손은 음악을 들려줍니다./ 당신의 손은 그림을 그립니다./ 그리고 당신의 손은 사랑을 합니다. (여 1970.12)

다. 사랑하는 사람의 사랑의 색깔! / 사랑받는 사람의 사랑의 색깔! (여 1971.2)

(9) 뛰어난 아름다움!/가을의 메이크업 (여 1970.11)

(10) 당신이 원하시는 희고, 고-운 살결을 위한/ 영양미백크림입니다. (여 1970.5)

(6)은 두운이 사용된 예이고, (7)은 각운이 사용된 예이며, (8)은 단어 및 문장이 반복된 예이다. (9)는 음수율이 사용된 예로 볼 수 있으며, (10)은 음장이 사용된 예이다. (6)에서 두운은 '보다, 당신' 등에서 볼 수 있으며, (7)에서 각운은 '(20, 30, 40)代'와 '에' 등에서 볼 수 있다. (8)에서 단어 및 문장이 반복된 것은 '찬바람이 당신의 X를 Y하게 만듭니다'와 '당신의 손은 X를 Y합니다', 'X하는 사람의 사랑의 색깔' 등에서 알 수 있다. (9)에서 '뛰어난 아름다움'이 3음절 4음절로 되어 있고, '가을의 메이크업'이 또한 3음절과 4음절로 되어 있어 음수율이 느껴짐을 알 수 있다. (10)의 장음 표기 역시 운율을 고려한 것으로 볼 수 있다.

2.1.3. 1990년대 화장품 광고문

1990년대의 화장품 광고문에는 운율적 요소가 1970년대의 광고문에 나타난 운율적 요소보다 훨씬 더 많이 나타난다. 역시 두운, 각운 등의 요소들이 나타난다.

(11)가. 그 촉촉함으로, 그 깨끗함으로 (여 1991.3)
나. 다양한 칼라, 다양한 연출 (여 1991.4)
다. 때로는 매혹적이게, 때로는 내추럴하게 (여 1991.4)
라. 미인은 잠꾸러기 - 미인은 타임 (여 1991. 3)
마. 無色 無香 無알콜 (여 1991.3)

(12)가. 대담하게, 빨갛게 (여 1991.2)
나. 색이 없다고, 향이 없다고, 알콜이 없다고 (여 1991.3)
다. 물을 튕겨낸다! 여름을 튕겨낸다! (여 1991.4)

(13) 피부여 눈을 뜨자 태양 아래서 (여 1991.4)

(14) 가. 물은 튕겨내고, 땀은 흡수하는 (여 1991.4)
나. 여름엔 재스퍼 쿨을 바르세요. 차갑게, 차갑게 식혀주니까./ 여름엔 재스퍼 쿨을 바르세요. 순하게, 순하게 달래주니까. (여 1991. 5)

(11)은 두운이 사용된 예이고, (12)는 각운이 사용된 예이다. (13)은 음수율이 느껴지는 예이며, (14)는 단어 및 문장이 반복된 예이다. (11)에서 두운은 '그, 다, 때, 미, 무' 등에서 볼 수 있고, (12)에서 각운은 '게, 고, 다' 등에서 볼 수 있다. (13)에서 음수율과 관련하여 3(피부여), 4(눈을뜨자), 5(태양아래서)의 음절수를 보이고 있는데, 3음보의 율격이 느껴진다고 볼 수도 있다. (14)에서 단어 및 문장이 반복되

는 것은 'X는 Y하고, Z는 A한다'와 '여름엔 X를 바르세요'와 'X하게 X하게 Y해주니까' 등에서 확인할 수 있다.

2.2. 어휘적 특징

여기서는 화장품 광고에서 드러나는 특유의 어휘(명사)를 고유어, 한자어, 일본식 한자어, 외래어(혹은 외국어)로 나누어 살펴보고자 한다. 또한 화장품 광고에 주로 쓰인 어휘와 표현에 대해 알아보고자 한다. 그렇게 함으로써, 이 시기의 화장품 광고에 동원된 어휘의 성격을 알 수 있을 것이다.

2.2.1. 1920~1930년대 화장품 광고문

개화기 이후의 어휘적 특징은 고유어와 일본에서 들어온 새로운 어휘가 섞이어 쓰였다는 점이다. 거기다가 외래어까지 가세하게 되어 복잡하게 되었다. 이들을 분류하면 다음과 같다.

(15) 건강미(健康美), 건강색(健康色), 경편(輕便), 경향(京鄕), 광택(光澤), 귀부인(貴婦人), 근대미(近代美), 기려(奇麗), 내외국인(內外國人), 단장(丹粧), 담백(淡白), 동절(冬節), 만족(滿足), 매력(魅力), 매혹(魅惑), 면모(面毛), 명랑(明朗), 모발(毛髮), 목욕(沐浴), 무연(無鉛), 미(美), 미려(美麗), 미모(美貌), 미소(微笑), 미용(美容), 미용계(美容界), 발랄(潑剌), 방향(芳香), 백모(白毛), 백분(白粉), 백색(白色), 보전(保全), 부인(婦人), 분(粉), 상쾌(爽快), 생기(生氣), 생생(生生), 세안(洗顔), 시용(試用), 안면(顔面), 안색(顔色), 안전무결(安全無缺), 여성(女性), 여성미(女性美), 연독(鉛毒), 연지(臙脂), 영양(榮養), 영출(映出), 우

아(優雅), 유명(有名), 유행품(流行品), 윤택(潤澤), 인간미(人間美), 입욕(入浴), 자연미(自然美), 잡화상점(雜貨商店), 적모(赤毛), 종합작용(綜合作用), 중화(中和), 지방(脂肪), 지백분(紙白粉), 지취지(脂取紙), 즉석(卽席), 찬연(燦然), 청려(淸麗), 청상(淸爽), 청신(淸新), 청춘(靑春), 청초(淸楚), 칠보단장(七寶丹粧), 쾌려(快麗), 태양광선(太陽光線), 판매(販賣), 편리(便利), 포목뎜(布木店), 품질(品質), 풍증(風症), 피녀(彼女), 피부(皮膚), 해소(解消), 향긔(香氣), 향기(香氣), 현대미(現代美)[9], 호평(好評), 화려(華麗), 화장(化粧), 화장료(化粧料), 화장미(化粧美), 화장법(化粧法), 화장생색(化粧生色), 화장수(化粧水), 효과(效果), 흑발(黑髮)

(16) 얼골, 잡틔, 죽은씌, 즉은깨[10], 쌈씌, 여드름, 살, 힉(해), 볏(볕), 볕, 입살(입술), 입모양, 눈썹, 살결, 기름, 살빗, 가을, 여름철, 땀, 가을볏, 겨울, 빗갈, 빛갈, 색갈, 때(때, 垢), 거울, 하늘, 바탕, 아름다움, 살바탕, 기름기운(氣運), 기름끼(氣)

(17) 구라부

(18) 스피드, 스포츠, 크림, 핸드백, 튜-브, 퍼센트, 엔죠이, 맛사지, 타올, 콜드크림, 까제(가제), 카라(칼라), 바니싱

(19) 佛蘭西(불란서)

(15)는 한자어 어휘가 쓰인 예이며, (16)은 고유어 어휘가 쓰인 예이고 (17)은 일본식 외래어가 쓰인 예이다. (18)은 주로 영어식 외래어가 쓰인 예이고, (19)는 한자어식 외래어 표기이다. 위에서 보듯이, 압도적으로 한자어가 많이 있으며, 그 중에는 현재 잘 사용되지 않는

9) '현대미'라는 표현은 <신동아 1932.9>에 한번 나오며, 주로 '근대미'를 강조하고 있다.

10) 표기상의 차이는 하나의 어휘로 취급한다. 예를 들어 '잡틔:잡티, 죽은씌:즉은깨.

'경편(輕便), 면모(面毛), 피녀(彼女), 쾌려(快麗), 기려(奇麗), 청상(淸爽)' 등의 어휘가 사용되고 있다. 화장품 광고와 관련하여 요즘에 잘 사용되지 않는 어휘로는 '귀부인(貴婦人), 백분(白粉), 연지(臙脂), 화장생색(化粧生色), 근대미(近代美), 칠보단장(七寶丹粧), 지취지(脂取紙)' 등이 있는 듯하다. 외래어의 경우는 새로운 문물을 강조함으로써, '근대인'이라는 의식을 갖게 한다.

다음으로 화장품 광고에 주로 쓰인 어휘와 표현에 대해 알아보고자 한다.

(20) 가. 밋낫의美를더/하고 … 살거칠지안코 (1923.1)
나. 살결을곱고점게한다. (신 1932.5)
다. 보들보들한 그살결/레-도크림으로/맨드러낸/살결입니다 (신 1933.3)
라. 살결의/彈力美를生하는 (신 1936.5)
마. 언제든지씻은듯한/깨끗한젊은살입니다。(신 1936.5)

(20)은 '살결'과 관련된 어휘가 쓰인 예를 보인 것이다. '살결'과 관련된 어휘는 일반적인 화장품 광고에 주요 어휘로 등장하는데, 이와 관련된 '밋낫'의 어휘는 특이한데 이의 의미는 단어의 구성에서도 알 수 있듯이 '민+낫'으로, 대략 '화장을 하지 않은 얼굴'을 뜻한다고 할 수 있다.[11] '얼골'도 쓰이긴 하지만, 같은 의미로 요즘에 '낯'이 광고에 잘 쓰이지 않는 점으로 미루어 통시적인 변화과정을 반영하는 듯하다. '낫, 낯'은 '안면부'를 뜻했고, '얼골, 얼굴'은 '몸, 형체'를 뜻했는데, '얼굴'의 의미가 축소되어 '낯'과 동의어로 된 것이다.

11) <표준국어대사전>에는 '민낯' 항목을 '화장을 하지 않은 여자의 얼굴'로 풀이하고 있다.

(21) 가. 볏헤글니지안케하는것 (1923.7)

나. 볏걸지안케하는데제일조흔 (신 1933.1)

다. 깨끗이/별에거른것을떨어버/리고빛갈힌/小女美를고웁게/빛나게 합시다(신 1935.9)

(21)은 '볕'과 관련된 어휘가 쓰인 예를 보인 것이다 '볕'과 관련된 어휘에서는 '글니-', '걸-' 등이 특이하다. '글니-'는 '그을리다'의 뜻이며, '걸-'는 '불, 볕, 바람 따위에 거칠어지고 빛이 짙어지다'의 의미이다.

(22) 가. 눈ㅅ섭을/검게모양/을잘하야/얼골을반/작하게하/며환하야/짐니다. (1927.2)

나. 힌빗이生生하고/아름다운光澤이잇슴니다 (1927.10)

다. 自色이돗보이며…/생기스러웁고사랑스러이… (1927.11)

라. 좃치못한기름기운은아조업/서지고恒常少年과가티皮膚가윤/택하야美가낫타남니다 (1928.4)

마. 살작녹아빛갈이히여지는 (신 1935.5)

바. 윤태가알맞게난다! (신 1935.12)

사. 입살을自/然이美麗/한紅色으/로하니입/모양을아/름답게一層に하는 (1927.2)

(22)는 '살빛깔'과 관련된 어휘가 쓰인 예를 보인 것이다. '살빛깔'과 관련된 어휘로는 주로 '반작, 환하다, 힌빗, 광택, 백색, 윤택, 빛갈, 히여지다, 윤태, 홍색' 등이 사용되었으며, '살결'과 관련된 어휘와 밀접하다. 또한 앞서 제시된 (21)의 '볕'과 관련된 어휘와도 연결된다. 이 시기에는 '피부'보다는 '살, 살결'이 많이 쓰였다. '피부'는 (22라)

에서 보는 바와 같이 한번 정도 나타날 뿐인데, 뒤에서 살펴볼 1970년대의 광고에서는 '피부'가 훨씬 많이 사용된다.

(23) 가. 隨艶한<u>健/康色</u>을發/現하며얼/골을<u>生生</u>/하게합니/다 (1927.2)
나. <u>포동포동</u>한/健 康 美 (신 1932.9)
다. 恒常<u>生氣</u>잇는/健康美를保全하는데 (신 1932.10)

(24) 가. 처녀시대의<u>활쾌</u>한것과/<u>미태</u>를발휘키에는 (1928.4)
나. 아름다운당신을/더욱더<u>아름다웁게</u>하는 (1930.1)
다. <u>明朗</u>한<u>現代美</u>/<u>산뜻</u>한<u>自然美</u> (신 1932.9)
라. <u>近代的</u>/明朗한化粧美 (신 1932.8)
마. 淸爽한가을은/<u>스마-트</u>한女性의天地/<u>스마-트</u>한女性에게는튜-브入/ヘチマコロン가그럴듯합니다 (신 1932.10)
바. <u>爽快</u>한自然의/化粧美야말로…/秋宵에빛나는/<u>美의星座</u>(신 1934.9)
사. 당신의 <u>은°근°</u>[12]한 化粧에… (신 1935.9)
아. <u>映畵女優</u>는왜어여쁠가 (신 1935.11)

(23)은 '미(美)'와 직접 관련된 어휘가 쓰인 예를 보인 것이고, (24)는 간접적으로 추구하는 '미(美)'와 관련된 어휘가 쓰인 예를 보인 것이다. 이 시기 화장품 광고에서 특이한 어휘 중의 하나가 (23)에 제시된 '健康, 포동포동, 생기' 등이다. 이것들은 직접 제품을 사용함으로써 얻어진다고 주장하는 것인데, 이 어휘들은 지금의 광고에서는 의약품 광고에 쓰일 수 있는 어휘이지만, 이 시기에는 이러한 '美'를 추구하는 것이 일반적이었다는 것을 알 수 있다. 한편 (24)에서 보듯이 이 시기에 간접적으로 추구한 '미(美)'는, '활쾌, 미태, 아름다움, 명랑,

12) '은°근°'의 '°'은 세로쓰기의 오른쪽에 점을 찍은 것인데 해당 어휘를 강조하기 위한 것으로 보인다.

산뜻, 근대, 청상, 스마트, 상쾌, 자연, 은근, 영화배우' 등을 통해 볼 때, 주로 '새 시대에 따라가며, 신문물을 받아들여 산뜻하고 발랄한 아름다움'이라는 것을 유추해 볼 수 있다.

(25) 가. 기름만흔분, 째가벗지못한분, 빗갈검은분 化粧生色만나는분,/特히겨울에 살이거츨지안케하는데 (신 1933.2)

나. 化粧하신후에/걸지안케하는/데 본얼골곱/게하는데 젊/으시게하는데 (신 1933.6)

다. 살빗치고/아지고모든풍증과쌈씌즉은깨와/잡틔가사라지고윤택하여짐니다 (1927.1)

라. 여드름・살거친原因-/넘치는脂肪과, 細菌을/中和・解消시키는힘있는/雪印크림 (신 1936.5)

(25)는 종합적인 작용이나 효과를 강조하는 문구가 쓰인 예를 보인 것이다. 그런데 (25가)에서 '기름만흔분'에게 기름을 제거해 주는 것과 '살이 거츨지 안케 하는' 것은 배타적인 듯하며, '化粧生色만나는분'에게 화장생색을 방지해 주는 것은 다른 효과와는 동떨어지는 작용인 듯하다. 또한 (25다)에 사용된 '풍증'이 화장품의 효과와 관련 있는지도 의문이다. 이 시기 화장품 광고에서는 위에서 본 바와 같이 '문제 되는 모든' 것을 '아름답게' 한다는 것을 지나치게 강조하는 어휘가 섞여 사용되었음을 알 수 있다. 종합적으로 이 시기 화장품 광고에 많이 사용된 어휘로 '美, 魅力, 近代, 近代美, 스피드, 白, 色, 健康美' 등을 들 수 있다.

2.2.2. 1970년대 화장품 광고문

이 시기의 광고문은 한문의 사용이 많이 제한되고, 순한글로 표현된 것이 많다. 그것은 화장품의 이름이나 광고 본문에서 마찬가지이나 어휘의 사용에 있어서는 한자어와 고유어의 사용이 대폭 줄어들고, 외래어(또는 외국어), 특히 영어식 외래어가 많이 사용되었다. 이 시기의 화장품 또는 화장품 광고와 직·간접적 관련이 있는 어휘(명사)를 제시하고자 한다.

(26) 매력, 화장품, 당신, 화장법, 피부, 약리작용, 영양, 자외선, 보호, 지방(脂肪), 품질, 신용, 개발, 세안, 기초화장, 향, 부작용, 측정, 구입, 여왕, 탄생, 연인, 유행, 욕망, 피부미용, 피부성질, 판매, 정찰판매, 유사품, 특약점, 유명화장품점, 약국, 미백, 효과, 예방, 치료, 피부염, 전신(全身), 합성세제, 화장, 노쇄현상, 활력

(27) 모임, 가을, 살결, 죽은깨, 기미, 봄, 여름, 땀, 먼지, 바람, 햇볕, 손질, 맵시, 색갈, 색깔, 손톱, 비늘, 가짜, 얼굴, 잔주름, 마른버짐, 여드름

(28) 파티, 메이크엎, 메이크업, 하이톤, 아모레, 크림, 맛사지, 모이스춰밀크, 화운데이숀, 맆스틱, 타잎, 셋드, 콜드크림, 에모리엔트, 네일 에나멜, 스파클, 토코페롤, 로숀, 라노린, 스쿠알렌, 베스톤, 피어리스, B-up, 사롱카라, 러브, 켐페인, 아이라이나, 펄틴스, 비타민, 파라솔, 카라민후레쉬, 화인씨, 오로라, 하이센스, 키스, 쥬리아, 뉴트라스킨

(26)은 한자어가 사용된 예를 제시한 것이고, (27)은 고유어가 사용된 예를 제시한 것이며 (28)은 외래어 및 외국어가 사용된 예를 제시

한 것이다. 위에서 보는 바와 같이 한자어와 고유어의 쓰임은 기존에 쓰던 기초어휘에 제한되고 외래어 및 외국어가 광범위하게 사용되고 있다. 대부분 화장품 이름은 '하이톤, 베스톤' 등과 같이 단순한 영어식 이름을 쓰고 있다. '오로라'는 이탈리아어이다. 제품의 이름은 '모이스춰밀크, 화운데이숀, 립스틱' 등과 같이 모두 영어식 이름이라고 해도 과언이 아니다.

다음으로 이 시기의 화장품 광고에 주로 쓰인 어휘와 표현에 대해 알아보고자 한다.

(29) 가. 따가운 햇볕에 탄피부, 무더위에/ 지친 피부를 손질하세요. (여 1970.10)
나. 여름철 햇볕에 탄 피부에… / 출산후의 거칠어진 피부에… / 가을철 비늘이 생기는 피부에… (여 1970.12)
다. 언제나 희고 싱싱한 피부를 간직해 드립니다. (여 1971.4)
라. 자외선의 침해 / 를 막아주고 (여 1971.6)
마. 화장이 잘 안받는 피부 (여 1971.10)

(30) 가. 피부가 곱게 그을고 피부염을 방지해 줍니다. (여 1971.10)
나. 여드름 예방과 치료에 (여 1971.10)

(29)는 피부보호 및 피부색깔에 관한 어휘가 쓰인 예를 보인 것이며, (30)은 피부질환에 관한 어휘가 쓰인 예를 보인 것이다. 위의 예들을 보면, 피부와 관련된 직접적인 효능과 작용, 피부상태의 장애물 등에 대한 어휘는 크게 달라지지 않았다. 다만 2, 30년대에 쓰이던 '살, 살결'이 '피부, 살결'로, '健康色, 생생, 힌빗, 白色' 등이 '희고 싱싱한'으로 바뀌었다. '볏, 볕'은 '자외선, 햇볕' 등으로 바뀌었고, '化粧生色만나는'은 '화장이 잘 안받는'으로 바뀌었으며, '볏걸다'는 '자외

선의 침해'로, '볕에걸다, 거칠다' 등은 '햇볕에 타다, 거칠어지다, 비늘이 생기다, 피부가 지치다' 등으로 바뀌었다.

(31) 가. 새해에도 더욱/아름답고 우아하게! (여 1970.2)
나. 당신을 여름의 여왕으로 탄생시켜줄 것입니다. (여 1970.7)
다. 당신을 사랑스럽고 매력이 넘친 가을의 연인으로/ 가꾸어준답니다. (여 1970.10)
라. 멋진 맵시를 돋보이고 싶은욕망, 유행을 앞서가는 화장 (여 1970.11)
마. 연령을 초월한 아름다움을! (여 1970.12)
바. B-up 맛사지로 투명화장을 즐깁시다 (여 1971.1)
사. Oh, my Love/오 마이러브 (여 1971.4)
아. 당신/은 당신만의 사랑의 색깔을 준비하세요. (여 1971.6)
자. 당신에게 가을꽃과 같/은 아름다움을 선물할 가을 화장품이/여기에 있읍니다. (여 1971.10)

(31)은 이 시기의 화장품 광고에 보이는, 미(美)의 추구와 관련된 어휘가 쓰이는 예를 제시한 것이다. 1970년대의 광고에서 간접적으로 추구하는 미는 대체로 '우아, 매력, 사랑, love, 아름다움, 맵시, 유행, 사랑스러움' 등으로 볼 수 있는데, 1920~1930년대에는 '健康美, 自然美, 활쾌, 미태, 은근, 아름다움, 포동포동, 近代美, 白色' 등이었다. 간접적으로 추구하는 미를 나타내는 어휘가 조금 달라졌음을 알 수 있다.

2.2.3. 1990년대 화장품 광고문

이 시기의 어휘적 특징으로는 우선 외래어 및 외국어, 특히 영어 어휘가 많이 쓰인 것을 들 수 있다. 제품명과 브랜드에는 거의 대부분 영어 어휘가 쓰였다. 대표적인 예를 제시하면 다음과 같다.

(32) 품, 노화, 천연식물색소, 생약성분, 피부과학, 유해산소, 피부자극, 흡수, 민감성피부, 보습, 고품격, 미로(美露), 이성, 감성, 수분, 유분, 해조성분, 수면(睡眠), 순정, 백옥, 저자극, 도시, 태양, 내수성, 친수성, 색감, 식물성, 식물성분, 해변, 낭만, 지중해

(33) 이슬, 물, 바다, 푸른물빛, 새싹, 구리빛

(34) 스킨케어, 헤어케어, pH, 바란스, 그린, 에버그린, 허브, 리듬, 스폰지, 소프트, 콤팩트, 트윈케익, 리화인, 프리메라, 샘플, 스트레스, 칼라, 믹싱, 시스템, 타임, 셀, 울트라좀, 피부트러블, 로얄콜렉션, 액센트, 오일, 크린싱, 테스트

(32)는 한자어 어휘가 쓰인 예이며, (33)은 고유어가 쓰인 예이고, (34)는 외래어 및 외국어가 쓰인 예이다. 한자어는 많이 줄어들었으나, 기초적인 어휘는 계속 사용된다. 외래어의 경우도 기초적인 어휘로 자리잡은 것으로 보인다. 화장품명도 이 시기에는 다양하게 등장하는데, 한자어는 소수이고, 주로 외국어에서 가져 왔다. 그 중에서 불어와 영어가 압도적으로 많이 차지한다. 또한 새로 만든 어휘도 많이 쓰이는데, 그 구성과 유래도 다양하다. 아래의 예문을 보자.

(35) 가. 純正, 枇杷, 雪花

나. a. 제스퍼(jasper), 브루밍(BLOOMING), 리화인(REFINE), 소네

트(SONNET), 세렉션(SELECTION)

b. 오리리(O'LEARY)

다. 아르드포(ART DE PEAU)[13], 아미드팜(Ami de Femme), 샹제리에(SANZERIE)[14], 라데쓰 화이트(LA DE'ESSE WHITE)

라. a. 프리메라(PRIMERA)

b. 셈프레(SEMPRE)[15]

(35)는 이미 존재하는 어휘(구 구성 포함)가 화장품명으로 쓰인 예이다. (35가)는 한자어 중에서 어휘를 선택하여 제품명으로 한 것이며, (35나)는 영어에서 가져온 것인데, (35나b)는 인명을 사용한 듯하다. (35다)는 불어에서 가져온 것으로 생각되며, (35라a)는 스페인어, (35라b)는 이탈리아어에서 가져온 것으로 보인다. 한자어로 이루어진 (35가)를 제외한 외래어 중에서 (35나a)의 '제스퍼'와 '소네트'를 빼면, 모두 제품명에 '유음'이 포함되어 있는 것을 공통점으로 지적할 수 있다. 유음이 부드러운 이미지와 관련이 있음을 상기해 본다면 아마도 화장품명을 정할 때, 이러한 점도 고려해 넣은 것이 아닌가 짐작해 볼 수 있다.

(36) 가. 美露

나. 탐스핀(TAMSPIN)

다. 베스카인(BESKINE), 유미 셀울트라좀(YOUME CELL ULTRA-SOME), 퓨어제닉(PUREGENIC), 에바스 타임(EVAS TIME),

---

13) 'peau'는 불어 스킨.

14) 프랑스의 거리 이름. 대통령 관저인 엘리제궁의 앞마당. 명품브랜드 밀집지역이라고 한다.

15) '항상, 끊임없이'라는 음악용어로서 이탈리아어이다.

에버뉴(EVERNEW)

라. 샹뜨아르(CHANTART)

마. 미앤나(MIENNA), 삼미 사포란(SAMMI SAPORN)

(36)은 신조어로 보이는 어휘가 화장품명으로 쓰인 예이다. (36가)의 경우는 한자어를 화장품명으로 사용한 것인데, '美露'는 '아름다움'[美]과 '이슬'[露]의 의미를 합쳐 하나의 단어로 사용된 것이다. (36나)는 우리말 '탐스럽게 피어난다'를 적절하게 줄여서 '탐스핀'을 만들고 그것을 다시 영문으로도 표기한 것으로 보인다. (36다)는 영어 어휘를 적절하게 결합하여 새로운 단어를 만든 것으로 보이는데, '에바스'의 경우는 '에델바이스'를 줄여서 '에바스'를 만들고 'EVAS'로 표기한 것이다. '유미 셀울트라좀'은 영어 'YOU'와 'ME'를 결합하고 'CELL'을 붙이고 또다른 신조어 'ULTRASOME'을 결합하였는데, 화장품 성분에 '리포좀'이 있는 것을 감안하여, 'ULTRA+SOME'을 만들어 낸 듯하다. '퓨어제닉'은 '~을 생성하는, ~에 의해 생성되는, ~한 유전자를 가진' 정도의 의미를 지닌 '-GENIC'을 'PURE'에 결합시켜 만들어낸 것으로 볼 수 있다. (36라)의 '샹뜨아르'는 불어로서 'melody+art'의 의미 정도를 나타낸다고 볼 수 있다. (36마)는 우리말과 영어, 한자어를 적절히 조합한 듯하다. '미앤나'의 경우는 '美엔나!', '美&나!' 정도의 의미가 될 듯하다. '삼미 사포란'의 경우는 화장품 성분과 관련이 있어 보인다. 인삼의 사포닌 성분을 포함한 화장품임을 본문에서 말하고 있는데, 그와 관련지어 생각해 보면, '인삼, 美, 사포닌' 등을 적절하게 배치하고, 'ㄹ'을 첨가하여 만든 것으로 볼 수 있다.

다음으로 화장품 광고에 주로 쓰인 어휘와 표현에 대해 알아보고자 한다.

(37) 가. 촉촉한 순수영양으로 피부의 하루를 지키는 아모레 탐스핀 (여 1991.1)

나. 입술 위에서 수분을 지켜주는 본격적인 스킨케어 메이크업입니다. (여 1991.2)

다. 차갑게, 순하게 달래주니까 피부가 더욱 싱싱해집니다 (여 1991.5)

라. 점점 거칠고 건조해지는 피부, 민감성 피부, 수분과 유분의 균형을 잃어가는 피부/ 당신의 피부에 놀라운 보습효과와 탄력을 드립니다. (여 1991.6)

(38) 가. 두가지 칼라가 대리석같은 신비스러운 무늬를 띄고 있어 바르는 각도, 횟수에 따라 칼라가 다채롭게 변신한다. (여 1991.3)

나. 아르드포 메이컵은 칼라의 스펙트럼. 봄의 영상을 연출하는 다양한 표정이다. (여 1991.4)

(37)은 피부보호 및 피부영양에 관한 어휘가 쓰인 예이고, (38)은 색깔에 관한 어휘가 쓰인 예이다. (37가)에서는 '순수영양'이 (37나)에는 '스킨케어'라는 어휘가 쓰였다. (37다)에는 '싱싱'이, (37라)에는 '거칠고', '건조', '민감', '보습효과' 등의 어휘가 쓰였다. 한편 (38가, 나)는 피부색에 관련된 문구인데, '칼라, 스펙트럼' 등이 쓰였다.

(39) 가. 아르드포는 이 SOD를 리포좀화시켜 침투효과와 안정성을 높인 과학적인 화장품으로 피부의 젊음을 지켜드립니다. (여 1991.1)

나. '피부세포 바란스' 효과로 피부노화에 대응하는 아모레 미앤나 (여 1991.2)

다. 새롭게 개발한 타이밍스킨케어시스템(TSS)으로 피부에 스며든 촉촉함이 오랫동안 남는다. (여 1991.4)

(40) 가. 체내의 유해산소로부터 피부를 보호하는 미로성분과, 허브성분이 어우러진 순한 화장품 (여 1991.2)

나. 미로 립스틱은 천연식물색소와 무기색소를 주원료로 하여 (여 1991.2)

다. 식물성분이기 때문에 그녀의 피부가 더욱 순합니다. 재스퍼 그린 (여 1991.2)

라. 천연원료로 자외선을 여과한다. (여 1991.6)

(39)는 과학적 효능과 방법을 강조한 어휘가 쓰인 예를 제시한 것이고 (40)은 원료의 자연성을 강조한 어휘가 쓰인 예를 제시한 것이다. (39가)는 'SOD, 리포좀화' 등의 어휘가 쓰였고, (39나)에는 '바란스 효과', (39다)에는 '타이밍스킨케어시스템'이라는 어휘가 쓰였다. (40가)에서는 '미로성분, 허브성분'이 쓰였고 (40나)에는 '천연식물색소, 무기색소'가 쓰였으며 (40다)에는 '식물성분'이 쓰였다. (40라)에는 '천연원료'가 쓰였다. (39)는 화장품 광고에 과학적 효능을 강조함으로써, 제품의 우수성을 드러내고자 했다고 볼 수 있으며 (40)은 원료의 자연성을 강조함으로써 동일한 효과를 얻고자 했음을 알 수 있다.

(41) 가. 그녀, 순수함으로 아름답다. 그녀, 자연으로 아름답다. (여 1991.2)

나. 젊은 피부의 생동감이 하루를 즐겁게 합니다. 누구를 만나든, 무엇을 하든 여자를 자신있게 하니까요 (여 1991.2)

다. 오염없는 피부, 이슬같아요 (여 1991.2)

라. 자연과 여인의 꿈~ 녹색 꿈 (여 1991.3)

마. 때로는 매혹적이게, 때로는 내추럴하게 - 그리고 자신의 개성에 맞게 (여 1991.4)

바. 이제 그녀가 꿈꾸던 태초의 순수를 만난다. (여 1991.5)

사. 도시의 그림자를 지우고 다가선 <u>자연</u>의 <u>순수</u>한 <u>아름다움</u> 라피네 쎔프레 그린 (여 1991.6)

(41)은 이 시기 화장품 광고에서 간접적으로 추구하는 미(美)와 관련된 어휘가 쓰인 예이다. 이 때에 쓰인 어휘를 살펴보면 (41가)의 '순수함, 아름답다', (41나)의 '생동감, 자신있게', (41다)의 '오염없는, 이슬', (41라)의 '자연, 녹색', (41마)의 '매혹적, 내추럴, 개성', (41바)의 '순수', (41사)의 '자연, 순수한, 아름다움' 등을 들 수 있다.

3. 결론

이상으로 여성 화장품 광고문에 드러난 문체적인 변화를, 운율과 어휘적 특징의 변화를 중심으로 살펴보았다. 여성 화장품 광고문의 문체 변화 중 가장 두드러진 것은 어휘와 관련된 변화였는데, 특히 '美'와 관련된 어휘의 변화가 두드러지게 나타났다. 이 글에서 논의된 사항을 정리하면 다음과 같다.

운율적 특징의 변화로는 두운, 각운의 사용이 늘어난 것을 들 수 있다.

어휘적 특징의 변화로는, 한자어휘의 사용이 줄어들고 한자어를 제외한 외래어 혹은 외국어의 사용이 늘어났다. 또한 제품명에 새로 만들어낸 단어를 사용하는 경향이 늘어났다. 화장품 광고에 많이 쓰인 '美'에 관련된 어휘 변화로는 '건강미, 근대미' 등이 '우아, 매력, 사랑스러움, 유행' 등으로 변하고 다시 '순수, 오염없는, 내추럴, 개성, 자신감' 등으로 바뀌었다.

참고문헌

국립국어연구원 편(1999), 『국어의 시대별 변천 연구 4』, 국립국어연구원.

김기종(1983), 『조선어수사학』, 료녕인민출판사.

박갑수(1994), 『국어문체론』, 대한교과서.

박갑수(1998), 『신문 · 광고의 문체와 표현』, 집문당.

박영준 외(2003), 『광고언어연구』, 박이정.

박영준(2005), 「1890년대 신문 광고 언어 연구」, 『한국어학』 27, 한국어학회, 125～162쪽.

서은아(2004), 「광고 표제의 문장 유형 연구」, 『한말연구』 15, 한말연구학회, 187～207쪽.

서은아(2005), 「<독립신문>에 나타난 광고 언어의 사용 양상」, 『한말연구』 17, 한말연구학회, 109～127쪽.

申寅燮(1986), 『韓國廣告史』, 도서출판 나남.

심재기(1999), 『국어 문체 변천사』, 집문당.

장소원(1998), 「문체, 국어 문법과 자료」, 『이익섭 선생 회갑 기념 논총 문법 연구와 자료』, 태학사, 689～715쪽.

장소원 외(2002), 『말의 세상, 세상의 말』, 도서출판 월인.

채완(2003), 「개화기 광고문의 표현기법」, 『한국어 의미학』 12, 한국어의미학회, 51～78쪽.

채완(2005), 「일제시대 광고문의 형식과 전략」, 『이중언어학』 27, 二重言語學會, 227～251쪽.

한국광고단체연합회(1996), 『한국광고100년<상>, <하>』, 한국광고단체연합회.

한국광고학회 편(1996), 『한국의 광고』, 나남출판.

자료

신동아, 신동아사.

여성동아, 동아일보사.

광고정보센터 www.adic.co.kr

의약품 광고

오옥매

1. 서론

본 연구는 인쇄매체에 실린 의약품 광고를 대상으로 광고의 문체 변천사를 살펴보고자 한다. 1896년 11월 7일자 독립신문에 실린 '금계랍' 광고는 한국 국내 의약품 광고의 효시로 독립신문이 창간되면서부터 폐간될 때까지 거의 매일같이 게재되었다(한국제약협회 1996:611). 백여년 동안 한국의 의약품 광고는 신문, 잡지, 방송 등 각종 매체로 확대되면서 꾸준히 발전해 왔다. 종래로 국어학에서 이루어진 광고에 대한 연구는 크게 국어 순화의 입장에서 광고 언어의 문제에 대해 논의한 것과 언어학적인 입장에서 광고 언어의 특징에 대해 논의한 것으로 나눌 수 있다(김정선 1997:19). 본 연구는 언어학적인 입장에서 의약품 광고의 문체적 특징과 변천을 다루고자 한다.

연구대상은 인쇄매체에 의약품 광고를 처음 게재했던 1896년 11월 7일부터 2006년 4월까지의 신문, 잡지를 위주로 한 인쇄매체 의약품 광고이다. 인쇄매체의 광고는 전체적인 광고의 내용을 압축하여 큰 글씨로 표현한 표제(Headline)와 사진이나 그림으로 되어 있는 일러스트레이션(Illustration), 광고 메시지를 자세하게 기술한 본문(Bodycopy),

그리고 광고주의 로고(Symbol Mark & Logotype) 등의 요소로 구성되어 있으나 여기에서는 '신문이나 잡지의 일반적인 문장표현 요소(리대룡, 김충기 1982:161)'인 표제와 본문만을 연구대상으로 한정한다. 의약품 광고의 자료는 광고정보센터에서 검색한 의약품 광고와 한국광고단체연합회 편 『한국광고100년(상, 하)』에 실린 의약품 광고, 한국제약협회 편 『제약50년사』에 실린 의약품 광고, 『신동아』 잡지에 게재된 의약품 광고 등이다.

한국제약협회(1996)에서는 의약품 광고를 태동기(1896~1945년), 정체기(1945~1950년), 발전기(1960년대), 조정기(1970~1980년대), 성숙기(1990년~현재)로 나누었다. 신인섭(1986)에서는 한국의 광고를 구한말(1886~1910년), 일제 무단정치 시대(1910~1920년), 일제시대(1920~1945년), 해방에서 1969년까지의 기간, 1969년 이후로 나누었다. 본 연구에서는 이러한 구분에 따르지 않고 광고 언어가 시대의 반영이라는 관점에서 다음과 같이 5개 시기로 나누어 의약품 광고의 문체를 살펴보고자 한다.

(1) 1896년~1910년
(2) 1910년~1945년
(3) 1945년~1960년
(4) 1960년~1980년
(5) 1980년~현재

즉 광복 이전과 광복 이후로 나누고 광복 이전은 2개 시기로, 광복 이후는 3개 시기로 나누었다.

의약품 광고의 문체는 음운적 특징, 어휘적 특징, 문체적 특징 세 방면으로 나누어 살펴보기로 한다. 음운적 특징에서는 두운과 각운의 사용을 살펴보고, 어휘적 특징에서는 약품명, 관련어휘, 언어유희와 신조어를 살펴보고, 문체적 특징에서는 문장의 길이, 문장 유형과 종결 양상, 수사법을 살펴본다.

2. 음운적 특징

광고 언어의 음운적 특징에 대하여 지적되어 온 것은 운(韻)의 사용이다. 이현우(1998)에서는 두운(alliteration), 모운(assonance), 각운(rhyme) 세 가지 방면으로부터 광고 언어의 운율적 특징을 살펴보았다. 그리고 한 문장에서 두(혹은 그 이상의) 단어의 자음이 반복되고 있는 현상을 두운, 두 단어에서 반복되는 소리가 모음일 때는 모운, 두(혹은 그 이상의) 단어의 마지막 음이 반복되는 언어학적 현상을 각운이라고 정의하였다. 장소원 외(2002)에서는 광고에 주로 사용되는 것은 두운(頭韻)과 각운(脚韻)이고 때로는 모운(母韻)을 보이는 경우도 있는데, 한국어에서는 모운이 확연히 드러나지 않고 두운과 함께 나타나는 경우가 많다고 지적하였다.

1896년~1910년의 연구대상 자료에서 두운이나 각운의 기법을 사용한 의약품 광고를 발견하지 못하였다. 1910년~1945년에 두운이나 각운의 기법을 사용한 의약품 광고가 나타났다.

(1) 가. 淸凉劑의 第一되ᄂᆞᆫ 八寶丹의 八大特長 (매 1915.03.09.)

나. 神丹은 壹粒으로ᄒᆞ야 精神을 爽快ᄒᆞ게됨

神丹은化食의力이最히大ᄒᆞᆷ

神丹은毒消의力이極히强ᄒᆞᆷ

神丹은酒毒은消ᄒᆞ고煙毒을却ᄒᆞ고美味를增ᄒᆞᆷ (매 1911.08.16.)

(1가)는 약품명 '八寶丹'과 효능인 '八大特長'으로 구성된 표제이다. '八寶丹'과 '八大特長'에서 '팔'이라는 음절이 반복되어 두운을 이루었다. (1나)는 '神丹'을 여러 번 반복하였는데 엄격한 의미의 두운은 아니지만 역시 두운이라고 볼 수 있다. 이런 두운 기법은 현대 광고에서 많이 사용하는 표현 수법이지만 이 시기의 의약품 광고에서는 매우 드물었다.

광복 이후 1945년~1960년의 수입 의약품 광고에서는 두운이나 각운의 기법을 사용한 광고가 매우 드물었다. 1959년에 각운 기법을 사용한 국산 의약품 광고를 찾아볼 수 있었다. 이는 당시의 의약품 광고가 수입상에 의해 이루어진다는 점과 굳이 정성을 들여 설득적인 광고를 하지 않더라도 치료 의약품의 경우, 수입해서 내놓기만 하면 잘 팔렸던 당시의 시대상을 반영한 것이다. 그러나 국산 의약품의 경우 수입 의약품과 경쟁을 해야 하므로 광고의 기법에 더욱 신경을 쓰게 된 것이다.

(2) 헥사보-이, 건강보-이!(조 1959.07.09.)

(2)는 유유산업의 종합비타민 유-헥사비타민 광고의 표제인데 약품명과 표어로 구성되었다. '보이'라는 두 음절이 반복된 각운 기법의 사용으로 수용자의 주의를 집중시켜 약품명을 기억하는 데 긍정적인 작용을 하였다.

1960년~1980년에 두운과 각운의 기법을 사용한 의약품 광고의 수량은 여전히 적었지만 이전 시기보다 많았다.

(3) 가. 健康한身體에健全한精神!(동 1960.08.10.)

나. 精力의 에너지(Energe)를 補給하는 <에나킹>으로!(신 1964.12.)

다. 人生을힘차게 그리고즐겁게!(신 1964.12.)

라. 깨끗한 머리! 산뜻한 머리!(신 1971.01.)

(3가, 나)는 두운 기법을 사용한 광고인데 (3가)는 '健康'과 '健全'에서 '건'이라는 음절이 반복되었고 (3나)는 '에너지'와 '에나킹'에서 '에'라는 음절이 반복되었다. (3다, 라)는 각운 기법을 사용한 광고인데 (3다)는 '게' 음절이 반복되었고, (3라)는 '머리'가 반복되었다.

1980년 이후부터 두운과 각운의 기법이 의약품 광고에서 보편적으로 사용되었다.

(4) 가. 肝을 깨끗이! 肝에 活力을!(1983.04.14.)[1)]

나. 빠르게 낫고 빠르게 웃자! 펜잘~(2004.04.01.)[2)]

다. 영양만점-건강만점(신 1981.07.)

라. 연골 生生~관절 쌩쌩~(신 2005.03.)

(4가, 나)는 두운 기법을 사용한 광고인데 (4가)는 '간'이 반복되었고 (4나)는 '빠르게'가 반복되었다. (4다, 라)는 각운 기법을 사용한 광고인데 (4다)는 '만점'이 반복되었고 (4라)의 '生生'과 '쌩쌩'은 음소의 차이가 있지만 각운으로 볼 수 있다.

3. 어휘적 특징

의약품은 질병의 진단, 예방, 치료, 건강유지나 증상 완화 등의 목

1) 광고정보센터에서 검색한 광고이다.
2) 광고정보센터에서 검색한 광고이다.

적으로 현대의료에서 핵심적으로 사용되는 의료자원 중의 하나이다. 의약품은 다른 소비 상품과는 달리 인간의 건강과 생명에 관련되는 욕구를 충족시켜 주는 특수한 효능을 가지고 있다(허경희 외 1998:135). 의약품의 이런 특수성으로 의약품 광고에는 질병이나 건강, 의약품의 품질과 효능에 대한 표현이 자연스럽게 등장하게 된다. 이 장에서는 의약품 광고에 등장하는 어휘를 약품명, 관련어휘(가격, 효능 등), 언어유희와 신조어론 중심으로 의약품 광고의 어휘적 특징에 대하여 살펴보고자 한다.

3.1. 약품명

1896년~1910년 의약품 광고는 주로 외국인 광고주에 의한 수입 의약품이 주종을 이루었다[3]. 이 시기의 의약품 광고에는 다음과 같은 약품명들이 등장하였다.

(5) 金鷄蠟, 萬明膏, 胃散, 蛔積殺虫散, 滋陽丸, 人蔘麝香丸, 仁丹, 萬金丹, 回生丹, 八寶丹, 八寶坤順丹, 太乙保命丹, 麝香消瘡丹, 淸心保命丹

(5)는 1896년~1910년 의약품 광고에 등재된 약품명인데 이런 의약품들은 '丹, 散, 丸'등으로 명명한 것이 특징이다. 이것은 의약품의 형태에 따라 구분한 것이다. '丹, 丸'은 모두 알갱이로 된 의약품인데 '丸'이 '丹'보다 크다. 그리고 '散'은 분말상의 의약품이다. 약품명에는 주로 '효능, 성분, 치료부위, 형태' 등 사항들이 나타난다. '萬明膏,

3) 한국제약협회(1996:612)에 의하면 초기에는 금계랍을 비롯하여 회충약, 안약 등 주로 외국인 광고주에 의한 수입 의약품이 주종을 이루었다.

蛔積殺虫散, 滋陽丸, 回生丹'은 '효능+형태' 방식이고, '人蔘麝香丸'은 '성분+형태' 방식이며, '麝香消瘡丹'은 '성분+효능+형태' 방식이고, '胃散'은 '치료부위+형태'의 방식이다. 약품명이 모두 한자어인 것이 이 시기 의약품 광고의 가장 큰 특징이다.

1910년 일제 무단정치 시대에 들어 대량의 일본 의약품이 한국에 유입되었다. 자연적으로 1910년~1945년의 의약품 광고에 등재된 약품명도 일본어로 된 것이 많았다.

(6) 가오-루(カオール), 부루도-졔, 가도-루(カトール), 오리사-닝(オリザニン), 산도닝(サントニン), 마구닌錠, 히후도, 스마일(スマイル), 노-신(ノーシン), 챠지(チャージ), 기나쑌(キナポン)

(6)은 1910년~1945년 의약품 광고에 등재된 약품명인데 일본어로 된 것이 대다수이다. 이런 의약품들은 '丹, 散, 丸'으로 명명한 1896년~1910년의 약품명과 구별되는데 단지 약품명으로는 그것이 어떤 약인지 알 수가 없었다. 의약품의 형태에는 '劑, 錠' 등 새로운 형태가 생겼다. 약품명은 주로 한자어와 일본어 외래어로 되었다. 한글로 약품명을 적고 옆에 가다가나로 일본어를 표시해주는 것도 이 시기 약품명의 특징이다.

광복 이후 미국산 의약품이 대량 수입되었으므로 1945년~1960년의 의약품 광고에 등재된 약품명은 영어로 된 것이 많았다. 일본어로 된 의약품들은 이 시기에 자취를 감추었다.

(7) DDT, 루가피린, 리미폰정, 모노후라톨, 바이오신, 설파다이아진, 설파구아니진, 셀선, 업죤뎁보, 아페니실린, 코데농, 파비탈, 페나둘라

(7)은 1945년~1960년의 의약품 광고에 등재된 수입 의약품 명칭이다. 약품명은 영문으로 표시되거나 영어 외래어로 되었다.

1960년~1980년 의약품 광고에 등재된 약품명 역시 영어 외래어로 된 것이 대부분이다. (8)은 『신동아』 잡지 1964년 9월호(복간호)부터 12월호까지 의약품 광고에 등재된 약품명이다.

(8) 게라논, 네오테벤콤푸, 다리콘, 다-링, 디아제팜, 리리홍역왁진, 로얄킹, 리버티, 마스콤, 미나-U, 메단짓드, 몰간, 박카스-D, 부롬빙, C-비타, 비타-디럭스, 베로린, 사루소・노바카인, 신삼정, 스므스, 쏘-니, 씨・루도린, 씨씨S, 아리타민, 아로나민, 아리랑-V, 아시돌-펩신, 알콜빙, 오바씨, 옥소라민, 에나킹, 에속실, 엘레스톨, 원기소, 원비, 코나어, 네오코데솔, 코리나민, 파・상・겔, 판타제, 판피린, 푸로폰, 푸레로반, 프리마, 페나킹, 페라폰, 홈-런, 헤로빈, 헤마킹, 헤마톤에프, 헬비톤, 헤모구론, 훼스탈

총 53개 약품명 중 '리리홍역왁진, 신삼정, 아리랑-V, 원기소, 원비' 5개만 제외하고 그 외의 약품명은 모두 외래어로 되어 있다. 재미있는 현상은 비타민제는 '민'으로 끝나거나 약품명에 '비타'가 들어있다. '아리타민, 아로나민, 옥소라민, 코리나민'은 모두 '민'으로 끝났고, 'C-비타, 비타-디럭스'에는 '비타'가 들어있다. 즉 의약품의 주성분으로 약품명을 명명하는 경향이 있다. 그 외의 약품명은 모두 기억하기 어렵고 다른 약품명과 혼동하기 쉬운 단점이 있다.

현재의 의약품 광고에서 새로 출시된 의약품은 거의 외래어로 명명되었다. 의약품의 명명 방식도 다양한데 대체로 주성분과 효능으로 명명하는 방식을 많이 취하였다.

3.2. 관련어휘

1896년~1910년의 의약품 광고에서는 의약품의 가격에 대한 표현이 두드러진다[4]. 의약품이 필요하지만 사정이 넉넉지 못해 쉽게 구입할 수 없는 당시에 의약품 가격은 사람들의 관심의 대상이 아닐 수 없다.

(9) 가. 샹품 금겨랍을 <u>싸게</u> 파오(독 1898.11.07.)
나. 葯價을特別割引ᄒᆞ야<u>極廉</u>케一層大賣ᄒᆞ니(황 1908.11.03.)
다. 韓國唐草材를隨用請求ᄒᆞ시면以<u>廉價</u>酬應ᄒᆞᆯ터이오며(황 1909.05.08.)

(9)는 의약품의 가격에 대한 표현인데 '싸게, 極廉, 廉價'와 같은 '가격이 싸다'에 관한 표현들을 사용하였다. 의약품 수입이 많아짐에 따라 의약품 광고에서 가격을 명시해 주기 시작하였다.

(10) 가. 補陰補陽 滋陽丸
三拾日分 금 五 圓
貳拾日分 금 三圓四拾젼
拾日分 금 壹圓八拾젼(대 1908.12.20.)
나. 남녀창병결약
正價 金五圓(대 1908.06.12.)
다. 定價金 大瓶 三圓

4) 서은아(2005)에서 독립신문의 광고를 대상으로 초기 광고 언어의 특징을 살펴보았는데 초기 광고는 본문에서 제품의 가격 정보(싸다)와 판매 상품의 종류 등을 나열하였다.

中瓶 一圓五十錢(대 1907.10.02.)

(10)은 의약품 광고에서 가격을 명시한 예문이다. 의약품 가격을 명시할 때 그냥 가격만 적거나 '正價, 定價' 등을 명시하고 한자로 가격을 표시하였다.

1910년~1945년의 의약품 광고에서도 의약품의 '가격이 싸다'는 표현을 사용하였지만 매우 드물었다. 대부분 의약품 광고에서 가격을 명시하였다.

(11) 가. 品質은極上이고價格은極히低廉합니다(1930.06.22.)[5]
나. 藥價低廉(매 1935.09.15.)

(12) 가. 實價 一期用卅日分 二圓五十錢(매 1918.08.03.)
나. 定價 一劑 金三圓(매 1918.09.20.)
다. 藥價 小匣入 十錢(매 1930.07.30.)

(11)과 (12)는 1910년~1945년의 의약품 광고이다. (11)은 '低廉'이라는 단어를 사용하여 '가격이 싸다'는 것을 나타내고 있다. 그러나 이 시기에는 '가격이 싸다'는 표현보다 (12)처럼 '實價, 定價, 藥價'로 의약품의 가격을 명시하는 경우가 더 많았다.

1945년~1960년의 의약품 광고에는 의약품의 가격에 대한 표현이 나타나지 않았다. 이것은 의약품이 부족한 시대상황과 연관이 있다[6].

5) 광고정보센터에서 검색한 광고이다.
6) 한국제약협회(1996:614)에 의하면 해방 당시 제약업소는 250개소에 달했으나 공장시설을 갖춘 업소는 10여개소에 불과했고, 자본금이 10만원 이상 되는 제약업소가 30개소 정도였다. 하지만 일본에 의존했던 원료약품을 구할 수가 없어 공장가동이 이루어질 수 없었다.

1960년 이후 제약업계가 다시 활력을 찾으면서 의약품이 대량으로 생산되었다. 사람들은 필요에 따라 의약품을 쉽게 구입할 수 있었다. 의약품의 '가격이 싸다'에 대한 표현은 등장하지 않고 다만 의약품의 가격을 명시해주는 정도일 뿐이다.

1980년 이후부터 의약품 가격을 명시해주는 것이 의무화 되어 의약품 광고에서는 의약품 가격을 명시하였다. '표준소매가격'의 개념도 나타나게 되었는데 의약품 광고에서는 대부분 '표준소매가격' 또는 '표준소매가'를 표시하였다.

(13) 가. 마이녹실

표준소매가격: 20,000원(50㎖)(신 1991.07.)

나. 베아제

표준소매가: 1갑(10정) 2,200원(신 1991.07.)

(13)은 의약품 가격을 명시한 광고인데 (13가)는 '표준소매가격', (13나)는 '표준소매가'로 표시하였다.

약품 광고에는 의약품의 효능에 대한 표현이 많이 등장한다. 1896년~1910년의 의약품 광고에서는 효능에 대한 표현이 두드러진다.

(14) 가. 셰계에 뎨일 죠흔 금계랍을(독 1897.01.12.)

나. 大韓國紳士及貴婦人에게須臾도離치못ᄒᆞᆯ靈劑오(황 1900.06.06.)

다. 효험이 ᄇᆡᆨ발ᄇᆡᆨ즁 되ᄂᆞᆫ고로(대 1908.01.21.)

라. 蛔虫一切을去根ᄒᆞᄂᆞᆫ妙藥(황 1908.11.03.)

(14)는 의약품 효능에 대한 표현인데 '죠흔, 靈劑, ᄇᆡᆨ발ᄇᆡᆨ즁, 妙藥'과 같은 효과가 좋다는 단어들을 사용하였다. 이 시기의 의약품 광고

에서는 효능이 좋다는 표현을 사용하여 소비자의 구매욕을 촉진시켰다.

1910년~1945년의 의약품 광고에서 효능에 대한 표현은 이전 시기와 마찬가지로 두드러진다.

(15) 가. 東洋第一의에靈藥(매 1920.01.01.)

나. 婦人聖藥(매 1916.07.06.)

(15)는 의약품 효능에 대한 표현인데 역시 '靈藥, 聖藥'과 같은 단어를 사용하여 소비자의 구매욕을 촉진시켰다.

1945년~1960년의 의약품 광고에는 의약품의 효능과 새로 수입된 의약품임을 강조하는 표현들이 많이 나타났다.

(16) 가. 眼疾에100%奏効(조 1955.09.04.)

나. 반자인, 푸르반자인作用, 但210倍强力有効함(동 1957.04.28.)

(17) 가. 新輸入藥品(동 1957.04.09.)

나. 家庭과 社會에 平和를 가져오는 20世紀의 新藥!(조 1959.06.20.)

(16)은 의약품 효능에 대한 표현인데 '100%奏効, 210倍强力有効'와 같은 표현을 사용하였다. (17)은 의약품이 새로 수입되었거나 새로 제조되었다는 정보를 알리는 것인데 '新輸入, 新藥'과 같은 표현을 사용하였다. 이 시기는 의약품이 많이 필요한 시기이므로 소비자들에게 의약품 입고 정보를 빠른 시간 내에 알려주는 것이 매우 중요하였다.

60년대의 의약품 광고에는 의약품의 효능과 새 의약품임을 강조하는 표현들이 많이 나타났다. 그리고 종합 의약품임을 강조하는 표현도 등장하게 된다.

(18) 가. 스피-디한 効果(신 1964.12.)
나. 확실한 作用을 한다(신 1964.12.)

(19) 가. 새로發明된(신 1964.10.)
나. 新輸入(신 1964.10.)

(20) 가. 광범위 항균 · 정장제(신 1964.10.)
나. 과학적인 인삼 종합 강장제(신 1964.09.)

(18)은 의약품 효능에 대한 표현인데 '스피-디한 効果, 확실한 作用'과 같은 표현을 사용하였다. (19)는 새 의약품임을 나타내는데 '새로, 新'과 같은 표현을 사용하였다. (20)은 '광범위, 종합'과 같은 표현을 사용하여 종합 의약품임을 강조하고 있는데 이것도 효능에 대한 표현이라고 할 수 있다.

60년대 이후부터 효능, 신약 및 종합 의약품 등을 강조하는 표현들을 의약품 광고에서 흔히 볼 수 있게 되었다.

(21) 가. 소중한 가족을 위해서라면 효과 빠른 「자모」를 준비하세요.(신 2005.01.)
나. 글루코사민 100% 신제품을 권합니다.(신 2005.04.)
다. 생약과 양약의 복합처방-자모 연조엑스(신 2005.05.)

(21)은 2005년의 의약품 광고인데 효능, 신약 및 종합 의약품을 강조하는 '효과 빠른', '신제품', '복합처방'이라는 표현을 사용하였다.

3.3. 언어유희와 신조어

최근의 광고에서 많이 나타나는 동음 관계나 다의 관계 등 단어의 의미 관계를 활용한 언어유희나 신조어의 사용은 1896년~1960년의 의약품 광고에서 찾아볼 수 없었다. 60년대에 들어 동음 관계나 다의 관계 등 단어의 의미 관계를 활용한 언어유희나 신조어가 사용되기 시작하였다. 동음 관계를 활용하여 약품명을 지은 것은 '코나어'[7]에서 볼 수 있다. 콧병 치료제 '코나어'는 'CONAER'를 표기한 것인데 '코가 나아서'라는 의약품 효능이 담겨져 있어 재미있게 기억할 수 있다. 그리고 1974년 종근당 '필콤(구충제)'[8]의 광고에는 '一石二鳥'를 변형한 '一石三鳥'라는 문구가 있다. 1983년 'LMR3백신'[9]의 광고에는 '一擧兩得'을 변형한 '一擧三得'이라는 문구가 있다. 언어유희와 신조어의 사용은 광고의 생동감을 더해주고 광고 수용자의 관심을 끌어 최종적으로 설득 효과를 실현하는 데 기여하였다.

4. 문체적 특징

4.1. 문장의 길이

문장의 길이에서 1896년~1910년의 의약품 광고는 대다수가 복문으로 되어 있어 문장이 매우 길다. 그리고 한 광고가 하나의 문장으로 된 경우도 많다.

---

7) 『신동아』 잡지 1964년 12월호에 실린 의약품 광고에 등재된 약품명이다.
8) 한국광고단체연합회(1996)에 수록된 광고이다.
9) 광고정보센터에서 검색한 광고이다.

(22) 약광고

본국에셔 십년을 연구ᄒᆞ야 (사향소창단) 이란 약을 발명ᄒᆞ엿ᄂᆞᆫᄃᆡ 남녀물론ᄒᆞ고 무슴창병이던지 ᄒᆞᆫ제(十四介)를 ᄆᆡ일 일기식 먹으면 효험이 ᄇᆡᆨ발ᄇᆡᆨ즁 되ᄂᆞᆫ고로 ᄆᆡ일답지 ᄒᆞ외 사가오니 창병잇ᄂᆞᆫ 쳠위ᄂᆞᆫ 오ᄅᆡ 고ᄉᆡᆼ말고 속히ᄅᆡ림ᄒᆞ야 문의ᄒᆞ시며 각디방이라도 우편으로 부칠터이오니 죠량ᄒᆞ시옵(대 1908.01.21.)

(22)는 표제를 '약광고'로 한 '사향소창단'의 광고인데 긴 복문으로 되어 있다. 이 광고에는 'ᄂᆞᆫᄃᆡ, 으면, ᄂᆞᆫ고로, 오니, 고, ᄒᆞ야, 며, 이오니' 등 연결어미가 사용되고 있다.

1910년~1945년의 의약품 광고의 문장의 길이를 살펴보면 마찬가지로 복문이 많았다. 단문으로 된 짧은 문장도 나타나기 시작하였다.

(23) 가. 네오톤토닉은人體營養에偉大한價値를가진高貴藥劑와肺·心臟·神經其他各機能의 耗損과 障碍에補充及治療的效能을가진諸成分을醫學大家의經驗上第一有効한處 方에依하야調劑한 再建設的補劑이니補劑와治療劑의作用을兼有함으로下記諸症에가장適應한靈藥이외다(1935.04.21.)[10]

나. 봄이왓다
어데왓나
들에왓다
咽喉에도왓다
山에왓다
가슴에왓다(1935.04.19.)[11]

10) 광고정보센터에서 검색한 광고이다.
11) 광고정보센터에서 검색한 광고이다.

(23가)는 '네오톤토닉'의 광고인데 긴 복문으로 되어 있다. (23나)는 '龍角散'의 광고인데 간결한 단문으로 되어 있다.

광복 이후부터 현재까지 의약품 광고의 문장의 길이를 살펴보면 이전 시대에 비해 많이 짧아진 것을 볼 수 있다. 하나의 긴 복문이 하나의 광고가 되는 경우는 없다. 의약품 광고의 의도에 따라 단문과 복문을 적절하게 사용하고 있다.

(24) 가. 주황색 담배 한 대?
담배가 생각날 때면…
담배 대신 캔디형 금연 보조제-니코매직(신 2005.05.)

나. 관절에 관한 문제는 뼈를 가진 모든 생물체에서 나타나며, 특히 인간은 관절의 동물이라고 할 정도로 많은 관절조직을 가지고 있습니다. 연골조직은 세포와 기질로 구성되어 있으며 연골조직의 대부분은 기질이 차지하며 세포는 5% 미만입니다.(신 2005.04.)

(24)는 2005년의 의약품 광고인데 (24가)는 단문을 사용하였고 (24나)는 복문을 사용하였다. (24가)와 같이 길이가 짧은 단문은 주로 표제에 사용되고 (24나)와 같이 길이가 비교적 긴 복문은 주로 본문에 많이 사용된다.

4.2. 문장 유형과 종결 양상

1896년~1910년의 의약품 광고의 연구대상 자료에서는 평서문과 명령문만 발견되었다. 의문문, 청유문, 감탄문은 발견되지 않았다.

(25) 가. 약갑슨ᄒᆞᆫ푼도밧지안니ᄒᆞᆸᄂᆞ이다.(대 1908.08.20.)

나. 괴질에단방약을ᄉᆞ셔집집마다예비하시오(대 1907.10.02.)

(25가)는 평서문을 사용한 예문이고 (25나)는 명령문을 사용한 예문이다. 평서문은 주로 이성적이고 논리적인 서술을 통해 수용자를 설득하는 광고에 많이 사용되고, 명령문은 수용자에게 구체적인 행위를 요구하는 작용을 한다. 그러나 그러한 요구 역시 설득의 한 방식임은 평서문의 경우와 마찬가지이다(장소원 외 2002:66).

1910년~1945년의 의약품 광고에서는 평서문, 명령문이 사용되는 동시에 의문문, 청유문, 감탄문이 나타났다.

(26) 가. 一粒잡수신仁丹元氣는直時寒氣를征服한다(매 1924.12.25.)

나. 慢性胃腸病을放任치말라(동 1925.12.14.)

다. 이것은왜그럴가요?(동 1927.03.27.)

라. 매일아침본약을點眼합시다(1940.07.07.)[12)]

마. 日本一의高齡者가朝鮮에잇다!!(1935.03.20.)[13)]

(26가)는 평서문을 사용한 예문이고 (26나)는 명령문을 사용한 예문이다. (26다)는 의문문, (26라)는 청유문, (26마)는 감탄문을 사용한 예문이다. 의문문, 청유문, 감탄문이 이 시대 의약품 광고에 나타난 것은 광고 기법의 발전이라고 할 수 있다. (26다)와 같은 의문문은 무엇인가가 궁금해서 묻는 것이 아니라 수용자에게 물음을 던져 어떤 반응을 이끌어내려는 의도가 담겨져 있다. (26라)와 같은 청유문은 수용자에게 구체적인 행위를 요구하는 작용을 한다. (26마)의 감탄문은

12) 광고정보센터에서 검색한 광고이다.
13) 광고정보센터에서 검색한 광고이다.

어떤 사안에 대하여 수용자의 공감을 이끌어내려는 의도를 담고 있다(장소원 외 2002:66).

광복 이후부터 현재까지의 의약품 광고에서는 대체로 다섯 가지 문형을 모두 사용하고 있다. 광고의 목적에 따라 다섯 가지 문형을 적절하게 사용하여 광고의 효과를 높이고 있다.

문장 종결 양상을 살펴보면 종결어미가 실현된 문장 형태의 종결형과 종결어미가 생략된 단어 또는 구(phrase) 형태의 비종결형으로 나누어진다. 우선 1896년~1910년 의약품 광고의 종결양상을 살펴보기로 한다.

(27) 가. 내가쟈년에 명동셔 팔던것과 갓소.(데 1900.03.02.)
나. 小包郵便으로편지ᄒᆞ시오(대 1907.10.02.)
다. 請건ᄃᆡ續續衆求ᄒᆞ야試用ᄒᆞ시기를望ᄒᆞ압(황 1901.06.10.)
라. 遠地에는小包郵便으로 信送ᄒᆞᆷ(황 1908.11.03.)

(27가, 나, 다)는 종결어미가 실현된 종결형이고 (27라)는 동사의 명사형으로 실현된 종결형이다. 이 시대의 의약품 광고는 어미로 실현된 종결형과 동사의 명사형으로 실현된 종결형을 적절하게 활용하였다.

1910년~1945년의 의약품 광고의 문장 종결 양상을 살펴보면 종결어미가 실현된 문장 형태의 종결형과 종결어미가 생략된 단어 또는 구 형태의 비종결형으로 나눌 수 있다.

(28) 가. 부루도-제飮用함이最必要라함니다(매 1925.04.04.)
나. 下痢腹痛에ᄂᆞᆫ헤루푸가第一이요(매 1915.06.09.)
다. 小粒仁丹은貴藥사후란을倍加特製함(동 1927.09.16.)
라. 頭痛에노-신(동 1928.10.21.)

(28가. 나)는 종결어미가 실현된 종결형이고, (28다)는 동사의 명사형으로 실현된 종결형이다. (28라)는 명사구로 된 비종결형이다. 이 시대의 의약품 광고는 종결형과 비종결형을 모두 사용하였다.

1945년~1960년의 의약품 광고의 문장 종결 양상을 살펴보면 이전 시대와 마찬가지로 종결어미가 실현된 문장 형태의 종결형과 종결어미가 생략된 단어 또는 구 형태의 비종결형으로 나누어진다.

(29) 가. 心臟은 人體組織을 움지기는 原動體의 役割을 가진 臟器입니다(동 1956.05.19.)
나. 藥의 効果는 <메커>의 信用과 傳統에 있다(조 1959.06.20.)
다. 消化不良症에 特效藥부체標活命水를잇지마시압(1950.06.25.)[14]
라. 肺結核 · 肋膜炎一般虛弱에네오톤(조 1950.05.19.)
마. 消化劑의 選擇은 美國處方의 最高品으로(동 1953.06.19.)

(29가, 나, 다)는 종결형이고 (29라, 마)는 비종결형이다. (29라)는 명사구로 된 비종결형이고, (29마)는 명사에 조사 '-으로'가 붙은 비종결형이다.

60년대 이후부터 현재까지의 의약품 광고에서는 종결형과 비종결형을 적절하게 활용하고 있다. 일반적으로 표제만 있는 의약품 광고에서는 비종결형을 주로 사용한다.

(30) 가. 과학적인 인삼 종합 강장제 신삼정(신 1964.09.)
나. 위염, 위 · 십이지장궤양 치료에 큐란(신 1991.01.)

14) 광고정보센터에서 검색한 광고이다.

(30)은 표제만 있는 의약품 광고인데 모두 명사구 형태의 비종결형이다.

4.3. 수사법

1896년~1910년의 의약품 광고에서 가장 많이 사용된 수사법은 과장법이다. 의약품의 품질과 효능에 '靈劑, 빅발빅즁' 등과 같은 단어의 사용이나 '起死回生 回生丹(황 1908.11.03.)' 등은 모두 과장법이 사용된 것이다.

1910년~1945년의 의약품 광고에서도 과장법이 가장 많이 사용되었다. 그리고 대구법, 열거법, 문답법도 나타났다.

(31) 가. 이世上에셔누구던지稱讚ᄒᆞᄂᆞᆫ唯一의婦人靈藥(매 1918.05.25.)
나. 仁丹은壯健이라ᄂᆞᆫ替語!!
仁丹은愉快라ᄂᆞᆫ代名詞!!(매 1915.01.01.)
다. 八寶丹은 新藥界에 第一
八寶丹은 消化藥에 第一
八寶丹은 健胃消滯에 第一
八寶丹은 化痰止咳에 第一(매 1915.03.09.)
라. 봄이왓다어데왓나
들에왓다咽喉에도왓다(1935.04.19.)[15]

(31가)는 과장법을 사용한 예문이고, (31나)는 대구법, (31다)는 열거법, (31라)는 문답법을 사용한 예문이다. 다양한 수사법의 사용은

15) 광고정보센터에서 검색한 광고이다.

의약품 광고의 효과를 증대하고 수용자를 설득하여 의약품을 구매하게 한다.

1945년~1960년의 의약품 광고에서 많이 사용된 수사법도 과장법이다. 과장법 외에 의인법 등 수사법도 사용되었다.

(32) 가. 全世界的臨床에 大量需要되는
難治病完治에 神奇藥入荷(조 1955.04.06.)
나. 살아있는營養素비타나인(조 1958.09.14.)

(32가)는 '악사겔'이라는 주사약 광고인데 과장법을 사용하였다. (32나)는 '비타나인'이라는 비타민제 광고인데 의인법을 사용하였다.

60년대까지 의약품 광고에 주로 사용된 수사법은 과장법이다. 1965년 보사부당국은 허가된 효능을 벗어난 과대광고, 진실치 못한 광고, 부당한 광고에 대한 단속기준을 마련하고 처음으로 법적규제를 하기 시작했다(한국제약협회 1996:619). 1965년 처음으로 약사법 63조에 의해 광고규제가 명시되었고 그 후 과장법을 사용한 허위과대 광고는 의약품 광고에서 근절되지는 않았지만 적어졌다. 현재 의약품 광고에서는 다양한 수사법이 사용되고 있다.

(33) 가. 소화제는 베아제! 베아제는 소화제!(신 1991.08.)
나. 관절이 명랑해졌다!(신 2005.03.)
다. 가래, 기침, 천식으로 괴로우세요?
소중한 가족을 위해서라면 효과 빠른 「자모」를 준비하세요.(신 2005.01.)

(33가)는 대구법을 사용하였고, (33나)는 의인법을 사용하였고, (33

다)는 문답법을 사용하였다. 다양한 수사법을 사용함으로써 의약품 광고의 내용을 효과적으로 표현하였다.

5. 결론

지금까지 의약품 광고의 음운적 특징, 어휘적 특징, 문체적 특징을 시대에 따라 살펴본 결과 다음과 같은 결론을 얻을 수 있다.

5.1. 음운적 특징

1896년~1910년의 의약품 광고에서 두운이나 각운 기법을 사용한 것을 발견하지 못하였고, 1910년~1945년에 두운이나 각운의 기법을 사용한 의약품 광고가 나타났다. 1945년 광복 이후 수입 의약품 광고에서는 두운이나 각운의 기법을 사용한 것이 드물었다. 60년대 이후부터 두운과 각운 기법을 사용한 의약품 광고가 많아졌고, 현재 두운과 각운은 의약품 광고에서 보편적으로 사용하는 광고 기법으로 되었다.

5.2. 어휘적 특징

약품명은 1896년~1910년에 한자어, 1910년~1945년에 일본어 외래어, 1945년 광복 이후부터 영어 외래어로 명명된 약품명이 많은 것이 특징이다. 관련어휘에서 1896년~1910년에는 '가격이 싸다'에 대한 표현이 두드러졌는데 점차 가격을 명시하는 방향으로 발전하였다. 그리고 초기에 의약품 효능에 대한 표현이 많이 등장하였는데 시대의 발전에 따라 점차 수입 의약품, 신약 및 종합 의약품 등을 강조하는 표현이 보편적으로 나타나게 되었다. 동음 관계나 다의 관계 등 단어의 의미 관계를 활용한 언어유희나 신조어는 초기 의약품 광고에서 찾아볼 수 없었지만 현재는 보편적으로 사용되고 있다.

5.3. 문체적 특징

문장의 길이를 살펴본 결과 1896년~1910년의 의약품 광고가 복문으로 되어 있고 길이가 매우 긴 것에 비해 현재 의약품 광고의 문장의 길이가 많이 짧아진 것을 볼 수 있다. 문장 유형에서 1896년~1910년의 의약품 광고에서 평서문, 명령문만 발견되었지만 현재는 광고의 목적에 따라 다섯 가지 문형을 모두 사용하고 있다. 종결 양상에서 1896년~1910년의 의약품 광고에서 주로 종결어미로 실현된 종결형과 동사의 명사형으로 실현된 종결형을 많이 사용하였는데 현재는 종결형과 비종결형을 적절하게 활용하고 일반적으로 표제만 있는 의약품 광고에서는 비종결형을 주로 사용하고 있다. 수사법에서 초기 의약품 광고에서는 과장법을 주로 사용하였는데 현재는 다양한 수사법을 사용하여 광고의 내용을 효과적으로 표현하고 있다.

참고문헌

김정선(1997), 「텔레비전 광고 텍스트의 구조와 대화」, 『한양어문』 15, 한양대학교 한양어문학회, 19~41쪽.

리대룡, 김충기(1982), 『도대체 광고란 무엇인가』, 대학문화사.

서은아(2005), 「<독립신문>에 나타난 광고 언어의 사용 양상」, 『한말연구』

17, 한말연구학회, 109~127쪽.
申寅燮(1986), 『韓國廣告史』, 나남.
이현우(1998), 『광고와 언어』, 커뮤니케이션북스.
장소원 외(2002), 『말의 세상, 세상의 말』, 월인.
한국광고단체연합회(1996), 『한국광고100년(상・하)』, 한국광고단체연합회.
한국광고학회(1996), 『한국의 광고』, 나남.
韓國製藥協會(1996), 『製藥五十年史』, 韓國製藥協會.
허경희 외(1998), 「中・高等學生의 醫藥品廣告에 대한 態度 및 廣告依存 購買經驗」, 『大韓保健協會學術誌』 24-2, 大韓保健協會, 135~145쪽.

참고자료

대한매일신보 (대)
뎨국신문 (뎨)
독립신문 (독)
동아일보 (동)
매일신보 (매)
신동아 (신)
조선일보 (조)
황성신문 (황)

참고사이트

광고정보센터 www.adic.co.kr

맥주 광고
—인쇄 광고 중심으로

벌러러

1. 서론

본 연구는 인쇄매체에 실린 맥주 광고를 중심으로 하여 맥주 광고의 문체적 변천을 살펴보고자 한다. 광고는 정보를 빨리 파악하게 할 뿐만 아니라 그 내용을 힘있게 전달하거나, 때로는 여운을 남긴다는 점에서 일반 기사문과는 구별이 되며, 모든 광고는 시대와 사회에 따라 변화되고, 발전해 가는 것이다. 그래서 본 연구에서는 맥주 광고를 시대별로 구분해서 맥주 광고의 음운적, 어휘적, 구문적 특징들을 각각 살펴보기로 한다. 음운적 특징에서는 두운, 각운, 모운을 살펴보고, 어휘적 특징에서는 맥주 이름, 관련 어휘 등을 살펴보고, 구문적 특징에서는 표기적 특징이나 문장 길이 등을 살펴보고자 한다.

우선 시대 구분은 주류 광고가 처음 나타난 시점인 1890년 후반부터 이전의 열악한 광고 환경과 혼란스러움이 체계를 잡아가는 개화기와 1950년대 까지를 첫 시대로 하여 다음과 같이 구분하였다. 현대에 다가올수록 자료를 많이 얻을 수 있었지만 첫 시기인 1898~1950년도까지 자료는 많이 살펴보지 못했다.

1. 1898년~1950년
2. 1951년~1969년
3. 1970년~1979년
4. 1980년~1989년
5. 1990년~1999년
6. 2000년~현재

일제시대 및 개화기의 광고 기사 및 자료는 광고연감, 각종 연구논문 등을 찾아보았고, 시대가 현대로 다가올수록 인터넷을 통해 자료를 많이 얻을 수 있었다. 거의 대부분의 맥주 광고는 인터넷에서 찾아볼 수 있었으며, 필자는 맥주의 인쇄 광고를 중심으로 자료를 조사하였다.

2. 본론

2.1. 음운적 특징

광고 언어의 음운적 특징에 대하여 두운, 각운, 모운 세 가지 운율 요소가 지적되어 왔다. 두운이란 연속되는 단어나 문장에서 맨 처음과 똑같은 음이나 음의 무리가 반복되는 것을 말한다. 두운은 광고 언어에서 가장 많이 사용되고 있는 언어학적 기법으로 주로 광고 문구(혹은 헤드라인)에서 쓰인다. 단어의 마지막 음이 반복되는 언어학적 현상을 각운, 두 단어에서 반복되는 소리가 모음일 때 모운이라고 한다(이현우 1998). 모운의 효과는 두운에 비하여 비교적 눈치채기가 쉽지 않으며, 모운은 악센트가 있는 음절의 모음에만 해당되기 때문에,

악센트가 불분명한 한국의 언어에서는 모운의 효과가 반감되고 있다.

1898~1950년도 맥주 광고들은 대부분 다 복문으로 이루어졌고, 음운적 특징이라고 할 만한 것을 발견하기가 어려웠다. <그림1>, <그림2>는 복문으로 된 예이며, <그림3>은 이 시기 광고에서 유일하게 살펴볼 수 있었던 각운의 예이다.

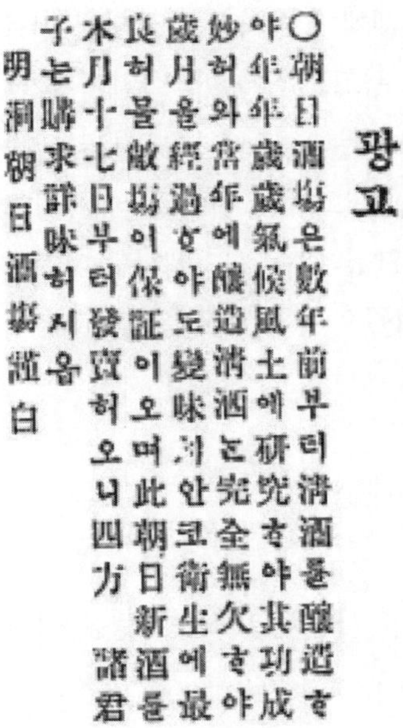

〈그림1〉 1898/11.3 조일주장, 제국신문

〈그림2〉 1898/12.2 조일주장, 매일신문

(1) 가. 한날의 일을 마치고, 목욕하고, 한잔 마시고, 잠자는 잠이 (1931.04.15 기린맥주)

〈그림3〉 1931/04/15 기린맥주

1950～1969년도에 해방 이후 일제치하에서 벗어나, 한국은 정치, 경제, 문화 등 모든 분야에서 일본의 영향에서 벗어나려고 노력했다. 1950년대에는 정치적 혼란, 한국전쟁, 분단의 상황이 전개되면서 광고 전달 체계가 마비되는 상태에 이르렀다. 광고도 일본어, 한자어가 많이 쓰였는데 1960년대 이후 한자 중심의 광고에서 벗어나 국문 광고가 부활했다. 이 시기에서도 마찬가지로 음운적 특징을 살펴보는 것이 어려웠으며, <그림4>는 각운의 예이다.

(2) 스산한 겨울, 포근한 OB맥주 (1964/11/03)

70년대의 맥주 광고에는 두운의 기법을 사용하였으며, 수량은 여전히 적었다.

〈그림4〉 1964.11.03

(3) 가. 맛 있는 맥주를 멋 있는 새 병에 (1971.03.31)

나. 언제 만나도 반가운 친구 언제 마셔도 신선한 OB (1976.05.08)

(3가, 나)는 두운을 사용한 광고인데, (3가)에는 '-는'이라는 음절이 반복되었고, (3나)에는 '언제'가 반복되었다.

(4) 가. 세계적인 품질, 세계적인 명성 하이네켄 (1981.12.12)
나. 이것이 본격 드라이, OB 슈퍼 드라이 (1989.01.01)

80년대 광고에는 두운과, 각운의 기법을 사용했으며, 수량은 이전 시기보다 많았다. (4가)는 두운의 예이며, '세계적인'이 반복되었고, (4나)는 각운의 예이고, '드라이'가 각각 반복되었음을 볼 수 있다.

〈그림5〉 1981.12.12

〈그림6〉 1989.01.01

(5) 가. 우리는 오랜 친구 우리는 오랜 부부 (1991.01.01)
나. 이 순간이 좋다! OB가 좋다! (1995.01.01)
다. 氣차게 넓~어졌다 氣찬 맥주 하이트 하마켄 (1998.05.08)
라. 넥스를 위하여! 새로운 출발을 위하여! (1999.01.01)

90년대 광고에는 두운과 각운이 뚜렷이 나타났다. (5가, 다)는 두운의 예이고, (5나, 라)는 각운의 예이다.

(6) 가. 하이트를 <u>마신다!</u> 고향을 <u>마신다!</u> (2003.04.15)
나. <u>우리</u> 나라 <u>우리</u> 맥주 (2004.01.01)

(6가)는 각운을 사용한 광고이다. 여기에서는 '<u>-다</u>'가 반복되었고, (6나)는 두운의 예를 보여 주는 광고이며, '<u>우리</u>'가 반복되었다.

2.2. 어휘적 특징

광고 언어는 소비자를 설득하기 위한 수단으로서의 대중 매체이므로 그 시대의 사회 흐름을 그대로 반영해 주는 살아 있는 언어라고 할 수 있다. 그래서 여기에서는 맥주 광고에 등장하는 여러 가지 어휘를 고유어, 한자어, 외래어로 나누어 살펴보고자 한다. 1898~1950년대 맥주 광고에 사용되는 어휘는 일본어가 비교적 많았다. 상표는 한문, 일문, 국문이 섞여 있고, 한글은 가장 작은 크기로 사용되었다.

(7) <그림7>, <그림8>, <그림9>

〈그림7〉 1920.01.01
삿뽀로 맥주

〈그림8〉 1926.06.04 기린맥주

〈그림9〉 1930.07.12
삿뽀로 맥주

1950~1969년대 맥주 광고들은 일본어, 한자 중심의 광고에서 벗어나려는 노력이 많았지만, 한자어로 된 광고들이 여전히 많았다. 중요한 것은 이 시대의 맥주 광고에는 일본어 표기가 많이 없어져 한글 표기가 적극적으로 사용되기 시작했다. 또한 이때부터 영어 표현을 사용하기 시작했다. 한편, OB는 '동양 맥주'라는 뜻이다.

(8) 가. 스산한 겨울! 포근한 OB맥주. (1964.11.29)
나. 추위를 이기는 <u>스테미나의</u> OB흑맥주. (1967.01.01)
다. CROWN BEER, LAGER BEER, OB BEER, 크라운 퀴즈.

1970~1979년대에는 경제의 급속한 발전이 광고에 발전에도 긍정적인 영향을 미쳐 광고도 급격한 발전을 이루었다. 새마을 운동의 영향을 받아 광고 문안과 카피도 노동자, 일꾼들을 겨냥한 광고가 많아 당시 시대상이 광고에 여실히 들어난다. 또한 조선일보가 처음으로 칼라인쇄를 시작했다. 이 시대 맥주 광고에는 한자어가 거의 다 사라져 순한글이 등장하기 시작했다. 전시대보다 영어 표현이 많이 나타난다.

(9) 가. <u>뉴-타잎의</u> OB맥주. (1970.03.31)
나. <u>필젠타잎의</u> 크라운 맥주. (1970.07.12)
다. 맥주는 직사광선을 피해서 보관해야 제 맛을 즐길 수 있습니다. (1978.06.22)
라. 어린이들이 맨발로 뛰어놀 산과, 강을… (1978.11.02)

1980~1989년대의 주류 광고의 대부분을 차지한 것은 역시 맥주 광고였다. 또한 한자어로 된 맥주 광고를 거의 살펴보지 못했으며, 맥

주 광고에 시적인 표현이 처음으로 나타났다. 시적인 문체는 딱딱하지 않고 부드러우며, 따스함이 묻어 있다. 영어 표현도 많이 드러난다.

(10) 가. 물고기 낚으며 즐겁게 보낸 하루,
먼 수면 위에 빨간 해가 지면,
문득 신선한 OB 한잔이 생각난다.
지금은 OB가 생각나는 시간,
투명한 황금빛깔, 솟아오르는 하얀 거품,
신선한 OB 한잔이 생각나는 시간. (1980.01.01)
나. 이것이 본격드라이
OB수퍼드라이. (1989.07.21)

1990~1999년대의 맥주 광고는 대부분은 그림으로 이루어졌고, 글로 설명하는 것이 비교적 적었으며, 여자 배우가 처음으로 등장했다. 90년대 중반에는 맥주 광고에 남성미를 강조하는 광고가 등장했다. 이 시대 맥주 광고의 어휘적 특징은 맥주의 부드러움을 강조하는 어휘들이 많이 나타나는 것이다.

(11) 가. 남자 맥주-카스. (1996.05.08, <그림18>)
나. 우리 나라에서 알코올도수가 제일 낮은 술- 저알콜 OB라이트. (1990.04.23)
다. 크라운드라이 마일드- 깊고 부드러운 맛, 산에서 마시기에 더욱 좋습니다. (1991.04.08)
라. 하이트- 이것이 100% 순수한 맛. (1993.06.13)
마. 지하 150m의 100% 천연수로 만든 순수한 맥주- 하이트. (1993.06.13)

2000년대부터 오늘날까지 광고는 젊은 세대들만의 언어를 활용했다. '락처럼 일하고 재즈처럼 쉰다' 라는 카피로 열심히 일한 후 하이트로 휴식하는 프로페셔널의 모습을 자연스럽게 나타냈다. 예를 들어, '시원한 여름 바다편'에서 '달리자'라는 말은 젊은 세대에게는 '술 마시자'라는 말로 통용되는데, 광고에서는 이를 중의적으로 표현했다. 이는 실제로 "바닷가에서 신나게 달려보자" 라는 의미와 "하이트를 마시자" 라는 의미로 동시에 해석될 수 있다. 또한 외래어 쓰임을 많이 볼 수 있으며, 비격식적 어휘가 많이 등장한다.

(12) 가. 깨끗한 맥주에 대한 믿음을 지키기 위한 **브랜드키퍼**- 주의선언. (2001.06.14)
나. **리듬**공법으로 깨끗함이 살아난다- 하이트. (2001.11.29)
다. 하이트맥주 **Fresh** 365 도입. (2006.08.14)
라. 서류뭉치 속의 똑 같은 한장이 되긴싫다. (2003.06.05)
마. 맥주는 왜 큰 게 없지? (2004.01.05)

2.3. 구문적 특징

문장의 길이에서 1898~1950년대 맥주 광고는 대다수가 복문으로 되어 있어 문장이 매우 길다. 그리고 한 광고가 한 문장으로 된 경우가 많다.

(13) 가. <그림1>, <그림2>

그리고 이 시대 맥주 광고에서는 문어체, 구어체 문장을 모두 사용하였으며, 문장유형은 평서문, 명령문이 대부분이었다. 의문문, 청유문, 감탄문은 발견되지 않았다.

(14) 가. <그림1>

나. 한날의 일을 마치고, 목욕하고, 한잔 마시고, 잠 자는 잠이. (1931.04.15 기린 맥주)

다. 손님들 중에 삿뽀로 좋아하시는 분은 언제든지 편안하고, 씩씩하시다. (1938.05.03 삿뽀로 맥주)

종합하여 보면, 한국의 주류광고는 구한말과 일제 치하의 암흑기에서 활자체의 개발 침체기를 맞게 되어 제한된 문자만의 활용으로 빈약한 환경에 처하여 특별한 발전이 없었다. 그리고 시대상황을 반영하여, 일본어가 함께 있는 광고들이 대부분이고 한국어는 매우 작게 표현되었다. 또 일본 사람의 등장, 일본 문양의 표현 등 일본풍을 풍기는 광고들을 많이 찾아볼 수 있다.

1950~1969년대의 맥주 광고의 문장 길이를 살펴보면 전시대보다 문장 길이가 조금 짧아졌음을 알 수 있으며, 단문의 사용이 증가되는 추세이다.

(15) 가. 겨울철 미각과 함께 추위를 이기는 스테미나의 음료 OB흑맥주는 고음료를 즐기시는 당신의 참된 벗이 될 것입니다. (1967.01.01)

또한 문장 양상은 종결어미가 실현된 문장 형태의 종결형과 종결어미가 생략된 단어 형태의 비종결형으로 나누어지며, 명사구로 되어 있는 문장들도 있다.

(16) 가. 스산한 겨울! 포근한 OB맥주. (1964.11.29)

나. 추위를 이기는 스테미나의 OB흑맥주. (1967.01.01)

1970~1979년대 맥주 광고의 문장 길이는 점점 짧아지고 있었으며, 문어체 형태의 문장이 대부분이었다. 문장 유형은 평서문이 많았다.

(17) 가. 맥주는 직사광선을 피해서 보관해야 제 맛을 즐길 수 있습니다. (1978.01.01)

나. 여기 사랑이 있습니다. (OB맥주 1972.07.05)

다. 마시기 좋고, 부드러운 맥주 크라운 그 맛 속에 따뜻한 정이 오갑니다. (1975.08.02)

(17가, 나, 다)는 평서문을 사용한 예문이며, 명사구로 된 맥주 광고도 살펴볼 수 있었다.

(18) 가. 한결 같은 맛. (OB맥주 1971.06.25)

나. 무더운 여름 맥주는 당신의 건강음료. (크라운 맥주1972.06.20)

1980~1989년대의 맥주 광고의 문장 길이는 전시대와는 큰 차이가 없었으며, 문어체 구어체를 모두 사용하였다. 문장 유형에서 보면 평서문뿐만 아니라 명령문도 많이 등장하기 시작했다.

(19) 가. OB가 생각나는 시간! 자! 이제부터 OB시간입니다. (1980.01.01)

나. 사랑은 술잔과 같아서 가슴으로 부딪쳐야만 확인된다던가!

이 겨울- 가슴에 한잔의 낭만을 붓는다. (크라운 맥주 1988.12.14)

다. 크라운 맥주- 직접 느껴 보십시오! (1989.08.01)

(19가, 나)는 평서문의 예문이고, (19다)는 명령문을 사용한 예문이다.

1990~1999년대의 맥주 광고는 대부분 다 그림으로 이루어져서 글로 설명하는 것이 적어 문장 길이도 매우 짧아졌다. 문장 양상은 비종결형 특히 명사구로 되는 경우가 많으며, 평서문이 많이 등장하고, 명령문, 의문문도 종종 나타난다.

(20) 가. 소비자 만족도 1위는 맥주, 맥주 만족도 1위는 카스! (1995.11.04)
나. 하이트-이것이 100% 순수한 맛. (1993.06.13)
다. 나는 이 맛! (동양맥주 1994.09.12)
라. 좋다! 이 신선한 맛! (카스 1994.10.28)
마. 하이트 한 병 한 병이 수재민을 위한 성금이 됩니다. (1998.8.23)
바. 아이스 공법의 맥주가 세계를 지배한다. (OB아이스 1994.07.29)
사. 정직한 맥주가 신선하다. (카스 1994.07.26)
아. 신선한 맥주라고 말할 수 있으려면? (카스 1994.11.18)
자. 하이트 고객 여러분 힘내세요! (1998.01.01)

(20가, 나, 다, 라)는 명사구를 사용한 예문이고, (20마, 바)는 평서문의 예문이고, (20사, 아)는 의문문, (20자)는 명령문의 예문이다.

2000년대부터 오늘날 광고는 문장 길이는 아주 짧으며, 문장 유형은 평서문, 명령문, 청유문, 감탄문 등이 모두 등장한다.

(21) 가. 서류 뭉치 속의 똑같은 한장이 되긴 싫다. (2003.06.05)
나. 깨끗함이 채워진다! (하이트 2001.04.28)
다. 맥주는 왜 큰 게 없지? (OB맥주 2003.12.02)

라. 젊음을 크게 즐겨라! (하이트 2005.07.13)

마. 넘치게 즐겨라! (프라임 맥주 2004.10.02)

바. 바닷가에서 신나게 달려보자! (하이트 2005.01.01)

(21가, 나)는 평서문은 사용한 예문이고, (21다)는 의문문, (21라, 마)는 명령문, (21바)는 청유문을 각각 사용한 예문이다.

3. 결론

한국의 맥주 광고를 살펴보면 구한말 시대에는 대부분 광고들은 글로 이루어졌고, 그림들이 많이 등장하지 않았으며, 현대로 올수록 화려한 그림과 설명하는 글들이 등장하기 시작했다. 맥주 광고는 현대화가 될수록 문장 길이가 많이 짧아졌고, 어휘적 특징을 보면 한자어 대신 순한글, 나아가 외래어들이 등장하는 경우가 많아졌음을 알 수 있다.

처음에는 "맥주를 한 번 정도 마셔보라, 가격이 싸다" 등의 설득의 글이 많았으며, 현대에는 "누구나 다 즐겨 마시는 것이고, 100% 순수한 맛, 깔끔한 맛, 부드럽고, 깨끗한 맛, 알코올도수가 낮다" 등의 표현들이 많이 등장한다.

구문적 특징을 살펴본 결과 광고문의 머리에는 의문문이 가장 많이 쓰이는 것을 알 수 있었으며, 요즘 광고문에서 두드러진 것은 젊은 층을 중심 대상으로 할 경우에 1인칭 대명사와 함께 평서형 어말어미 '-ㄴ다'형이 많이 쓰이고 있다. 그리고 구한말 시대에는 맥주 광고들이 대부분 평서문, 명령문으로 이루어진 반면 현대 시대에는 문장 양상은 비종결형 특히 명사구로 되는 경우가 많으며, 문장 유형은 평서문, 명령문, 청유문, 감탄문 등이 모두 등장한다.

참고문헌

김선희(2000), 「광고언어의 다양한 쓰임과 그 특성」, 『한글』 248, 한글학회, 129~158쪽.

박갑수(1994), 『국어문체론』, 대한교과서.

신명선(2000), 「광고텍스트의 문화적 의미와 국어교육」, 『국어교육』 103, 한국국어교육연구회, 79~106쪽.

이현우(1998), 『광고와 언어』, 서울: 커뮤니케이션북스.

참고자료

http://www.Jinro.co.kr

http://www.doosancorp.co.kr

http://www.hankyung.com

http://www.heraldm.com

http://www.hani.co.kr

http://www.thinkfood.co.kr

http://www.donga.com

http://www.e-sul.co.kr

『Economy21』 82호

『Dot21』 81호

『BiznetTimes』 29호

광고문 종결 표현

신현단

1. 서론

1.1. 연구 대상 및 목적

이 논문의 목적은 개화기부터 현재 시기에 이르기까지의 신문 광고문의 문체를 분석하여, 통시적으로 어떻게 변화해왔는지 밝히는 데 있다. 이 문체 분석은 광범위하게 이루어질 수 있지만, 광고문이 설득 장르라는 것에 주목한다면, 설득 효과를 내는 문법 범주를 살피는 것이 의미있는 일이라 여겨진다. 여기서는 설득을 위한 중요한 기능을 담당하는 문법 범주로서 종결 표현을 중심으로 살펴볼 것이다.

같은 신문에서도 보도문, 논설문이 주로 설명의 목적으로 서술되고 있으며, 비교적 종결 표현이 몇 가지로 한정되어 사용되고 있다면 광고문은 독자를 설득하는 것을 목적으로 하며 이는 평서, 명령, 청유, 의문의 다양한 종결 표현으로 실현된다.

광고문의 종결 표현을 살피는 일은 공시적으로는 광고 텍스트와 다른 텍스트들 사이의 문체 특성의 차이를 밝히고, 통시적으로는 광고 텍스트라는 동일 장르 내에서 문체가 어떻게 변화하는지 밝혀내는 의의가 있다. 이 논문에서 다룰 연구 문제를 정리하고, 간략히 기술하면 다음과 같다.

연구 문제

① 광고 문체의 특징: 종결 표현의 다양성

동일 신문상의 다른 기사문이 정보 전달의 목적을 띠고 있으므로 청자와의 교섭성이 비교적 낮은 종결 표현으로서 평서형이 주로 쓰이게 된다면, 광고문은 설득을 위해 필연적으로 청자를 크게 의식하게 되고 의문, 명령, 청유형 등 다양한 문장 유형이 쓰이게 된다.

② 평서형, 명령형, 청유형, 의문형 등의 말뭉치 안에서 본 광고 문체의 특징: 구어성

같은 평서형, 명령형, 청유형, 의문형의 문장들과 비교했을 때에도 광고 문체만이 지니는 특징이 발견된다. 평서'형' 어미, 청유'형' 어미라고 불릴 수 있는 어미가 각각 정해진 것이 아니며, 예를 들어 평서형을 실현하는 어미들도 무척 다양할 수 있다. 이에 대해, 권재일(2004)에서는 종결 표현도 고유한 의향어미, 범용 의향어미(범용어미), 다른 의향어미, 접속어미의 전용, 문장 조각을 통한 실현 등 다양할 수 있다고 제시한 바 있다. 김태엽(2001)에서도 평서형, 의문형, 명령형, 청유형을 실현하는 '-다', '-나', '-라', '-자' 등의 문장종결소 외에도 또한 비종결어미가 종결어미화한 것이 있다고 설명하고 있다. 이는 본디 종속적 연결어미, 보조적 연결어미, 명사화 내포어미로 기능하던 것이 어말어미화된 것이다. 그밖에도 윤석민(2000)에서는 문장종결법을 설명법, 감탄법, 의문법, 약속법, 허락법, 경계법, 명령법, 공동법으로 분류하고, 각각을 실현하는 전형적, 수의적 어미를 소개하고 있다. 박재연(1998)은 다양한 종결 표현 중의 하나로 반말체 종

결 표현에 대해 소개하고 있다. 광고문은 다른 문어에 비해, 김태엽(2000)에서 제시한 전형적인 형태종결소가 사용된 경우가 적으며, 다양한 종결 표현을 보이고 있다. 권재일(2004)에 제시된 대표적인 구어 의향법 실현방법의 하나인 문장조각을 사용한 종결 표현도 광고문에 다수 포함되어 있다. 또한 박재연(1998)의 반말체 종결 표현이 광고문에 다수 포함되어 있다.

이를 근거로, 의문, 감탄, 청유, 평서 등의 동일 유형의 종결 표현들 안에서 비교했을 때, 광고문의 종결 표현이 구어성을 띤다고 할 수 있을 것이다.

③ 광고 문체의 통시적 변화

위에서 본 것과 같이 광고문은 청유, 감탄, 의문, 설명 등 다양한 종결 표현을 담고 있고, 이것이 구어성을 띠고 있다고 하더라도, 통시적으로 약간의 차이를 보일 수 있다. 예를 들어, 특정 시기에 설명의 종결 표현이 많이 사용되었는데, 특정 시기에는 청유, 의문의 종결 표현이 많이 사용되었다거나 하는 것이다. 또 다른 예로, 특정 시기에 고유한 의향어미, 범용어미를 사용한 종결 표현이 많이 등장하는데, 특정 시기에 문장조각을 통한 종결 표현이 많이 등장할 수도 있다.

연구 대상으로 독립신문, 만세보, 매일신보, 동아일보를 선정하여 분석하였다. 매일신보는 개화기부터 일제강점기, 그리고 현대에 이르기까지 발행되어 왔으며, 문체의 변화에 대한 통시적 연구의 중요한 자료가 된다고 판단하였다. 필자는 1890년대 개화기에 대해서는 독립신문의 광고 문체를 분석하였고, 1900년대는 만세보, 1910년대 초반부터 해방 직전까지의 시기에 대해서는 1910년~1945년에 발행된 매일신보의 광고 문체를 주로 분석하였고, 동아일보는 일제강점기 폐간 시기를 제외한 나머지 발행 시기의 광고 문체를 분석하였다. 그리고 해방 직후부터는 매일신보와 동아일보의 광고 문체를 분석하였다. 이를 정리하면 다음과 같다.

<연구 대상>
- 독립신문: 1890년대
- 만세보 : 1900년대
- 매일신보: 1910년대 초반~1945년
- 동아일보: 1910년대 초반~일제 강점기 폐간 직전, 1945년 해방 직후~2006년 현재

통시적 연구에서 특정 신문의 문체 특성 변인을 무시할 수가 없으며, 이들 네 신문의 광고문체가 대표성을 띠느냐의 문제도 간과할 수가 없을 것이다. 그러나 광고문은 다른 기사에 비해서 신문에 따라 문체적 특성의 차이가 드러나지 않는다는 점을 생각할 필요가 있다. 또 차이가 드러나는 부분은 거의 국문과 한문의 비중의 차이인데, 이는 필자의 분석 대상이 아니다.

1.2. 연구사

1.2.1. 문체 분석에 대한 연구사

문체의 개념이 방대한 만큼, 문체 분석, 텍스트 분석 등의 연구사를 검토하여, 문체 분석의 실제에 대해 살펴보았다. 또한 실질적으로 문체를 분석하는 기준을 제시하지는 않았지만, 문체의 특성을 설정하여 설명하고 있는 연구물들을 검토하여, 문체를 어떠한 언어적 자질로

설명하고 있는지 보았다. 문체를 분석한 논문으로 국어학, 사회학 등의 각 분야에서 이루어져 왔는데, 국어학적으로 문체 분석에 대해 논한 대표적인 것으로 박갑수 외(1994), 이석규 외(2003), 김미형(1997, 1998, 2000) 등이 있다. 광고 문체의 분석에 대해서는 이석규(2003), 이석주 외(2002)에서도 한 장을 할애하고 있다. 사회학적으로는 커뮤니케이션 이론 분야에서 김선희(2000) 등이 광고 문체에 대해 언급하고 있다. 그러나 사회학 분야에서 사용된 문체 개념은 언어학적 관점에서 이루어진 것이라기보다, 매체 특성과 관련하여 광범위하게 분석된 것이다. 또 교육적 관점에서 광고 문체를 바라본 것으로 신명선(2000), 이은희(2002) 등이 있다.

1.2.2. 구어성에 대한 연구사

광고문의 문체 인상이 구어성이라는 것을 전제로, 구어성을 나타내는 언어적 자질을 분석하기 위해 구어성의 자질에 대해 논한 연구들을 살펴보았다. 여기에는 국어학에서의 구어성에 대해 논하는 관점을 제시한 것으로 장소원(1995)이 있고, 노대규(1994), 송효섭(2002), 장경현(2003)도 '구어성'을 논한 연구물이다.

1.2.3. 종결 표현에 대한 연구사

김태엽(2001)에서는 문장종결소의 유형을 형태론적 문장종결소, 음운론적 문장종결소로 나누고 있는데, 형태론적 문장종결소는 마침법의 하위 범주를 대표하는 문장종결소이다. 평서형, 의문형, 명령형, 청유형을 실현하는 것으로 각각 '-다', '-나', '-라', '-자' 등이 있다. 음운론적 문장종결소는 끊어짐의 기능을 수행하는 억양과 같은 것이다.

이들 문장종결소 외에도 또한 비종결어미가 종결어미화한 것으로 본디 종속적 연결어미, 보조적 연결어미, 명사화 내포어미로 기능하던 것이 어말어미화된 것이다. 권재일(2000)에서는 의향법에 대해 서술, 의문, 명령, 청유의 범주로 분류하고 각각을 실현하는 대표적인 어미를 소개하고 있다. 여기서 '서술'은 평서문에서 '평서'의 의미와 같다. 권재일(2004)에서는 구어 의향법 실현방법의 유형을 고유한 의향어미, 범용 의향어미(범용어미), 다른 의향어미, 접속어미의 전용, 문장조각을 통한 실현으로 분류하고 있다. 그밖에도 윤석민(2000)에서는 문장종결법을 설명법, 감탄법, 의문법, 약속법, 허락법, 경계법, 명령법, 공동법으로 분류하고, 각각을 실현하는 전형적, 수의적 어미를 소개하고 있다. 박재연(1998)은 반말체 종결 표현에 대해 소개하고 있다.

2. 광고 문체의 특징 및 변천: 종결 표현의 다양성

통시적으로 볼 때 차이가 있지만, 같은 시기의 신문의 각 기사들을 비교해 볼 때, 광고문은 동일 신문 상에 존재하는 다른 기사문에 비해 종결 표현이 다양하게 드러난다. 신문의 다른 기사들이 쓰여진 목적이 정보 전달에 있으므로 평서형의 일관적인 종결 표현을 보이는데 반해, 광고는 설득을 목적으로 쓰여졌으므로 이러한 의도를 달성하기 위한 다양한 종결 표현을 보이는 것으로 분석된다. 이를 시기별로 살펴보면 다음과 같다.

2.1. 1890년대～1900년대의 문체

이 시기 독립신문은 론셜, 관보, 잡보, 광고 등으로 구성되었는데,

각각 종결 표현에서 차이를 보인다. 이 시기 독립신문의 광고문을 보면, 다른 시기의 광고문에 비해, 종결 표현이 다양하지 않다. 광고문에서는 아래 (1)~(3)과 같이 '-오', '-소'를 사용하여 명령형의 종결 표현을 사용하고 있고, 부분적으로 (4)와 같이 물건을 판매하고 있다는 정보를 알리기 위해 '-다'와 같은 평서형의 종결 표현을 사용하고 있다. 또 (5)와 같이 평서형의 종결 표현을 사용하여 정보를 전달하기도 한다.

(1) 외국과 ᄂᆡ국 각색 식물을 우리가 파ᄂᆞᆫᄃᆡ 갑도 헐ᄋᆞ묘 모도 샹등 물건만 ᄆᆡᄆᆡ ᄒᆞ오
와셔 보시고 합의커든 단골노 정ᄒᆞ시오 (1896. 7. 9 독립신문)

(2) 텬하 만국이 의회 ᄒᆞᄂᆞᆫ 통용 규칙 ᄎᆡᆨ을 독립신문샤에셔 파 오니 와셔 사다가 보시오 갑은 ᄆᆡ권에 동젼 五푼식이오 (1898. 11. 23 독립신문)

(3) 본샤에셔 명함을 박히ᄂᆞᆫᄃᆡ 한문 들ᄌᆞ와국문 글ᄌᆞ와 영문 글ᄌᆞ를 쥰비 ᄒᆞ야 각기 쇼쳥ᄃᆡ로 ᄆᆡ우 정긴히 박아 들일터이며 갑도 렴ᄒᆞ게 ᄒᆞᆯ터이오니 쳠군ᄌᆞᄂᆞᆫ 본샤로 와셔 쥬문 ᄒᆞ시요 (1899. 10. 7. 독립신문)

(4) 인천항 귀두 샹졈에셔 쟉년에도 일본다 혼자 약됴 ᄒᆞ와 ᄇᆡᆨ천졍 셕워가평 솜틀을 파 ᄋᆞᆸ더니 금년에ᄂᆞᆫ 작년보다 십십ᄇᆡ 낫게 약됴 ᄒᆞ와 ᄂᆡ 왓ᄉᆞ온즉 샹품 솜틀 사실쳠 군ᄌᆞᄂᆞᆫ 본졈으로 왕림 ᄒᆞᄋᆞᆸ심을 쳔만 ᄇᆞᆯᄋᆞ ᄋᆞᆸ나이다
광고 ᄒᆞᄋᆞᆸᄂᆞᆫ ᄉᆞ연이온즉 다름 아니오라 시샹에 위죠 ᄇᆡᆨ천졍이 잇ᄉᆞ와 이쳐럼 광고 ᄒᆞ오니 ᄉᆞ방 쳠군ᄌᆞ 씌ᄋᆞᆸ셔 부ᄃᆡ 본점으로 왕림 ᄒᆞᄋᆞᆸ시면 본졈 솜틀에ᄂᆞᆫ 도셔가 ᄯᅩᄒᆞ나이 더 ᄒᆞ온ᄃᆡ 귀두겸차랑 슈일발ᄋᆡ라고 ᄒᆞ엿ᄉᆞᆸ나이다 (1899. 10. 7 독립신문)

(5) 셰계에 뎨일 죠흔 금계랍을 이 회샤에셔 ᄯᅩ 새로 만히 가져 와셔 과니 누구던지 금계랍 쟝ᄉᆞ ᄒᆞ고십흔이ᄂᆞᆫ 이 회샤에 와셔 샤거드면 도매 금으로 ᄊᆞ게 주리라 (1899. 10. 7. 독립신문)

다음은 독립신문의 관보, 잡보, 론셜 부분인데, 위의 광고문의 문체와 달리 종결 표현에서 모두 평서형을 사용하고 있음을 볼 수 있다.

(가) 사ᄅᆞᆷ의 사ᄅᆞᆷ됨이 시계의 긔계와 ᄀᆞᆺᄒᆞ니 박휘와 유샤와 ᄐᆡ엽이 구비ᄒᆞᆫ 즁에 ᄒᆞᆫ 가지만 업셔도 병신이 되야 쓸ᄃᆡ업실것이오 (1899. 10. 3. 독립신문, 론셜)

(나) 아라샤 대학 쇼요 련쇽 아라샤 력셔로 금년 二월 七일에 희랍 교승이 녯 젼례를 의지 ᄒᆞ야 죵교 강의를 열되 대학ᄉᆡᆼ은 ᄒᆞ나도 ᄉᆞᆷ가히 듯ᄂᆞᆫᄌᆞ이 업고 六百여명의 학ᄉᆡᆼ이 강당에셔 헌화 ᄒᆞ거ᄂᆞᆯ 교승이 그 분잡 함을 금뎨코져 ᄒᆞᆫ즉 학ᄉᆡᆼ등이 크게 쇼ᄅᆡ ᄒᆞ야 ᄀᆞᆯᄋᆞᄃᆡ 너ᄂᆞᆫ 목숨이 도모지 앗갑지 안 ᄒᆞᆫ다ᄒᆞ며 더욱 갈ᄉᆞ록 더욱 심ᄒᆞᆫ지라

교승이 챵황히 강당을 ᄯᅥ나 대학 춍쟝의게 사셔 그 ᄉᆞ유를 고 ᄒᆞ며 ᄯᅩ 그 강샹의 직임을 ᄉᆞ면 ᄒᆞ고 네바 하슈를 건너 다라나거ᄂᆞᆯ 대학ᄉᆡᆼ들이 뒤에 좃ᄎᆞ 가며 악ᄒᆞᆫ 쇼ᄅᆡ로 ᄭᅮ짓고 욕을 ᄒᆞᄂᆞᆫ 고로 슌검들이 그 학ᄉᆡᆼ들의 포거함을 금지코져 ᄒᆞ나 학ᄉᆡᆼ들이 용이히 듯지 아니 ᄒᆞᆯᄲᅮᆫ만 아니라 이에 도로혀 그 분격ᄒᆞᆫ ᄂᆞᆯ을 슌검들의게로 옴겨 향 ᄒᆞᆫ즉 슌검들이 ᄉᆞ방에 급히 보 ᄒᆞ야 그 진무 ᄒᆞᄂᆞᆫ 힘을 다 함ᄋᆡ 학ᄉᆡᆼ들이 그 힘의 뎌당치 못함으로 마지 못 ᄒᆞ야 대학에 도라가니… 이ᄂᆞᆫ 진실노 년쇼ᄒᆞᆷ 혈긔들의 거동이나 ᄯᅩ 아라샤 ᄀᆡ혁의 운명이 박결 함을 가히 미루어 알지로다 (1899. 10. 3. 독립신문, 외보)

(다) 죠셔 ᄒᆞ야 골ᄋᆞ샤ᄃᆡ 불너 을년 평양ᄃᆡ를 연죠 홀ᄎᆞ로 명일 돈례 문 밧게 ᄃᆡ령 ᄒᆞ고 시위 ᄇᆡ위ᄂᆞᆫ 다 치지 ᄒᆞ라 ᄒᆞ옵셧더라 (1899. 10. 3. 독립신문, 관보)

(라) 장학림씨가 평안도 포샤 파원으로셔 포샤에 관계 되야 샹원 군슈의게 죠희 하얏더니 ᄒᆡ 군슈가 말 하기를 파원은 본ᄅᆡ 벼슬이 아니여던 엇지 감히 군슈의게 죠회를 하랴 하며 그 다니ᄂᆞᆫ 사ᄅᆞᆷ을 잡아 들여 싸렷다더라 (1899. 10. 3. 독립신문, 잡보)

다음은 만세보에 나타난 광고문이다. 만세보에 한자가 많이 등장하는데 광고문도 대부분 광고 상품에 대한 속성을 한자로 나열하고 있다. 그 외의 종결 표현이 드러나는 문장에서는 세 가지 형식의 종결 표현을 보인다. '-ㅁ/음'의 명사형 종결, 'ᄒᆞ옵' 또는 'ᄒᆞ시옵'의 명령형 종결, '-오'의 명령형 종결이 그것이다. 명사형 종결은 나열한 상품의 속성에 대해 부가적으로 설명할 경우에 쓰이며, 설명의 목적을 띤 아래의 (6)과 같은 경우이다. 'ᄒᆞ옵' 형태의 종결 표현은 (7)과 같은 경우, '-오' 종결형은 아래 (8)과 같은 경우이다. 그 외에 판매 상품에 대해 (9)와 같이 표현하고 있는 경우가 있다. 이는 서술어가 아예 사용되지 않았으므로 문장 조각에 의한 종결 표현이라 할 수 있을 것이나, 현대에 나타나는 문장 조각에 의한 종결 표현이 강조의 효과를 거두기 위해 의도적으로 사용된 것으로 보인다면, 여기서는 서술어가 생략된 것 이상의 어떠한 의미를 지니지 않는 것으로 보인다. 만세보의 광고문에서 다양한 종결형이 나타난 것은 아래의 (마)~(사)의 기사문이 '-더라'의 종결 형태를 보이고 있는 것과 대조된다.

(6) 只明治四十年 元旦로붓터 店則과 品質을 改良홀 ᄉᆡᆼ각으로써 今에 持有ᄒᆞᆫ 品은 皆十一月一日붓터 本價同*으로 大*强販賣ᄒᆞᄂᆞᆫ 間에

多少를 不拘하고 購求 홈을 希望함(1906. 12. 14 만세보)

(7) 기타 각식 잡화동물 다 슈하착염가 방민ᄒᆞ옵 (1906. 12. 14. 만세보, 띄어쓰기 필자.)

(8) 洋靴店앞에서도 販賣ᄒᆞ오 (1906. 12. 12. 만세보)

(9) 한푼도 외누리업ᄂᆞᆫ 약 (1906. 12. 14. 만세보)

(마) 張世基氏ᄂᆞᆫ 學務局長을 遞하니 教育家ᄂᆞᆫ 痛齒를 拔ᄒᆞᆫ드시 喝*四起ᄒᆞ고 俞星濬氏 가 學務局長을 任ᄒᆞ니 學生社會ᄂᆞᆫ 吉事를 値한드시 拍手歡迎하더라 (1906. 12.14. 만세보, 논설)

(바) 確實한 調查를 據ᄒᆞᆫ 則三十七八年 戰爭에 日本陸軍戰死病死者의 數가 佐와 如ᄒᆞ더라 (1906. 12. 14. 만세보, 東京 電報)

(사) 我國과 滿洲에 駐軍한 滿期된 日本兵은 交替를 始하ᄂᆞᆫ 뒤 三十日間에 全部가 結了된다더라 (1906. 12. 14. 만세보, 雜報)

이를 통해, 독립신문에서보다 만세보의 종결 표현이 더 다양함을 알 수 있다. 그러나 이 두 신문에서의 광고문은 청자를 의식한 명령형을 사용한 것이 대부분이며 부분적으로 상품 판매에 대한 정보를 전달하고 있는 부분에서 평서형을 사용했다는 것에서 공통점을 찾을 수 있다.

2.2. 1910년대의 문체

이 시기에는 광고문에 드러난 종결 표현은 평서형, 의문형이 대부분이다. 실현하고 있는 어미들은 다양한데, '-다', '-오', '-요', '-라'와 같은 다양한 종결 어미를 통한 종결, 'ㅁ/음'과 같은 명사형 종결, 만세보와 같은 '옵'으로 끝나는 종결 등이 보이고, 이 외에도 상품명으로 문장을 종결하기도 한다. 이는 다른 기사문이 'ᄒᆞ더라', 'ᄒᆞ노라', '이라' 등의 평서형 종결로 끝나는 것과 대조된다.

(10) 자- 卽時 購求ᄒᆞ야 使用ᄒᆞ시오 (1911. 4. 16 매일신보)

(11) 라이온 印은 齒*藥의 第一이오 (1911. 2. 4 매일신보)

(12) 官內省竝李王職으로부터 不絕히 御用命을 賜ᄒᆞ시ᄂᆞᆫ 最히 品質優良ᄒᆞᆫ キリンヒル (1914. 4. 22 매일신보)

(13) 平素의 貴愛顧에 酬應코져ᄒᆞ야 廣江式기린데-를 實行하나이다 (1914. 4. 22 매일신보)

(14) 期間本日부터 向壹個月間 但小賣店에셔 景品奉呈ᄒᆞᄂᆞᆫ것슬 忘ᄒᆞᆫ 時ᄂᆞᆫ 其場所 對ᄒᆞ야 請求ᄒᆞ심을 望ᄒᆞᆷ (1914. 4. 22 매일신보)

(15) 원근시경 위싱경 도슈에 합당ᄒᆞ도록 수응함 (1914. 4. 22. 매일신보, 띄어쓰기 필자)

(16) 病을 不知ᄒᆞᄂᆞᆫ 人이 됩니다 (1916. 2. 15 매일신보)

또한 아래와 같은 의문문 종결, 서술어를 생략한 문장조각 종결 형태가 이 시기부터 두드러지게 나타난다. 이는 당시 신문의 다른 기사문과 대조적이다. 광고문과 대조적으로 기사문은 (아)~(자)와 같은 종결 형태를 보인다.

(17) 이즁에 어늬편이 졍말로 힝복잇ᄂᆞᆫ 부인이은잇가? (1919. 9. 8 매일신보)

(18) 병잇ᄂᆞᆫ 부인이시여! 무ᄌᆞᄒᆞᆫ 부인이시여! 지금에곳 '틱양됴경환'을 (1919. 12. 27 매일신보)

(아) 近來刻符에서 協議員을 選定함은 一半知了하ᄂᆞᆫ 바이어니와 大抵協議員은 府民의 大小事를 勿論ᄒᆞ고 當局의 諮詢을 應하ᄂᆞᆫ 자인 則 其責

任이 果然 何如히 重大ᄒᆞ뇨 (1914. 4. 22. 매일신보, 사설)

(자) 皇太后陛下 大葬期日은 二十日 左와 如히 治定ᄒᆞ셧더라 (1914. 4. 22. 매일신보, 東京特電)

2.3. 1920년대~1945년 해방 이전의 문체

이 시기에는 더 다양한 문장 종결 형태가 나타난다. 청유형, 의문형, 감탄형 등의 종결 형태는 물론 상품을 설명하는 부분 외에도 상품의 질에 대한 객관성을 확보하기 위해 의견을 평서형으로 제시한 부분도 있다. 또한 의도적으로 서술어를 생략하여 문장조각으로 종결하기도 한다.

(19) 이갓치 效力이 틀닌다 (1925. 10. 14 매일신보)

(20) 가튼 나히로 이처럼 달을가? (1925. 11. 26 매일신보)

(21) 母親의게는 不欠하고 中將湯을! (1925. 7. 16 매일신보)

(22) 처음으로 생긴 歐洲本 바닥보다 나흔 國産甘味 白赤 葡萄酒 (1931. 3. 4 매일신보, 띄어쓰기 필자)

(23) 추운기를 쫓는 펄펄 끌는 설넝탕에 아지노모도를 처 자시면 실로 그 맛이란 比할게 업지요 (1936. 12. 26 매일신보)

(24) 口味가 크게 당기는 이 조흔 맛을 엇지하나 (1937. 1. 12 매일신보)

(25) 병을 곳치려면 먼저 위장을 튼튼히 하자 (1937. 2. 13 매일신보)

(26) 잃어버린 靑春을 도로 찾으실 여러분 (1939. 8. 16 매일신보)

(27) 강한 胃腸이 무척 튼튼하게 된다 (1942. 11. 17 매일신보)

아래의 (차)에서 의문문이 실제로 의문의 기능을 담당하는 것과 달리 위의 광고문에서의 의문문은 강조를 위해 의도적으로 사용된 것임을 확인할 수 있다. 또한 (카)에서 청유형의 문장이 설득을 목적으로 쓰여지는 사설에서 등장하는 것은 광고문에서의 쓰임과 비슷하다.

(차) 新設普校는 얼마며 職業校內容은 如何 (1931. 3. 4 매일신보, 기사 제목)

(카) 授業料全廢할 意思는 업는가 (1931. 3. 4 매일신보, 기사 제목)

(타) 草鞋를 愛用하자 (1931. 3. 4 매일신보, 사설, 사설 제목)

2.4. 1945년 해방 이후~1990년대의 문체

이 시기의 광고문은 보다 더 다양한 종결 표현의 양상을 띤다. 문장 조각을 통한 종결, 어미를 통한 종결이 모두 나타나는데, 어미를 통한 종결 형태도 청유, 감탄, 평서, 의문의 다양한 형태로 나타난다. 반대로 기사문은 더욱 더 평서형으로 획일화된 종결 표현을 보인다.

(28) 보라! 물방아잉크 (1950. 2. 14 동아일보)

(29) 아십니까? 판크래아찐 (1949. 9. 20 동아일보)

(30) 다른 類似品보다 값은 많지만 效力은 좋아요 (1950. 2. 14 동아일보)

(31) 권하고 싶어요, 피마후신 (1964. 11. 9 동아일보)

(32) 다음 올림픽엔 우리도 금메달을! 국민 영양제, 원기소 (1964. 11. 21 동아일보)

(33) <삐콤>은 우리의 식생활에서 부족되기 쉬운 비타민 B군을 보충하여 우리의 일상생활 속에 비타민 B 부족으로 일어나는 증상을 치료해 줍니다. (1973. 6. 7 동아일보)

(34) 여름철 아모레하이톤화장품으로 꿈과 낭만의 여름을 당신의 것으로 만드세요. (1973. 6.14 동아일보)

(35) 유스헤어로 흰머리를 영원히 퇴치하시고 보다 젊게 人生을 즐기세요 (1982. 6. 21 동아일보)

(36) 정보화 시대를 대변하는 “정보검색”을 아십니까 (1993. 7. 2 동아일보)

(37) 당해보지 않은 사람은 몰라요! 지긋지긋한 집개미의 횡포 (1993. 7. 9 동아일보)

(38) 어, 이럴수가. 486 VESA가 99만원! (1993. 7. 11 동아일보)

(39) 요즘 피로하십니까? 팔 다리 어깨가 아프십니까 (1998. 6. 2 동아일보)

이 시기의 기사문의 종결 표현은 대부분 아래와 같은 ‘-다’ 형의 평서형인데, 이와 비교하면 광고문의 종결 표현이 다양하다는 것이 더 두드러지게 확인된다.

(파) 이와 같이 하여 우리는 甚히 유憾스러운 일이지만 現在 大韓民國이 걷고 있는 길은 決코 眞正한 民主々義的 政黨政治로의 길이 아니라는 것을 단定하는 수밖에 없다(1946. 1. 9 동아일보, 사설, 띄어쓰기 필자)

(하) 또 이스라엘 國적 取得法이 지난 八月부터 實施되기 시작하였는데 이스라엘國 總 人口數 一白四十萬名 中 拾七萬五千名의 아랍人이 混居하고 있는데 이 實施되는 國적 取得法에 依하면 유太人에게는 그가 이 世界上 어느 나라에서 移民해 들어왔더라도 旣往 가진 國적을 抛棄하면 이스라엘 國民으로 登錄되게 되어있으나 아랍人에게 限하여서는 비록 몇 代를 계속하여 그 地帶에서 居住해 내려온 原住民이라 하여도 지금 新生國인 이스라엘 國적을 取得하려 하면 그 條件이 너무 複雜多難하여서 수속하기가 極難일 뿐 아니라 아랍住民의 거의 半數는 永國적을 얻을 수 없이 되어있다고 不平滿々인데 이 유太教 對 아랍人 卽 回回教의 對立 紛爭은 그리 短時日內에 解消될

수 없다고 볼 수 밖에 없다 (1946. 1. 9 동아일보, 띄어쓰기 필자)

(갸) 朴正熙 대통령은 25일 무역진흥확대회의에서 여러 가지 大型사고빈발과 관련,『지금까지 규정을 안지켰지만 무사했다고 생각하는 타성은 언젠가는 꼭 事故를 내고야말것』이라고 경고하고『지금까지 無事했던 분야라해도 모두 관계규정을 다시 따져보고 규정에맞게 즉각 시정해주기 바란다』고 당부했다.(1977. 11. 26 동아일보)

(냐) 또 남이 그러면 얼굴을 찌푸리면서 자기는 예사로 생각하는 경향도 없지 않다.(1977. 11. 26 동아일보, 사설)

2.5. 2000년~현재의 문체

이 시기의 광고문은 문장만 보면 무엇을 광고하는지 모를 정도로 탈맥락적이다. 이는 서술어만으로 문장이 구성되는 경우에 더욱 그러한데, 이 경우 종결 표현의 효과가 더욱 두드러진다. (40)의 '떴다!'와 같은 감탄의 종결 형식은 무엇이 떴는지를 서술하지는 않으면서 감탄의 종결 표현의 효과를 강화하고 있다. (41)의 '또 내렸네?', '더 내렸다!'와 같은 종결 표현의 효과가 더 두드러지게 나타난다. (43)와 같은 경우도 '무료'라는 점을 강조하기 위해 의문문이 도전적으로 사용되고 있다.

(40) 맛은 깔끔! 수입은 화끈! 떴다! 나쉬커리 전문점!! (2003. 7. 1 동아일보)

(41) 또 내렸네? 5.1% 더 내렸다! 매달 6분이 공짜다 (2003. 7. 2 동아일보)

(42) 오래가는 관절염, 오늘부터 오스테민 (2006. 3. 17 동아일보)

(43) 너 이거 완전무료로 볼 수 있어? (2006. 3. 16 동아일보)

3. 평서형, 명령형, 청유형, 의문형 등의 말뭉치 안에서 본, 광고 문체의 특징: 구어성

3.1. 1890년대~1900년대의 문체

(1) 외국과 ᄂᆡ국 각색 식물을 우리가 파ᄂᆞᆫᄃᆡ 갑도 헐ᄋᆞ묘 모도 샹등 물건 만 ᄆᆡᄆᆡ ᄒᆞ오

와셔 보시고 합의커든 단골노 정ᄒᆞ시오 (1896. 7. 9 독립신문)

(2) 텬하 만국이 의회 ᄒᆞᄂᆞᆫ 통용 규칙 ᄎᆡᆨ을 독립신문샤에셔 파 오니 와셔 사다가 보시오 갑은 ᄆᆡ권에 동젼 五푼식이오 (1898. 11. 23 독립신문)

(3) 본샤에셔 명함을 박히ᄂᆞᆫᄃᆡ 한문 들ᄌᆞ와국문 글ᄌᆞ와 영문 글ᄌᆞ를 쥰비 ᄒᆞ야 각기 쇼쳥ᄃᆡ로 ᄆᆡ우 졍긴히 박아 들일터이며 갑도 렴 ᄒᆞ게 ᄒᆞᆯ터 이오니 쳠군ᄌᆞᄂᆞᆫ 본샤로 와셔 쥬문 ᄒᆞ시요 (1899. 10. 7 독립신문)

(4) 인쳔항 귀두 샹졈에셔 쟉년에도 일본다 혼자 약됴 ᄒᆞ와 ᄇᆡᆨ천졍 셕워 가평 솜틀을 파 ᄋᆞᆸ더니 금년에ᄂᆞᆫ 작년보다 십십ᄇᆡ 낫게 약됴 ᄒᆞ와 ᄂᆡ 왓ᄉᆞ온즉 샹품 솜틀 사실쳠 군ᄌᆞᄂᆞᆫ 본졈으로 왕림 ᄒᆞᄋᆞᆸ심을 쳔만 ᄇᆞᆯ ᄋᆞ ᄋᆞᆸ나이다

광고 ᄒᆞᄋᆞᆸᄂᆞᆫ ᄉᆞ연이온즉 다름 아니오라 시샹에 위죠 ᄇᆡᆨ천졍이 잇ᄉᆞ 와 이쳐럼 광고 ᄒᆞ오니 ᄉᆞ방 쳠군ᄌᆞ 씌ᄋᆞᆸ셔 부ᄃᆡ 본점으로 왕림 ᄒᆞᄋᆞᆸ 시면 본졈 솜틀에ᄂᆞᆫ 도셔가 ᄯᅩᄒᆞ나이 더 ᄒᆞ온ᄃᆡ 귀두졈차랑 슈일발 ᄋᆡ라고 ᄒᆞ엿ᄉᆞᆸ나이다 (1899. 10. 7 독립신문)

(5) 셰계에 뎨일 죠흔 금계랍을 이 회샤에셔 ᄯᅩ 새로 만히 가져 와셔 과 니 누구던지 금계랍 쟝ᄉᆞ ᄒᆞ고십흔이ᄂᆞᆫ 이 회샤에 와셔 샤거드면 도 매 금으로 ᄊᆞ게 주리라 (1899. 10. 7 독립신문)

(6) 只明治四十年 元旦로븟터 店則과 品質을 改良ᄒᆞᆯ ᄉᆡᆼ각으로써 今에 持有ᄒᆞᆫ 品은 *十一月一日븟터 本價同*으로 大*强販賣ᄒᆞᄂᆞᆫ 間에 多少를

不拘하고 購求 홈을 希望함(1906. 12. 14 만세보)

(7) 기타 각식 잡화동물 다 슈하착염가 방민ᄒᆞᆸ (1906. 12. 14 만세보, 띄어쓰기 필자.)

(8) 洋靴店앞에서도 販賣ᄒᆞ오 (1906. 12. 12 만세보)

(9) 한푼도 외누리업ᄂᆞᆫ 약 (1906. 12. 14 만세보)

이 시기의 광고문에 쓰인 문장의 종결 표현은 '-오', '-소'의 어미에 의한 종결 표현이 지배적이다. 권재일(2004)에서는 이를 범용어미로 분류하고 있는데, 이러한 범용어미에 의한 의향법 실현이 구어에서 많이 나타난다고 하고 있다. 청유문, 감탄문, 의문문, 평서문 등 다양한 종결 표현에 사용될 수 있는 어미를 범용어미라고 하며, 구어에서 이가 많이 사용되는 것은 구어 상황에서 의향법 실현을 위해 운율적인 요소를 사용하기 때문이라고 설명하고 있다. 결국, 1890～1900년대의 신문 광고 문체는 구어체라고 할 수 있다. 고유한 의향어미에 의해 실현되는 경우도 있는데 '-다', '-라'를 통한 평서문이 그것이다. 이 시기에 종결 표현이 접속어미가 전용되어 종결 표현이 실현된다거나 문장 조각에 의해 실현되는 경우는 눈에 띄지 않는다. 만세보의 '-ㅁ/음'은 상품을 설명하는 부분에서 등장하는데, 구어체의 자질이라고는 할 수 없다. 그러나 '-ᄒᆞᆸ'과 같은 종결도 동일 신문 상의 다른 기사문들이 '-라'의 고유한 어미에 의해 종결되고 있는 것에 대비된다고 할 수 있다.

3.2. 1910년대～1920년대 이전의 문체

(10) 자- 卽時 購求ᄒᆞ야 使用ᄒᆞ시오 (1911. 4. 16 매일신보)

(11) 라이온 印은 齒*藥의 第一이오 (1911. 2. 4 매일신보)

(12) 官內省竝李王職으로부터 不絕히 御用命을 賜ᄒᆞ시ᄂᆞᆫ 最히 品質優良ᄒᆞᆫ キリンヒル (1914. 4. 22 매일신보)

(13) 平素의 貴愛顧에 酬應코져ᄒᆞ야 廣江式기린데-를 實行하나이다 (1914. 4. 22 매일신보)

(14) 期間本日부터 向壹個月間 但小賣店에셔 景品奉呈ᄒᆞᄂᆞᆫ것슬 忘ᄒᆞᆫ 時ᄂᆞᆫ 其場所 對ᄒᆞ야 請求ᄒᆞ심을 望ᄒᆞᆷ (1914. 4. 22 매일신보)

(15) 원근시경 위싱경 도슈에 합당ᄒᆞ도록 수응함 (1914. 4. 22 매일신보, 띄어쓰기 필자)

(16) 病을 不知ᄒᆞᄂᆞᆫ 人이 됩니다 (1916. 2. 15 매일신보)

(17) 이즁에 어늬편이 졍말로 힝복잇ᄂᆞᆫ 부인이은잇가? (1919. 9. 8 매일신보)

(18) 병잇ᄂᆞᆫ 부인이시여! 무ᄌᆞᄒᆞᆫ 부인이시여! 지금에곳 '틱양됴경환'을 (1919. 12. 27 매일신보)

이 시기의 광고에 쓰인 문장의 종결은 평서문이 대부분이고 의문문으로 나타나기도 하는데 평서문에서는 '-오'와 같은 범용 어미와 '-다'와 같은 고유한 의향 어미가 혼합되어 사용되고 있다. 구어체와 문어체가 동시에 사용되고 있다고 정리할 수 있다. 서술어를 생략하여 문장 조각으로 종결하는 사례도 이 시기에 많이 등장하는데, 이는 구어체의 특징이라 할 수 있다. 간단히 정보 전달을 하기 위해 '-ㅁ/음'으로 종결하는 경우도 이전 시기의 만세보에서 등장했던 것에 이어 나타나고 있다.

3.3. 1920년대~1945년 해방 이전의 문체

(19) 이갓치 效力이 틀닌다 (1925. 10. 14 매일신보)

(20) 가튼 나히로 이처럼 달을가? (1925. 11. 26 매일신보)

(21) 母親의게는 不欠하고 中將湯을! (1925. 7. 16 매일신보)

(22) 처음으로 생긴 歐洲本 바닥보다 나흔 國産甘味 白赤 葡萄酒 (1931. 3. 4 매일신보, 띄어쓰기 필자)

(23) 추운기를 쫓는 펄펄 끌는 설넝탕에 아지노모도를 처 자시면 실로 그 맛이란 比할게 업지요 (1936. 12. 26 매일신보)

(24) 口味가 크게 당기는 이 조흔 맛을 엇지하나 (1937. 1. 12 매일신보)

(25) 병을 곳치려면 먼저 위장을 튼튼히 하자 (1937. 2. 13 매일신보)

(26) 잃어버린 靑春을 도로 찾으실 여러분 (1939. 8. 16 매일신보)

(27) 강한 胃腸이 무척 튼튼하게 된다 (1942. 11. 17 매일신보)

이 시기에는 평서형, 의문형, 감탄형, 청유형의 다양한 문장 종결 형식이 쓰인다. 그런데 이를 실현하는 어미 요소들에 있어서는 구어체와 문어체가 다양하게 사용된다고 할 수 있다. (23)의 '지(요)'는 범용 어미이며, (25)의 '자'와 (27)의 '다'는 고유한 의향 어미라고 할 수 있다. 이 시기에도 문장 조각에 의한 종결 표현이 등장한다.

3.4. 1945년 해방 이후~1990년대의 문체

(28) 보라! 물방아잉크 (1950. 2. 14 동아일보)

(29) 아십니까? 판크래아찐 (1949. 9. 20 동아일보)

(30) 다른 類似品보다 값은 많지만 效力은 좋아요 (1950. 2. 14 동아일보)

(31) 권하고 싶어요, 피마후신 (1964. 11. 9 동아일보)

(32) 다음 올림픽엔 우리도 금메달을! 국민 영양제, 원기소 (1964. 11. 21 동아일보)

(33) <삐콤>은 우리의 식생활에서 부족되기 쉬운 비타민 B군을 보충하여 우리의 일상생활 속에 비타민 B 부족으로 일어나는 증상을 치료해

줍니다. (1973. 6. 7 동아일보)

(34) 여름철 아모레하이톤화장품으로 꿈과 낭만의 여름을 당신의 것으로 만드세요. (1973. 6. 14 동아일보)

(35) 유스헤어로 흰머리를 영원히 퇴치하시고 보다 젊게 人生을 즐기세요 (1982. 6. 21 동아일보)

이 시기에는 (28), (29), (31), (32)과 같은 상품명으로의 종결이 많이 드러나는데, 이 역시 문장 조각을 통한 실현이라고 할 수 있을 것이며 구어성을 실현하고 있다. 또한 '좋아요', '싫어요'에서 '-아', '-어'와 같은 어미도 운율적인 양상에 의존하는 범용 어미로 구어성을 실현하고 있다. (32)에서 '금메달을!'로 종결한 것도 문장 조각을 통한 실현이다. 이러한 구어성은 독자에게 상품에 대해 직접 소개하는 듯한 느낌을 주어 광고 효과를 크게 하는 역할을 하는 것으로 분석된다. 한 편 (33)와 같은 평서형 문장에서 전형적인 문어체가 나타나는데 이것은 상품에 대한 정보를 전달할 때 객관성을 확보하기 위한 의도로 보인다. 구어체와 문어체가 서로 다른 목적을 띠고 광고문에 사용되었다고 할 수 있다.

3.5. 2000년~현재의 문체

(36) 맛은 깔끔! 수입은 화끈! 떴다! 나쉬커리 전문점!! (2003. 7. 1 동아일보)

(37) 또 내렸네? 5.1% 더 내렸다! 매달 6분이 공짜다 (2003. 7. 2 동아일보)

(38) 오래가는 관절염, 오늘부터 오스테민 (2006. 3. 17 동아일보)

(39) 너 이거 완전무료로 볼 수 있어? (2006. 3. 16 동아일보)

이 시기의 광고문체는 1945년 이후의 그것과 비슷하다. (36)의 '깔끔, 화끈'의 문장 조각을 통한 종결이나 (37)의 '네'가 서술 어미의 역할을 벗어나 의문 어미로서 전용되어 사용된 것이나 (39)의 '어'가 범용 어미로서 의문 어미의 역할을 하고 있다는 점 등이 이 시기 광고문체의 구어성을 드러내고 있다고 할 수 있다. 특별히 이 시기에는 상품명으로 문장이 종결되는 것 외에도, 문장 조각으로 종결 표현이 실현되는 경우가 많다. 필수적인 문장 성분이 거의 다 생략되고 문장 조각으로 종결된 문장은 그 문장만 보면 의미를 파악하기가 어렵지만 문장 외에도 그림, 사진 등에 기대고 있는 광고의 특성을 생각할 때, 오히려 자극적으로 상품을 광고하는 효과를 거두고 있다고 할 수 있다.

4. 결론

지금까지 신문 광고의 문체에 대해 통시적으로 살펴보았다. 신문 광고에 사용된 문장들은 신문의 기사, 논설 등에 사용된 다른 문장에 비해서 청유, 감탄, 의문 등 다양한 종결 표현을 보이고 있음을 확인하였다. 또한 이러한 청유, 감탄, 의문, 평서문들은 구어성을 띠고 있음을 확인하였다. 이러한 구어성은 범용 어미, 문장 조각을 통한 종결 표현의 실현을 통해 획득되고 있음을 또한 설명하였다.

참고문헌

권재일(2000), 『한국어 통사론』, 민음사.

권재일(2004), 『구어 한국어 의향법 실현방법』, 서울대학교출판부.

김미형(1997), 「문체 유형의 언어 양상 연구」, 『어문학연구』 5, 상명대학교 어문학연구소, 145～177쪽.

김미형(1998), 「한국어 문체의 현대화 과정 연구-신문 문장을 중심으로-」, 『어문학연구』 7, 상명대학교, 123～147쪽.

김미형(2000), 「문체 분석의 실제」, 『어문학연구』 9, 상명대학교 어문학연구소, 64～74쪽.

김선희(2000), 「광고 언어의 다양한 쓰임과 그 특성」, 『한글』 248, 한글학회, 129～158쪽.

노대규(1996), 『한국어의 입말과 글말』, 국학자료원.

박갑수(1994), 『국어문체론』, 대한교과서.

박재연(1998), 『현대국어 반말체 종결 어미 연구』, 서울대 박사학위논문.

신명선(2000), 「광고텍스트의 문화적 의미와 국어 교육」, 『국어교육』 103, 한국국어교육연구회, 79～106쪽.

윤석민(2000), 『현대국어의 문장종결법 연구』, 집문당.

이석규(2003), 『텍스트 분석의 실제』, 역락출판사.

이석주 외(2002), 『대중 매체와 언어』, 역락출판사.

이은희(2002), 「국어교육과 광고 텍스트」, 『이중언어학』 20, 한국이중언어학회, 235～258쪽.

송효섭(2002), 「구술성과 기술성의 통합과 확산-국문학의 새로운 사유와 담론을 위하여-」, 『국어국문학』 131, 국어국문학회, 95～115쪽.

장경현(2003), 「문어/문어체 · 구어/구어체 재정립을 위한 시론」, 『한국어 의미학』 13, 한국어의미학회, 143～156쪽.

장소원(1995), 「국어학에서의 구어성」, 『한일어학논총』, 국학자료원.

제 3 장

신·문·텍·스·트

논설

박보연

1. 서론

본고는 신문 논설의 문체를 시기별로 고찰하여 신문 논설 문체의 변천 양상을 살피는 것을 목적으로 한다. 크게 표기와 표현으로 나누어 그 변천 양상을 살펴볼 것인데, 표기면에서는 시기별로 표기문자와 문장부호의 사용 양상 및 띄어쓰기의 적용 여부를 검토하고, 표현면에서는 단락이 어떻게 구분되어왔는지, 종결표현이 어떻게 달라져왔는지를 중심으로 고찰해 본다.

본고의 신문 '논설'은 신문 '사설(社說)'을 의미한다. 사설은 집필자의 개인적 의견이나 주관을 배제하고 신문사의 견해나 주장을 제시하는 사론(社論)으로, 객관적인 보도기사와 대비되는 신문 논설(論說)의 일종이다. 즉, '논설'은 '사설' 외에도 '해설', '논평기사' 등을 아우르는 용어라 할 수 있다. 그러나 초기의 신문에서는 '사설(社說)'이라는 명칭이 쓰이지 않았으므로,[1] 넓은 의미로 '논설'을 사용한다.

---

1) 『독립신문』에는 '론셜', 『대한매일신보』에는 '論說' 『매일신보』와 『황성신문』에는 '社說'로 되어 있다. 1920년에 창간된 『동아일보』는 1931년 7월 9일자에 처음으로 '社說'이 나타난다.

본고에서 살펴볼 신문 논설은 다음과 같다.

1) 1896년~1910년

독립신문	1897.04.06. / 1898.07.15. / 1898.08.23.
황성신문	1898.09.05. / 1899.06.01. / 1910.09.14.
대한매일신보	1908.01.08. / 1910.07.06.
매일신보	1910.10.21.

2) 1911년~1920년

매일신보	1916.09.15. / 1917.08.14.
동아일보	1920.04.18.
조선일보	1920.06.08.

3) 1921년~1930년

매일신보	1922.10.05.
조선일보	1924.06.12.
동아일보	1925.04.18. / 1929.04.18.

4) 1931년~1940년

조선일보	1932.03.06. / 1940.08.04.
동아일보	1933.07.08. / 1940.04.18.

5) 1941년~1950년

매일신보	1943.06.27.
동아일보	1945.12.02. / 1950.10.06.
조선일보	1948.01.14.

6) 1951년~1960년

동아일보	1954.04.11. / 1958.04.11.
한국일보	1955.04.12.
조선일보	1955.10.24.(1) / 1955.10.24.(2)

8) 1961년~1970년

조선일보 1961.07.23. / 1967.05.17.

동아일보 1962.12.11. / 1967.03.23.

9) 1971년~1980년

조선일보 1973.06.10.(1) / 1973.06.10.(2)

동아일보 1976.05.03.

한국일보 1976.05.11.

10) 1981년~1990년

조선일보 1980.12.28. / 1989.12.07.

동아일보 1982.03.17. / 1988.06.23.

11) 1991년~2006년

조선일보 1997.06.13. / 2006.03.20.

동아일보 2006.03.15.

한국일보 2006.03.21.

우리나라 최초의 신문은 1883년에 발행된 『한성순보』이지만, 이는 한문어순에 한자전용으로 되어 있어 본 논의 대상에서 제외하였으며, 뒤이어 1886년에 발행된 『한성주보』 역시 논설 부분이 한자전용으로 되어 있어 논의 대상에서 제외하였다. 따라서 1896년에 발행된 『독립신문』부터 2006년까지 10년 단위로 각기 다른 신문의 논설을 임의로 선택한 위 신문 논설을 대상으로 하여 신문 논설 문체의 변천을 살펴보고자 한다.

2. 표기면에서의 고찰

2.1. 표기문자의 변천

2.1.1. 한글 전용과 국한문 혼용

1896년 최초의 민간 신문으로 창간된 『독립신문』은 한글 전용으로 표기되고, 이러한 『독립신문』의 한글 전용은 한말 신문 제작의 전형이 되었다. 그러나 1898년에 발행된 『황성신문』은 국한문을 혼용하여 이후 신문의 표기는 한글 전용과 국한문 혼용[2])으로 양분되기 시작한다.

이는 아래 표에서와 같이 논설에도 그대로 반영되어, 신문의 성격에 따라 한글 전용과 국한문 혼용으로 나뉘고 있다.

	한글전용	국한문혼용	제목[3])
1897.04.06. 독립신문	○		×
1898.07.15. 독립신문	○		독립ᄒᆞᄂᆞᆫ샹칙
1898.08.23. 독립신문	○		외국 사ᄅᆞᆷ의 의견
1898.09.05. 황성신문		○	×
1899.06.01. 황성신문		○	×
1908.01.08. 대한매일신보		○	●土地家屋을外人의게賣渡ᄒᆞᄂᆞᆫ 者의게警告ᄒᆞᆷ
1910.07.06. 대한매일신보	○		우리한국은 슈모의 세계

2) 본고의 '국한문 혼용'이란 표기문자에 있어 한자와 한글이 모두 쓰이는 것은 물론, 문장, 구문에서 한문 어순이 그대로 유지되고, 국어가 문법 요소로만 쓰이는 것을 일컫는다. 이와 달리, 문자의 표기 측면에서만 일부 한자어를 한자로 나타낸 것은 '국한문 혼용'과 구분하여 '국한자 혼용'이라 한다. 이러한 '국한문 혼용'과 '국한자 혼용'의 명칭은 김흥수(2004)를 따른 것으로, 김흥수(2004)에서는 '국한문 혼용체, 국한자 혼용체, 순국문체'로 문체를 구분하고 있다. 민현식(1994)에서도 이 둘을 구분하고 있으나, '전통 국한문체, 개화기 국한문체'로 그 명칭이 다르다.

3) 제목은 가능한 원문 그대로 제시한다. 원문에 2줄로 되어 있는 것은 동일하게 2줄

1910.10.21. 매일신보		○	勞動의神聖
1910.09.14. 황성신문		○	本新聞紙購覽諸氏여
1916.09.15. 매일신보		○	朝鮮에投資ᄒᆞ라
1917.08.14. 매일신보		○	學生과新聞紙

〈표 1: 신문 논설의 표기문자 1〉

다만 1898.08.23일자 『독립신문』의 본문에 '무졍부당(無政府黨)'와 같이 한자가 괄호 속에 표기된 예가 발견된 점이 다소 특이한데, 이는 한글표기만으로는 의미를 전달하기 어려운 데 따른 보완책이라 여겨진다.

또한 국한문 혼용을 했던 신문에서는 『대한매일신보』만을 제외하고 '1910.10.21.『매일신보』', '1910.09.14.『황성신문』', '1916.09.15.『매일신보』', '1917.08.14.『매일신보』' 모두 논설 제목에 한글의 글자 크기가 한자의 1/4정도로 작게 표기되었음이 주목된다. 이는 국한문 혼용이 단순한 표기의 문제가 아니라 국어가 문법요소로서의 역할밖에 하지 못하고 있음을 방증하는 것이라 하겠다. 『대한매일신보』가 예외적인 것은, 1907년 5월부터 한글판, 국한문판, 영문판의 세 가지 신문을 발행하여, 한글 전용과 국한문 혼용의 두 형태를 보이는데 따른 것으로 보인다(이상철 1999 참조).

2.1.2. 국한문 혼용

한글 전용 신문이 폐간된 후에는 대부분의 신문이 국한문 혼용으로 표기되기에 이른다.4) 이러한 국한문 혼용의 확대는 1920년 중반까

로 표기하고, 2줄로 표기된 경우, 줄의 시작 위치가 다른 경우도 원문과 동일하게 제시한다.

4) 논설에서는 국한문 혼용이었지만 3면 사회면은 한글 전용으로 나타난다. 한국편집기자회(1969:32)에서는 1920년대의 동아일보는 1면과 2면은 국한문혼용, 3면은 한글중심으로 되어 있음을 밝히고, 3면은 사회면으로서, 사회면의 한글 전용은 아마 이때부터 비롯된 것으로 보고 있다.

지 이어진다.

	한글전용	국한문혼용	제목
1920.04.18. 동아일보		○	統治權의 根本 義는 何在오 (2단으로 제시)
1920.06.08, 조선일보		○	眞正흔 競爭을 何時見乎아5)
1922.10.05. 매일신보		○	光化門保存問題에就하야6)

〈표 2: 신문 논설의 표기문자 2〉

그리고 이 시기에는 본문에 한글과 한자 외에 영어 표기가 새롭게 등장한다. 다음과 같이 괄호 속에 동일한 의미의 영어가 표기되어 나타나는데, 이는 어휘의 이해를 돕기 위한 것으로 보인다.

(1) 「人性의一般的部分(The general aide of human nature)이오
「사회성」(Sociality)이며 1920.04.18.『동아일보』

반대로 외국어를 한글로 표기한 예가 있는데, 주로 '「룻소」(1920. 04.18.『동아일보』)'와 같이 외국인명을 한글로 표기한 경우가 발견된다.

2.1.3. 국한자 혼용

1920년대 중반으로 넘어서면서부터 이전과 비교해 한자 표기가 많이 줄어든다. 이는 단순히 표기문자의 차이뿐 아니라 한문식 표현이 우리말로 바뀌는 과정을 보여주는 것으로 보인다.

이 시기는 국한자를 혼용하는 데 있어서 이전과 달리 주요 어휘만

5) 한글 크기는 한자 크기의 1/4임.
6) 한글 크기는 한자 크기의 1/2임.

을 한자로 표기하는 경향과 여전히 한자 쓰기를 고수하는 경향이 혼재되어 나타난다. 전자는 한자를 괄호 속에 병기하고 있는 (3ㄱ)의 예가 대표적이고, 후자는 한자어 대부분을 한자로 표기하는 (3ㄴ)의 예가 대표적이라 하겠다.

(2) ㄱ. 자부심(自負心), 도의(道義), 허명무실(虛名無實)

1955.10.24.(2)『조선일보』

ㄴ. 禁치 못하는 바이다 / '젯트'機를 保有하고 있다

1955.04.12.『한국일보』

	한글전용	국한자혼용	제목
1924.06.12. 조선일보		○	生存을爲하야 산社會의산 사람이되자7)
1925.04.18. 동아일보		○	間島의 朝鮮青年總同盟
1929.04.18. 동아일보		○	多邊的不戰
1932.03.06. 조선일보		○	滿洲同胞와敎 育問題 時急한**敎育8)
1933.07.08. 동아일보	○9)		살라는 뜻과 힘 영남 이재동포에게10)
1940.04.18. 동아일보		○	歐戰擴大와 中立國地位
1940.08.04. 조선일보		○	敎育刷新
1943.06.27. 매일신보		○	學徒動員體制確立
1945.12.02. 동아일보		○	自由의善用
1948.01.14. 조선일보		○	正當한敎育 機關의 愛護
1950.10.06. 동아일보		○	以北進擊을유엔에要望
1954.04.11. 동아일보		○	公務員의處遇 改善正式公布
1955.04.12. 한국일보		○	智異山平和祭의報를듣고

1955.10.24. 조선일보(1)		○	유엔日과 유엔精神
1955.10.24. 조선일보(2)	○[11]		긴급한 교육시설의 혁신
1958.04.11. 동아일보		○	選擧妨害는 計 劃的이아닌가
1961.07.23. 조선일보		○	經濟再建計劃은革命的인確實性과 福祉理念을示顯하여야한다
1962.12.11. 동아일보		○	大野氏一行의 訪韓意義와 우리의 期待
1967.03.23. 동아일보		○	北傀 신문인의 越南
1967.05.17. 조선일보		○	大學敎育의再檢討
1973.06.10. 조선일보(1)		○	韓印尼外相會談의 成果
1973.06.10. 조선일보(2)		○	「遲進兒」問題의核心 -源泉은 國民校敎育段階에있다-
1976.05.03. 동아일보		○	쇠고기輸入문제
1976.05.11. 한국일보		○	初老停年・老人家出 -福祉政策의 實感있는 方向設定하라[12]

〈표3: 신문 논설의 표기문자 3〉

숫자 표기에 있어서도 이 시기에는 아라비아 숫자 대신 한자가 사용되었다.

(3) ㄱ. 五十餘人 / 來五月七日에 　　　　1925.04.18.『동아일보』[13]

---

7) '산社會의산 사람이되자'는 부제이며, 표제 크기의 1/2임
8) 부제의 글자 크기는 표제의 1/4이며, 부제 글자 위에 '˝'와 같이 드러냄표가 표시되어 있다. *는 확인이 어려운 한자이다.
9) 이 시기의 『동아일보』는 일반적으로 국한문 혼용인데 반해, 이 논설 부분만 예외적으로 한글 전용이다. 논설의 문체가 연설문 식으로 되어 있는 등 다른 논설과 다른 점이 많아 예외적인 표기로 본다.
10) 부제의 글자 크기는 표제의 1/2이며, 부제 글자 위에 '˝'와 같이 드러냄표가 표시되어 있다.
11) 하루에 두 편의 논설이 게재되는데, 교육관련 내용의 논설은 한글 전용으로 되어 있다.
12) 부제의 글자 크기는 표제의 3/4이다.
13) 두 예를 나열하는 경우, 반점 ','은 원문 표기의 반점과 혼동될 염려가 있으므로

ㄴ. 昨年 五月 現在로 八百七十六名의 1955.04.12.『한국일보』

ㄷ. 十日까지 1958.04.11.『동아일보』

이러한 숫자 표기 방법은 1960년대부터 아라비아 숫자로 대치되기 시작하는데, 다음과 같이 부분적으로 한자와 같이 사용되었다.

(4) ㄱ. 2千萬 1967.03.23.『동아일보』

ㄴ. 쇠고기 한근(6百g)값이 1천5백원(3달러)으로올라 1976.05.03.『동아일보』

ㄷ. 1백25% 1980.12.28.『조선일보』

이 시기에는 외국어를 한글로 표기한 예가 많이 나타난다. 다음은 외국인명, 외국지명 및 외국어를 한글로 표기한 예이다.

(5) ㄱ. 『몬로-』 1929.04.18.『동아일보』

ㄴ. 레이노 佛首相의 말과같이 1940.04.18.『동아일보』

(6) 『제네바』議定書1929.04.18.『동아일보』

(7) ㄱ. 傀儡의 '게리라' 1955.04.12.『한국일보』

ㄴ. 「모델」 1961.07.23.『조선일보』

그러나 외국인명이나 외국지명이 위와 같이 원 발음대로 한글로 표기된 반면, 국가명은 다음에서 보듯이 한자로 적고 있다. 이는 일본

빗금 '/'을 사용한다.

에서 사용되던 명칭을 그대로 가져온 결과로 보인다.

(8) 米國 1929.04.18.『동아일보』 / 英佛 1940.04.18.『동아일보』

그런데 1929.4.18일자 『동아일보』에서는 '미국'의 한자 표기가 현재의 '美國'과 달리 '米國'로 되어 있는 점이 특이하다. 이는 영국과 프랑스가 '英佛'로 지금과 동일한 한자인 것과 비교된다. '米國'의 표기는 1940년대까지 계속된다.[14]

이 밖에도 1961.7.23일자 『조선일보』에는 '國民總生産(이른바GNP)'와 같이 영어의 약자가 알파벳으로 표기된 예도 보인다.

2.1.4. 국한자 병용과 한글 전용

80년대 들어서면서부터는 주요한 단어만 한자로 표기하는 경향이 더욱 우세해진다. 일례로 1988.06.23일자의 『동아일보』는 '民主化' 등 총 14개의 한자어만 한자로 표기하고 있다. 이는 실질적인 한글 전용을 지향하고 있음을 보여주는 것이다.

	한글전용	국한자병용	제목
1980.12.28. 조선일보		○	크게 오른 大學登錄金 -敎育財政의 根源的解決 아쉽다-[15]
1982.03.17. 동아일보		○	국립 中央博物館 -계획에 걸맞는 참다운 施設되도록-
1988.06.23. 동아일보		○	「無勞動 無賃金」지켜야
1989.12.07. 조선일보		○	不安해 못살겠다

〈표 4: 신문 논설의 표기문자 4〉

14) 1940.04.18일자 『동아일보』에서도 나타난다.

이 외에도 1980.12.28일자 『조선일보』에서는 '「빅사이엔스」化'와 같은 외국어의 한글 표기 예가 보인다.

1990년대로 들어오면서 한글 전용이 보편화되기 시작한다. 한자는 필요한 경우에 한해 괄호를 사용해 한글과 병기하기도 한다. 1997.06. 13일자 『조선일보』에서는 '講師(강사), 教材(교재), 病(병)' 등의 표기가 보이고, 2006.03.15일자 『동아일보』에서는 '사의(辭意), 단안(斷案), 복지부동(伏地不動)' 등의 표기가 나타난다. 그러나 이 숫자는 『동아일보』의 경우 총 7개에 불과해 실질적으로 한글 전용이나 마찬가지이다. 2006.03.20.일자 『조선일보』는 이와 다소 다르게 본문에 국한자를 병용하고 있는데, '實실수요, 新신진단, 順理순리로 푸는 길'처럼 한자 옆에 한글을 작게 표기하고 있다.

	한글전용	국한자병용	제목
1997.06.13. 조선일보		○	교육방송의 反教育
2006.03.15. 동아일보		○	정부 주요직 '人事 공백' 길어선 안 된다
2006.03.20. 조선일보		○	假수요란 도깨비를 잡고 나도 뛰는 강남 집값
2006.03.21. 한국일보	○		입맛 떨어지게 하는 고소득자 탈세

〈표 5: 신문 논설의 표기문자 5〉

그러나 제목의 경우에는 국한자 혼용을 고수하는 경향이 본문보다 더 강해, 종종 한자가 그대로 나타난다.

2.2. 문장부호의 변천

문장부호는 문장의 이해를 돕기 위해 쓰이는 부호를 말한다. 현대

15) 부제 글자 크기는 표제의 1/2임.

문장부호는 개화기 때 서구식 문장 부호의 유입으로 나타났다고 알려져 있는데, 신문 논설에서는 이러한 문장부호가 언제부터 쓰이고, 어떤 것들이 사용되어 왔는지 실제 자료를 통해 검토해 보고자 한다.

2.2.1. 문장부호의 부재(不在)

초기의 신문 논설에는 문장부호가 전혀 쓰이지 않았다. 1987.04.06일자 『독립신문』부터 1917.8.14일자 『매일신보』까지로, 문장부호의 부재 시기는 신문 논설이 처음 생겼을 때부터 1910년대까지라 할 수 있다.

이는 아직 단락 구분이 완전히 자리 잡지 못하고,[16] '～오', '～라' 등의 고전적 표현이 유지된 점과 마찬가지로, 아직 현대적인 글쓰기 방식이 도입되지 않았기 때문으로 보인다.

이 시기에는 일반적인 문장부호가 전혀 나타나지 않지만, '-, 々, ○' 등의 부호가 사용되고 있다. 먼저 줄표[17] '-' 를 보면, 아래와 같이 한자 다음에 계사 또는 격조사가 있어야 할 자리에 나타나고 있으며,

(9) ㄱ. 報告-니 / 者-로다 1917.08.14.『매일신보』
ㄴ. 事-라 / 下等人事-오 1910.10.21.『매일신보』

이는 이후에도 '孔子-云ᄒᆞ사ᄃᆡ (1920.06.08. 『조선일보』)' 와 같은 예에서 발견된다. 그리고 외국인명에는 굵은 밑줄이 사용되기도 하였다.

16) 단락 구분에 대해서는 3장에서 논의될 것이다.
17) 본고에서 사용하는 문장부호 명칭은 1988년 『한글맞춤법』에 따른다.

(10) 피터 / 게렌슥기　　1917.08.14.『매일신보』

다음으로 '々'의 사용 예를 보면 다음과 같다.

(11) ㄱ. 世々祖先의茫々心血로 / 片々田畓을
1908.01.08.『대한매일신보』
ㄴ. 勤々孜々　　1910.10.21.『매일신보』

'々'는 반복되는 한자를 대신하여 쓰이고 있는데, 이는 현대 중국어와 일본어에서도 동일한 기능으로 사용되고 있다. 김진아(2001)[18]에 따르면 重字号(중복부호)인 '々'는 중국어에서 글자가 중복 되어 출현할 때 처음 글자를 제외하고 뒤에 나오는 글자는 대체할 때 사용된다고 한다. 그리고 일본어에서도 三省堂編修所 編(1991: 205)[19]의 'くり返し符號(반복부호)' 부분을 보면, '々'는 한자(漢字)의 한 글자를 반복하는 경우에 사용한다고 되어 있다. '々' 역시 줄표와 마찬가지로 이후에도 계속 사용됨을 볼 수 있는데,

(12) '歷々히 엿볼수잇다　　1943.06.27.『매일신보』

이는 현대어에서는 사용되지 않지만, 오랫동안 한국어 내에서 문장부호로 사용되어 왔음을 확인시켜주는 것이다.

이 밖에도 '○'나 '◉', '◎', '●' 등의 권표가 눈에 띈다. 이는 논설의 첫 시작 부분에 나타나는데, 관보나 잡보 등의 글이 시작될 때도

18) 김진아(2001), 문장부호 중요성에 따른 한국어 · 중국어 문장부호 비교, 『통역번역연구소 논문집』 5, 한국외대 통역번역대학원 동역번역연구소, 39~50쪽.
19) 三省堂編修所 編(1991), 『新しい國語表記ハンドブック』, 東京: 三省堂.

같은 표시를 하고 있는 점을 볼 때 이 시기의 권표는 하나의 완성된 글의 시작을 알리는 기능을 갖는 것으로 생각된다.[20)]

2.2.2. 세로쓰기 문장부호 사용

1920년대부터는 현대 한글맞춤법의 세로쓰기 문장부호 방식과 일치한다. 사용된 문장부호는 다음과 같다.

(13) 。 ˊ 「」 『』 ? () – ‥‥ … ① ②

그러나 고리점 '。'은 1950년대 이전에는 잘 사용되지 않았다. 1940.08.04.『조선일보』에서는 고리점이 직힌 문장보다 찍히지 않은 문장이 더 많으며, 1943.06.27.『매일신보』에서는 전체 글의 마지막 문장에만 고리점이 사용되었다.

그리고 이 시기의 줄표 '–'는 이전과 달리, 명사를 나열하거나 제목의 부제, 즉 표제의 보충설명을 위해 사용되었다.

(14) ㄱ. 한낱 技術者–事務員–俸給生活者를 만드는

1967.05.17.『조선일보』

遲進兒–지진학생문제관행화–구조화 1997.06.13.『조선일보』

ㄴ. 遲進兒

–源泉은 國民校教育段階에있다– 1973.06.10.『조선일보(2)』

---

20) 독립신문 1898년 7월 15일자 논설에는 ○ 표시가, 황성신문 1898년 9월 5일자 논설에는 ◉ 표시가, 황성신문 1899년 6월 1일자 논설에는 ◎ 표시가 되어 있으며, 대한매일신보 1910년 7월 6일자 논설에는 본문의 시작이 아니라 글의 종류를 밝혀주는 부분에 '●론셜'과 같이 표시되어 있다.

드러냄표(· · · ·)는 다음과 같이 1932.03.06.『조선일보』와 1933.07.08.『동아일보』의 부제에 사용되었는데, 현재와 마찬가지로 강조의 의미를 표현한 것으로 보인다.

(15) ㄱ. 滿洲同胞와 教
育問題
時急한**教育 1932.03.06.『조선일보』

ㄴ. 살랴는 뜻과
힘
영남이재동포에게 1933.07.08.『동아일보』

또 특이하게 ①, ② 등의 표시 1961.7.23일자 『조선일보』에 보이는데, 2단락 시작 부분에 '여기서 이計劃案의 要點을 살피면' 다음으로 '①農漁村의~'에서 '④國際收支改善~'까지 계획안의 요건 세 가지가 제시되어 있다. 또한 왼쪽에서 9번째 행을 보면, '말할것없이 經濟計劃이라는것은' 다음에 '①經濟의力量을 强化하는것을 目的으로하는 이른바 經濟成長을 꾀하며 同時에②現代의 福祉國家觀에~'라고 되어있는데, 이는 'A하며 동시에 B한다'의 표현이 '①'과 '②'로 번호 매겨져 제시되고 있다. 현대 논설에서는 '첫째, 둘째' 등의 표현을 더 많이 쓰고, 이 시기 이전에도 이와 같은 표기가 없는 점을 볼 때, '①, ②' 등의 표기는 다소 특이하다고 하겠다.

2.2.3. 가로쓰기 문장부호 사용

문장부호의 변화는 신문이 가로쓰기를 시작하면서부터 나타난다. 고리점 ' 。'이 온점 '.'으로 낫표 '「」' 가 따옴표 ' “ '로 바뀌어 나타난다. 그리고 제목에서는 '정부 주요직 '人事 공백' 길어선 안 된다(2006.03.15.『동아일보』)'와 같이 완전한 문장으로 끝나는 경우에도 온점 '.' 이 사용되지 않는데, 이는 현대 한글맞춤법에 제시된 것과 같다.

2.3. 띄어쓰기의 변천

띄어쓰기란 문장의 단위마다 공간을 두어 독해의 효율을 높이는 방식이다. 1910년대까지 신문 논설에서 띄어쓰기는, 창간호부터 띄어쓰기를 주창했던 『독립신문』을 제외하고 아직 행해지지 않았다. 예외적으로 1910.07.06일자 『대한매일신보』에서는 띄어쓰기가 시행되고 있다. 이는 2.1.1에서 살펴봤듯이 한글 전용을 하고 있는데 기인한 것으로 보인다. 한글 전용을 하는 경우 띄어쓰기는 불가피해지기 때문이다.

독립신문에서는 'ᄒᆞ다'와 결합한 어휘의 경우 띄어 쓰는 경향이 있다.

(16) 약 ᄒᆞ고 / 말 ᄒᆞ나뇨 / 권 ᄒᆞ야 / 그러 ᄒᆞ나

1898.08.23.『독립신문』

이는 이전에도 지적된 사항으로[21] '-ᄒᆞ다'류 낱말의 선행어근을 '-ᄒᆞ다'와 분리해서 적는 경향은 다소 특이한 것이다.

1920년대에 들어서 『동아일보』와 『조선일보』는 각각 1925.04.18, 1932.03.06부터 본문에 띄어쓰기가 시행되고 있다.[22] 논설의 제목에서는 1970년대 중반까지 띄어쓰기가 시행됐다 안 됐다를 반복하다

---

21) 이기문(1989), 독립신문과 한글문화, 『주시경학보』 4.

22) 1920.04.18일자 『동아일보』와 1920.06.08과 1924.06.12일자 『조선일보』에는 띄어쓰기가 안 되어 있다.

가,[23] 1980년대 이후 현재까지 제목에서도 예외 없이 띄어쓰기가 행해지고 있다.

그러나 이는 단순히 띄어쓰기의 여부만 기준으로 삼은 것이다. 현재는 어절 단위로 띄어쓰기가 이루어지고 있지만, 띄어쓰기의 초기에는 구형(句形) 띄어쓰기 방식을 따르는 것으로 보인다.[24] 구형 띄어쓰기는 수식어와 피수식어, 의존명사와 선행어, 보조용언과 본용언을 구(句)로 묶어 붙여 쓰는 방식이다. 그러나 어느 부분에서는 종속절이나 대등절 등 절(節) 단위로 띄어 쓰거나 어절단위로 띄어 쓰는 경우가 혼재되어 나타나기도 한다.

(17) ㄱ. 1976.05.11.『한국일보』

~파괴적영향을 만연시키는데 이른것같다.

~을 금치못했던것이다.

~일어나고있는터에~ / ~걱정하지 않을수없게 되었다.

ㄴ. 1955.04.12.『한국일보』

마지않는바이다. / 오르고있다는것이며 / 아닐수없는것이다.

띄어쓰기에 대한 규범은 1933년 조선어학회의 『통일안』과 1988년의 『한글맞춤법』에서 찾아볼 수 있다. 전자는 구형 띄어쓰기 규정을 제시하고 있고, 후자는 어절을 단위로 띄어 쓴다는 어절형 띄어쓰기를 기본으로 하여 일부 보조용언은 붙여 써도 된다는 하여 구형 띄어

23) 제목에서 띄어쓰기가 적용되지 않은 신문 논설은 다음과 같다.
1948.01.14.『조선일보』, 1950.10.06.『동아일보』, 1955.04.12.『한국일보』, 1967.05.17.『조선일보』, 1973.06.10.『조선일보』, 1976.05.03.『동아일보』

24) 띄어쓰기의 명칭은 서울대학교국어교육연구소(1993: 794)에서 가져온 것이다. 서울대학교 국어교육연구소(1993)는 띄어쓰기의 유형을 '분석형, 어절형, 구형, 절형'으로 나누고 있다.

쓰기의 방식을 일부 받아들이고 있는데, 신문 논설의 띄어쓰기는 이러한 규범에 따라 크게 바뀌지는 않은 것으로 보인다. 물론 다음의 예처럼 예전보다 어절 단위로 띄어쓰기가 이루어지고 있지만,

(18) ~목적이 있기 때문이다 / ~을 수가 있을 것이다

1982.03.17.『동아일보』

지면의 경제성을 추구하려는 이유에서인지, 현재도 의존명사, 보조용언, 인용구성 등을 붙여 쓰는 구형 띄어쓰기가 나타난다.

3. 표현면에서의 고찰

3.1. 단락 구분의 변천

단락이란 몇 개의 문장이 모여 하나의 중심 생각을 나타내는 단위이다. 먼저 단락 구분 여부를 살펴보면, 1920년대 초까지는 단락 구분이 있는 경우와 없는 경우가 혼재되어 나타난다. 이는 신문 논설의 초창기부터 단락에 대한 인식이 있었으나, 집필자의 특성이나 지면부족 등의 문제로 생각된다. 다만 2.2에서 언급했듯이 하나의 완성된 글을 의미하는 '○', '◉', '◎', '●' 등의 권표가 논설의 첫 부분에 사용되고 있을 뿐이다.

	단락구분 여부	단락수		단락구분 여부	단락수
1897.04.06. 독립신문	×		1910.10.21. 매일신보	○	3단락

1898.07.15. 독립신문	×		1910.09.14. 황성신문	○	6단락
1898.08.23. 독립신문	○	6단락	1916.09.15. 매일신보	×	
1898.09.05. 황성신문	×		1917.08.14. 매일신보	○	8단락
1899.06.01. 황성신문	○	5단락	1920.04.18. 동아일보	○	12단락
1908.01.08. 대한매일신보	○	10단락	1920.06.08. 조선일보	×	
1910.07.06. 대한매일신보	○	7단락	1922.10.05. 매일신보	×	

〈표 7: 신문 논설의 단락 구분 1〉

그렇다면 이렇게 구분된 단락은 하나의 중심 생각을 지니는지, 단락이 처음 나타난 1898.08.23일자 『독립신문』의 논설을 예로 들어 살펴보겠다. 다음은 해당 논설 부분이다.

이 논설은 '외국 사름의 의견'이라는 제목 아래, 총 6단락으로 구성되어 있다. 이 중 첫 단락은 '~번력ᄒᆞ노라'라는 마지막 종결 표현에서도 알 수 있듯이 '외국 사람의 글을 번역해 싣는 이유'를 밝히고 있고, 2단락부터 4단락까지는 외국 사람의 의견을 인용하고 있다. 그리고 5단락은 '~ᄒᆞᆫ것은 가히 알겟도다'라는 표현으로 끝나면서, 외국 사람이 그러한 의견을 갖게된 이유를 이해한다는 내용을 밝히고 있으며, 6단락은 '그러 ᄒᆞ나'로 시작해서 '~ᄒᆞ기를 ᄇᆞ라ᄋᆞ노라'로 끝을 맺어, 하지만 외국 사람 의견에 너무 신경쓰지 말기를 바란다는 집필자의 생각이 드러나 있다. 이를 볼 때, 신문 논설의 초기에도 단락에 대한 인식이 있었음을 알 수 있다.

띄어쓰기와 관련지어 특이한 점은 1910.10.21일자 『매일신보』와 1920.04.18일자 『동아일보』는 띄어쓰기는 되어 있지 않지만 단락은 구분하고 있다는 것이다. 이는 국한문 혼용을 하고 있어 굳이 띄어쓰기의 필요성은 느끼지 못했지만, 단락의 구분에 대한 인식은 하고 있었다는 것을 반증하는 것이라 하겠다.

	단락구분 여부	단락수		단락구분 여부	단락수
1924.06.12. 조선일보	○	4단락	1955.10.24. 조선일보(1)	○	3단락 一二三
1925.04.18. 동아일보	○	4단락 一~四	1955.10.24. 조선일보(2)	○	3단락 一二三
1929.04.18. 동아일보	○	5단락 一~五	1958.04.11. 동아일보	○	7단락
1932.03.06. 조선일보	○	3단락 一二三	1961.07.23. 조선일보	○	3단락
1933.07.08. 동아일보	○	9단락	1962.12.11. 동아일보	○	13단락
1940.04.18. 동아일보	○	3단락 一二三	1967.03.23. 동아일보	○	7단락
1940.08.04. 조선일보	○	3단락 一二三	1967.05.17. 조선일보	○	2단락 一二
1943.06.27. 매일신보	○	3단락 一二三	1973.06.10. 조선일보(1)	○	2단락 一二
1945.12.02. 동아일보	○	3단락	1973.06.10. 조선일보(2)	○	2단락 一二
1948.01.14. 조선일보	○	2단락	1976.05.03. 동아일보	○	7단락
1950.10.06. 동아일보	○	3단락 一二三	1976.05.11. 한국일보	○	5단락
1954.04.11. 동아일보	○	8단락	1980.12.28. 조선일보	○	2단락 一二
1955.04.12. 한국일보	○	5단락			

<표 8: 신문 논설의 단락 구분 2>

위 표에서도 알 수 있듯이, 1920년대 초 이후에는 모든 신문 논설에서 단락이 구분되고 있다. 또한 이 시기에는 크게 단락 시작 전에 한자로 一, 二, 三, 四를 붙이는 경향이 있었음을 확인할 수 있는데, 이렇게 한자로 숫자를 매겨 가시적으로 단락의 구분을 더 명확히 하고자 한 것으로 보인다.

특이하게 1933.07.08일자 『동아일보』는 한자로 크게 단락 구분을 하고 그 아래에서 또 세부 단락을 나누고 있어, '기, 승, 전, 결'의 인

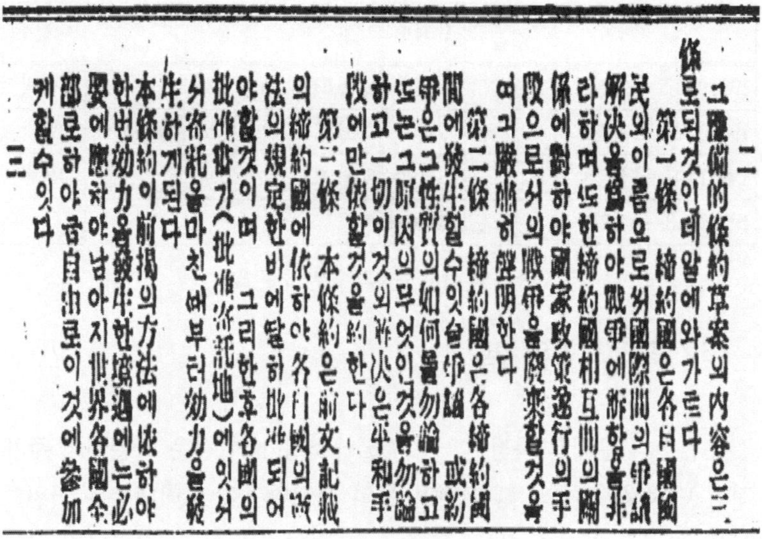

二
그 豫備的條約草案의內容은三
條로된것인데알에와가트다
第一條 締約國은各自國國
民의이름으로써國際間의紛爭
解決을爲하야戰爭에訴함을非
라하며또한締約國相互間의關
係에對하야國家政策遂行의手
段으로서의戰爭을廢棄할것을
여그嚴肅히聲明한다
第二條 締約國은各締約國
間에發生할수잇슬爭議或紛
爭은그性質의如何를勿論하고
또는그原因의무엇인것을勿論
하고一切이것의解決은平和手
段에만依할것을約한다
第三條 本條約은前文記載
의締約國에依하야各自國의憲
法의規定한바에쌀하批准되어
야할것이며 그리한후各國의
批准書가(批准寄託地)에잇서
서寄託을마친때부터效力을發
生하게된다
本條約이前揭의方法에依하야
한번效力을發生한境遇에는必
要에應하야남아지世界各國全
部로하야금自由로이것에參加
케할수잇다
三

〈1933.07.08. 동아일보〉

식과 소(小)단락의 인식이 달랐음을 시사해 준다. 9단락인데, 一(2단락) 二(2단락) 三(2단락) 四(3단락)으로 되어 있다. 단락 시작 전 한 칸 들여 쓰는 경우가 대부분이다

일반적인 단락 구분 외에도 1929.04.18.『동아일보』의 ‘多邊的不戰條約’이란 제목의 논설에서는 인용 부분에서 단락을 구분한 예를 찾아볼 수 있다. 아래는 해당 논설의 일부이다.

2단락 안에 조약 내용을 인용하는 부분이 있는데, ‘第一條, 第二條, 第三條’로 조약이 바뀌는 부분마다 단락을 나누었고, 전체적으로 한 칸 밑에 쓰고 있어 인용된 부분임을 쉽게 알 수 있게 하고 있다.

1920년대 초 이후에는 단락 시작 전에 한자로 一, 二, 三을 붙이는 경향은 80년대 들어서면서 사라지고, 단락도 좀 더 세분되어 그 수가 적게는 4개에서 많게는 10개까지 보이고 있다.

	단락구분 여부	단락수		단락구분 여부	단락수
1982.03.17. 동아일보	○	10단락	2006.03.15. 동아일보	○	6단락
1988.06.23. 동아일보	○	9단락	2006.03.20. 조선일보	○	4단락
1989.12.07. 조선일보	○	8단락	2006.03.21. 한국일보	○	4단락
1997.06.13. 조선일보	○	4단락			

〈표 9: 신문 논설의 단락 구분 3〉

3.2. 종결표현의 변천

논설문의 문체적 특징은 '~이다, ~것이다'와 같은 글쓴이의 주체적인 단정적 표현과 '생각한다' 등의 사고활동을 드러내주는 어휘의 사용, 그리고 다수를 대상으로 하므로 경어체 등이 잘 나타나지 않는 것으로 간주된다(김미형 2002 참조). 또한 강범모(1999)에서 장르별로 분석한 언어특성에서도 신문 논설은 필연의 양상을 보이는 '-어야하다', '-어야되다' 등이 주로 선택됨을 알 수 있으며, 선어말어미 '-시-'나 '계시다, 드시다' 등의 존칭 동사가 거의 사용되지 않음이 확인된다.

이처럼 현대의 논설문의 특징은 종결표현에서 두드러지게 나타난다고 하겠는데, 신문 논설에서는 이와 같은 특징들이 언제부터 어떻게 나타나는지 검토해 보고자 한다.

먼저 각 신문 논설의 마지막 문장의 종결표현을 살펴보자. 현대 논설문에서는 그 글의 주제, 즉 집필자의 주장이 마지막 문장에 주로 나타나는데, 초기 신문 논설에서도 아래와 같이 1910년대까지는 '~노라, ~ㄹ지어다' 등의 단정적인 표현이 사용되었다.

(19) ㄱ. ~ᄒᆞ기를 ᄇᆞ라ᄋᆞ노라 1898.08.23.『독립신문』

ㄴ. ~ᄇᆞ라ᄋᆞ노라 1898.07.15.『독립신문』

ㄷ. ~아니하시오　　1898.09.05.『황성신문』
ㄹ. ~云ᄒᆞ노라　　1899.06.01.『황성신문』
ㅁ. ~결심ᄒᆞᆯ지어다　　1910.07.06.『대한매일신보』
ㅂ. ~ᄒᆞᆯ지어다　　1910.10.21.『매일신보』
ㅅ. ~ᄒᆞ노라　　1910.09.14.『황성신문』
ㅇ. ~말지어다　　1920.06.08.『조선일보』

또한 현대 논설문에서 대표적 단정적 표현인 '~것이다'는 1932.03.06일자 『조선일보』에 처음 보이기 시작해 사라지지 않고 2006년 현재까지 계속 나타나고 있다. '~것이다'를 제외하고 마지막 문장의 종결표현을 1920년대부터 살펴보면 다음과 같은데, 여기서도 '~인가한다, ~아닐가한다' 등의 다소 완곡한 표현 몇 가지를 제외하고, 대부분 단정적인 표현이 사용되고 있다.

(20) ㄱ. ~인가한다　　1924.06.12.『조선일보』
ㄴ. ~表하야둔다　　1925.04.18.『동아일보』
ㄷ. ~까닭이다　　1940.04.18.『동아일보』
ㅁ. ~바이다　　1948.01.14.『조선일보』
ㅂ. ~믿는다　　1954.04.11.『동아일보』
ㅅ. ~아닐가한다　　1958.04.11.『동아일보』
ㅇ. ~생각한다　　1961.07.23.『조선일보』
ㅈ. ~바이다　　1962.12.11.『동아일보』
ㅊ. ~아닐 수 없다　　1973.06.10.『조선일보(1)』
ㅋ. ~있다　　1980.12.28.『조선일보』
ㅌ. ~기대해 본다　　1989.12.07.『조선일보』

다음으로 신문 논설 전체의 종결표현을 검토해보겠다. 초기부터 1910년대까지를 보면 다음과 같다.

(21) ㄱ. 1987.04.06.『독립신문』

~잇ᄂᆞᆫ지라 ~죵ᄌᆞ라 ~죵ᄌᆞ라 ~다고 말 ᄒᆞ더라 ~가 아니요~ 다를 거시 업ᄂᆞᆫ지라 ~지도 모로겟다 ~ᄀᆞᆺᄒᆞᆫ지라 ~와 ᄀᆞᆺᄒᆞᆫ지라 ~ᄒᆞᆫ 거시라 ~가 만히 잇ᄂᆞᆫ지라 ~라 ᄒᆞᄂᆞᆫ지라 ~라 ~가 되엿ᄂᆞᆫ지라 ~라 ᄒᆞᄂᆞᆫ거시라 ~왓나뇨 ~라 ~이라 ~다른지라 ~ᄉᆞᄅᆞᆷ들이라 ~놉히들 치더라

ㄴ. 1908.01.08.『대한매일신보』[25)]

~한 것이로다 / ~不思ᄒᆞ리오 / ~이아닌가 / ~無ᄒᆞ리로다 / ~入케ᄒᆞ니 / ~도 不動ᄒᆞᆯ지오 ~여何以則好오 / ~聽들ᄒᆞᆯ지어다此輩아 / ~로向ᄒᆞ랴ᄂᆞᆫ가 ~을搆ᄒᆞ랴ᄂᆞᆫ가 ~을作ᄒᆞ랴ᄂᆞᆫ가 ~을愛ᄒᆞ랴ᄂᆞᆫ가 ~도不念ᄒᆞᄂᆞᆫ가 ~도不知ᄒᆞᄂᆞᆫ가 ~甘輪ᄒᆞᄂᆞᆫ가 / ~可復이어니와 / ~念之哉어다

ㄷ. 1916.09.15.『매일신보』

~에至ᄒᆞ얏도다 ~을呈ᄒᆞᆷ이안인가 ~에拘碍되야然ᄒᆞᆷ인가 ~에在ᄒᆞᆷ이라 ~ᄒᆞᆫ者라謂할지로다 ~斷言ᄒᆞᄂᆞᆫ바ㅣ라 ~ᄒᆞᆷ은何也오 ~은抑何哉오 ~에在ᄒᆞ도다 ~을望ᄒᆞ리오 ~을展ᄒᆞᆯ지어다

ㄹ. 1920.04.18.『동아일보』

~에由함이라 / ~라하노라 / ~가아니라하노라 / ~를維持하는고? ~를是認하는고? / ~에잇느냐 ~이라 ~에잇스랴 ~의게잇스리오 ~에不過하니라 ~는것이니라 / ~은엇더한것인고? ~은「强制」니라 ~라 ~를産出하리오 ~치못하나니라 ~지못하나니

---

25) 빗금 '/'은 단락 구분을 표시한 것이다.

라 ~에不過하니라 / ~것이안인가 / ~는무엇인고? ~라 ~하리오 ~이리오 ~다하노라 ~이如何오 ~라하노라 ~치아니한가? ~이라~說明하얏노라 ~이라 ~이라 ~지아니하리오 ~라하는 까닭이로다 / ~라하노라 ~지아니하노라 ~가아니리오 ~하기爲하야함이라 ~에지나리오 / ~이大起한所以라 / ~한者라하리오 / ~를밝히노라

ㅁ. 1922.10.05.『매일신보』

~에在하도다 ~듯하도다 ~할것인가? ~도無치아니훌지라 ~라謂훌것이라 ~로由홈이라 ~를利하얏는가 ~明白훌지로다 ~是이라 ~지아니하는否ㅣ라 ~를望하노라.

이들은 '~라', '~오' 등의 표현이 많은 것에서 알 수 있듯이, 아직 현대어적인 문장 구조를 갖추지 못하고 있다. 특히 1987.04.06일자『독립신문』의 경우 논설이라고 보기에는 어려울 정도로 의견이 강하게 드러난 부분을 찾기 어렵다. 반면 다른 논설에서는 '~하노라, ~훌지어다' 등 비교적 강한 어조의 종결표현이 실현되었다. 또한 1920.04.18일자『동아일보』와 1908.01.08일자『대한매일신보』는 의문문 형식을 취해 그렇게 해서는 안 된다는 것을 강조하고 있다.

이후의 논설에서는 '~다'로 문장을 끝맺고 집필자의 주장이 강하게 드러난 부분에서만 '~라'는 표현이 쓰이고 있다.

(22) ~아니할수업다 ~안다 ~기때문이다 / 되어야할것이다 ~그러한것이다 ~을늣기는바이다 ~무엇하랴 ~이아니냐 ~期約한다 / ~이니 ~압흔일이다 ~原動力이다 ~이저서는아니된다 ~셈이다 / ~團結하라 ~에잇다 ~도업다 ~아니된다 ~아니된다~알수잇다 ~하라

1925.4.18.『동아일보』

본고가 검토 대상으로 삼은 논설 중 1933.07.08일자 『동아일보』는 다소 특이한 논설로 보인다. 앞서 2장에서 살폈듯이 『동아일보』가 한글전용 신문이 아닌데도, 한글로만 표기된 점도 특이하고, 아래에서 보듯이 대부분의 문장이 '~ㅂ시다'로 끝을 맺고 있는 점도 그러하다. 또한 '여러분!' 등의 호격형도 사용되고 있어, 일반적인 신문의 논설이기보다는 연설문의 성격에 더 가까운 듯하다.

(23) ~개엇습니다 ~을 거둡시다 ~일어납시다 ~씁시다. ~것입니다. ~나섭시다 / ~발비 해 옵시다 동포여~ ~에 용감히 나섭시다 / ~을 주시오 ~를 면제 하시오 / ~을 탕감하시오 ~을 대여 주시오 ~으로 융통해 주시오 ~를 탕감하시오 ~로 나서시오 ~이 확실합니다 / ~지 못합니다 ~로써 갚습니다 ~을줄믿습니다 ~게 여깁시다 ~깃버합시다) / ~을 건설합시다 ~게 막읍시다 ~를 많이 시뭅시다 ~을 합시다 ~고 맞아줍니다 / 돈 가진 여러분! ~때도 이 때입니다 ~때도 이때입니다 ~에 저금하시오 ~이 되시오 / 지식과 봉사심을 가진 이재지 청년지사 여러분! ~고 나서시오 ~가되시오 ~이되시오! / ~합시다 ~보입시다

1933.07.08.『동아일보』

1943.06.27일자의 『매일신보』는 '整備하여야할것이다', '바랄쌘이다'를 사용함으로써 어떠한 행동을 요구하고 있지만, 그다지 강한 느낌은 주지 않는다.

(24) ~을 보게되엿다 ~을 結集코저하는것이다 ~을 計劃制定하얏다 ~할 計劃이다 / ~기 爲한것이다 ~놀랄만한바가 잇다 ~待機하고잇다 ~表明한 것이다 ~을 끌케하고잇다 ~措處다 / ~을 歷々히 엿

볼수잇다 ~의 劃期的事實이다 ~를 整備하여야할것이다 ~를 表한다 ~기를 바랄뿐이다

1943.06.27.『매일신보』

그러나 1950.10.06일자 『동아일보』는 마지막 단락에서 '~强調하고자하는바이다', '믿는다', '確信한다' 등을 통해 행동을 좀더 강하게 촉구하고 있고,

(25) ~의 課題이었다 ~을 보았다 ~이 推進되었던것이다 ~의 候略으로써報答되었다 ~기를기望하여마지안는다 / ~를 固執하고있는것이다 ~때는 일찌기 없었다 ~것이다 ~는 않되겠다 / ~確立하는 것이다 ~解消된 것이다 ~어떠케 될것인가 ~는 어떠케될것인가 ~하는바이다 ~을 믿는다 ~을確信한다

1950.10.06.『동아일보』

1955.04.12일자 『한국일보』에서도 '~는 바이다', '~것이다'는 표현이 많이 나타나, 강하게 단정을 짓는 듯한 느낌을 준다.

(26) ~다고한다 ~마지않는바이다 / ~할것이다 / ~것이다 ~禁치 못하는 바이다 / ~찾아왔다 ~아닌것이다 ~고 있지않은가 ~斷言할수있을것인가 / ~平和인것이다 ~史家도 있다 ~고 있는것이다 ~이 아닐수없는것이다

1955.04.12.『한국일보』

또한 1967.03.23일자 『동아일보』도 '~지 않을 수 없다', '~야 할 것이다'라는 방식으로 주장을 펼치고 있다. 이를 통해 종결표현이 집

필자의 강한 주장을 드러내는 쪽으로 점차 사용됨을 확인할 수 있다.

(27) ~를 일깨운다 ~기때문이다 / ~고 싶지 않다(2단락) / ~는 사실이다 ~는 사실이다 / ~지 않을 수 없다 / ~는 사실이다 ~것도 없다 ~다 / ~도 없지가 않다 / ~야 할 것이다

1967.03.23.『동아일보』

1976.05.11일자 『한국일보』는 총 5단락으로 구성되어 있는데 주장을 나타내는 종결표현은 주로 마지막 부분에 나온다. 그 부분만을 인용해 보이면 다음과 같다.

(28) ㄱ. 4단락 3, 4, 5문장

'어버이날' 記念行事도 좋지만 形式的인 學校敎育 및 社會敎育의 存在樣式을 省察해야 할 것이다. 또 그것은 政府가 先導하고 각企業體에도 勸奬해야할 老人福祉政策의 實感있는方向設定을 필요로한다. 하물며 우리祖國을 사실상 '早老의 나라'로 만들려는듯한 早期停年制란 言語道斷의 短見임을 지적하지 않을수 없다.

ㄴ. 5단락 1, 2, 4문장

壯年은 물론 靑少年에게 있어서도 오늘의 老人像이란 곧 내일의 自己像임을 알아야 할 것이다. 그리고 家族의 紐帶는 現代社會의 '孤獨한 群衆'을위한 최후의 마음의 依支임을 잊어서는 안된다. 初老停年이니 老人家出등 偏向은 全國民的 關心事로 뒤늦지않은 善處를 촉구해야할 문제提起임을 强調해마지 않는다.

1982.03.17일자 『동아일보』에서 주장은 10, 11, 12단락에 나오는데,

이 주장을 효과적으로 드러내기 위해 다음과 같이 '~어야 한다', '~어야 하겠다', '~는 안되겠다' 등의 표현을 사용하고 있다. 또한 마지막 문장을 '기대한다'라는 소망을 뜻하는 동사를 사용하여 간접적으로 의견을 드러내고 있다.

(29) ~기 때문이다 ~은 아니다 / ~도 아니다 ~은 못된다 ~다고 한다 ~고 싶다 / ~한 일이다 / ~게 된다 ~겠다는 이야기다 / ~가 없을 수 없다 ~분분했다 / ~착상이다 ~이 생긴다 / ~분명하다 / ~하였다 ~한다 ~었다 / ~이었다 ~게 될 것이다 ~에도 알맞은다 ~이 될 것이다 / ~을 것이다 ~을 것이다 ~어야 한다 / ~어야 한다 ~어야 하겠다 / ~어선 안되겠다 ~도 통한다 ~을 기대한다

1988.06.23일자 『동아일보』는 7단락에서 '~지 않아야한다', '~야 한다'는 표현이 사용돼 주장을 강하게 내세우고 있다.

(30) ~되었다. ~일이다. ~고 싶다. / ~고 싶지 않다. ~다는 점이다. ~기 때문이다. / ~에 있다. ~고 있다. / ~고자 하는 것이다. ~고 싶다. / ~이다. ~다. ~다. / ~은 아니다. ~가 있다. ~기 때문이다. / ~지 않아야한다. ~야한다. / ~이 순리다. ~기 어렵다. ~이 있다. ~과제다. / ~인 것이다. ~가 파괴된다.

또한 2006.03.15일자 『동아일보』도 마지막 부분 5, 6 단락에서 '~야 한다'는 표현이 사용되고 있다.

(31) ~을 밝혔다. ~것이다. ~라고 본다. / ~날 예정이다. ~이 불가피하다. / ~고 있다. ~고 있다. / ~고 있다. ~냈다. ~라고 한다. ~

것이다. / ~야 한다. ~간다. / ~것이다. ~는 일이다. ~야 한다.

2006.03.21일자 『한국일보』의 경우 인용 표현, 과거형의 사실 진술 등이 2, 3단락에 나타나고 있고,

(32) 2003~4년 두 해를 대상으로 한 표본조사에서는 가구당 1년에 6억 3,000만원을 벌어 57%인 3억6,000만원의 소득을 숨긴 것으로 드러났다. 특히 웨딩홀 골프연습장 대형사우나 등 대규모 재산을 가진 기업형 자영업자의 소득탈루율은 74%(6억원)에 이르렀다. 의사 변호사 세무사 등 전문직과, 유흥업소 집단상가 등 기타 업종도 50% 안팎인 2억~4억원을 은폐해 왔다고 한다. ~(하략) (2단락)

(33) 더욱 충격적인 것은 모두 3,000여억원의 세금탈루가 밝혀져, 1,000여억원을 추징당한 이들 422명의 총 재산이 10년 전의 2,8배인 1조 6,000억원에 육박한다는 것이다. 탈루 소득으로 부동산 투기 등을 일삼아 재산을 천정부지로 불려 왔다는 얘기다. ~(하략) (3단락)

2단락에 사용된 '지 않을 수 없다'를 제외하고 단정적이고 주장을 내세우는 표현은 모두 마지막 단락에 나온다. 마지막 단락은 다음에서 보듯이 독자의 행동을 요청하는 내용으로 되어 있어 필자의 주장을 강하게 전달하고 있다.

(34) 고소득 자영업자의 소득파악은 조세정의는 물론 국민연금 건강보험료 등 사회 전반의 형평성과 직결된 과제다. 국세청이 어제부터 기업형 319명을 2차로 집중 조사하는 등 본격적으로 칼을 빼 든 것은 양극화 해소 차원에서도 꼭 필요한 일이다. 다만 의욕이 지나쳐 가

진 자 전체를 매도하거나 '본보기를 통한 학습효과'에 너무 기대면 메시지가 흐려지고 또 다른 내성을 키워 정책의 필요성을 잃게 된다는 점도 잊어서는 안 된다. (4단락)

4. 결론

지금까지 본고는 신문 사설의 문체 변천을 고찰하기 위해 '표기면'과 '구문면'으로 나누어 1896년에 발행된 『독립신문』부터 2006년 현재까지의 신문 논설을 임의로 선택하여 검토해 보았다. 이를 요약 정리하면 다음과 같다.

① 표기문자의 변천

초기에는 신문의 성격에 따라 한글 전용과 국한문 혼용으로 양분되었다. 이것이 한글 전용 신문이 폐간된 이후로 '국한문 혼용' 체제를 유지하다가 1920년대 중반으로 넘어서면서부터 이전과 비교해 한자 표기가 많이 줄어들고, 한문 어순에서 탈피한 '국한자 혼용'이 시작되었다. 또한 영어표기는 1920년대부터 등장하기 시작했고, '국한자 혼용'이 확대되면서 숫자 표기에 있어서도 아라비아 숫자가 사용되기 시작하였다. 그리고 80년대 들어서면서부터는 주요한 단어만 한자로 표기하는 경향이 더욱 우세해지면서 '국한자 혼용'이 쇠퇴하기에 이르렀다. 나아가 1990년대로 들어오면서 한글 전용이 보편화되기 시작하였는데, 필요한 경우에 한해 한자를 한글과 병기하기도 하였다.

② 문장부호의 변천

초기의 신문 논설에는 문장부호가 전혀 쓰이지 않았다. 이는 1910년대까지 계속되었고, 1920년대부터는 현대 한글맞춤법의 세로쓰기 문장부호 방식과 동일한 문장부호가 사용되었으나, 문장의 끝맺음을 나타내는 고리점 '。'은 1950년 이전에는 잘 사용되지 않았다. 이러한 문장부호는 신문이 가로쓰기를 시작하면서 고리점 '。'이 온점 '.'으로 낫표 '「」' 가 따옴표 ' " '로 바뀌어 나타났다.

③ 띄어쓰기의 변천

1910년대까지 신문 논설에서 띄어쓰기는 창간호부터 띄어쓰기를 주창했던 『독립신문』을 제외하고 아직 행해지지 않았다. 1920년대에 들어서 『동아일보』와 『조선일보』에서부터 본문에 띄어쓰기가 시행되었고, 논설의 제목에서는 1970년대 중반까지 띄어쓰기가 시행됐다 안 됐다를 반복하다가, 1980년대 이후 현재까지 제목에서도 예외 없이 띄어쓰기가 행해졌다. 띄어쓰기의 초기에는 현재의 어절형 띄어쓰기와 달리, 수식어와 피수식어, 의존명사와 선행어, 보조용언과 본용언을 구(句)로 묶어 붙여 쓰는 방식의 구형(句形) 띄어쓰기 방식을 주로 따랐다.

④ 단락 구분의 변천

1920년대 초까지는 단락 구분이 있는 경우와 없는 경우가 혼재되어 나타난다. 단락을 구분한 경우, 임의대로 나누었다는 느낌보다 하나의 중심 생각을 기준으로 구분한 인상을 주었다. 이는 단락에 대한 인식이 신문 논설의 초기부터 자리 잡고 있었음을 보여준 것이다. 1920년대 초 이후에는 모든 신문 논설에서 단락이 구분되고 있으며, 또한 이 시기에는 크게 단락 시작 전에 한자로 一, 二, 三, 四를 붙이는 경향이 있었다. 그리고 이렇게 단락 시작 전에 한자 숫자를 붙이는 경향은 1980년대 들어서면서 사라졌고, 단락도 이전보다 좀 더 세분화 되어 그 수가 적게는 4개에서 많게는 10개까지 나타나고 있다.

⑤ 종결표현의 변천

1910년대까지는 '~노라, ~ㄹ지어다' 등의 단정적인 표현이 사용되었고, 이후 1920년대 중반부터는 대부분 '~다'로 문장을 끝맺고 집필자의 주장이 강하게 드러난 부분에서만 '~라'는 표현이 쓰였다. 그리고 점차 '~지 않을 수 없다', '~야 할 것이다' 식의 집필자의 강한 주장을 드러내는 종결표현이 많이 사용되었다. 또한 현대 논설문에서 대표적 단정적 표현인 '~것이다'는 1932.03.06일자 『조선일보』에 처음 보이기 시작해 사라지지 않고 2006년까지 계속 나타나고 있다.

참고문헌

1. 참고논저

강범모(1999), 『한국어의 텍스트 장르와 언어 특성』, 고려대 출판부.

국립국어연구원(1997), 『한국 신문의 문체: 1990년대』, 국립국어연구원.

서울대학교국어교육연구소(1993), 『국어교육학사전』, 대교출판,

김경한(1977), 「신문 사설이 보여주고 있는 국어순화 운동」, 『새국어교육』 25, 27~56쪽.

김미형(2002), 「논설문 문체의 변천 연구」, 『한말연구』 11, 23, 71쪽.

김미형(2002), 「국어 텍스트의 장르별 초기 문체 특징과 비교」, 『텍스트언어학』 13, 한국텍스트언어학회, 209~240쪽.

김형철(1997), 『개화기 국어 연구』, 경남대 출판부.

김흥수(2004) 「이른바 개화기의 표기체 유형과 양상」, 『국어문학』 39, 국어문학회, 58~77쪽.

민현식(1994), 「개화기 국어 문체 연구」, 『국어국문학』 111, 국어국문학회, 37~61쪽.

민현식(2002), 「개화기 국어 변화의 계량적 이해」, 『한국어문학 연구』 39, 한국어문학연구학회, 47~80쪽.

박갑수 편저(1994), 『국어문체론』, 대한교과서주식회사.

박갑수(1998), 『신문, 광고의 문체와 표현』, 집문당.

서은경(2004), 「『대한매일신보』를 통해서 본 개화기 서사의 특질과 의미」, 『현대문학의 연구』 24, 현대문학연구학회, 305~338쪽.

심재기(1992), 「개화기 문체양상에 관한 연구」, 『한국문화』 13, 한국문화연구소, 91~107쪽.

심재기(1999), 『국어 문체 변천사』, 집문당.

李基文(1984), 「開化期의 國文 使用에 관한 硏究」, 『韓國文化』 5, 서울大韓國文化硏究所, 65~84쪽.

이상철(1999), 『신문의 역사』, 커뮤니케이션북스,

이종철(2005), 「신문 사설의 요청 화행 표현의 양상 연구」, 『국어교육』 116, 221~225쪽.

장소원 외(2002), 『말의 세상, 세상의 말』, 도서출판 월인.

정선태(1999), 『개화기 신문 논설의 서사 수용 양상』, 소명출판.

최태영(1998), 「19세기말 국어의 띄어쓰기: 독립신문을 중심으로」, 『국어국문학』 121, 국어국문학회, 1~23쪽.

한국편집기자회(1969), 『한글신문연구』, 한국편집기자회.

홍종선(1996), 「개화기 시대 문장의 문체 연구」, 『국어국문학』 117, 국어국문학회, 33~58쪽.

홍종선 외(2000), 『현대 국어의 형성과 변천』 3, 박이정.

2. 참고사이트

동방미디어 http://www.dbmedia.co.kr

신문박물관 http://www.presseum.or.kr

조선일보 아카이브 http://archive.chosun.com

한국역사정보통합시스템 http://koreanhistory.or.kr

LG상남언론재단(독립신문) http://lgpress.org

기사문*

이정찬

1. 서론

신문 기사문은 보도를 전제로 한다. 그리고 정확성(accuracy), 객관성(objectivity), 공정성(fairness), 명료성(clearness)을 기본원칙으로 표제(表題:headline), 전문(前文:lead), 본문(本文:body)의 세 부분으로 나눠지는 것이 특징이다.[1] 일반적으로 표제는 기사 서두에 등장하여 사건이나 내용을 요약적으로 제시하며, 전문은 사건이나 내용의 윤곽 전체를 제시하고, 여론을 환기하거나 사건의 배경을 설명하기 위한 목적 또는 편집 취지를 설명하며, 본문은 전문에 이어 사건이나 현상의 전모를 육하원칙에 따라 기술한다.[2] 물론 표제 뒤에 표제의 내용을 구체화시키는 부제가 등장하기도 하고, 본문 뒤에 부연이 뒤따르기도 하지만 일반적으로 신문 기사문은 표제, 전문, 본문의 세부분으

* 본고는 『선청어문』 제34집(서울대학교 국어교육과)에 수록된 논문을 수정·보완한 것이다.

1) 박갑수 외, 『신문기사의 문체』(한국언론연구원, 1990), p.7.

2) 최인호의 경우 '전문'은 군더더기이며 '표제-본문'의 형식이 기사문에 적합하다는 주장을 펼쳤지만, 본고에서는 예외적 논의로 보고 제외하였다. 자세한 사항은 최인호, 『기사문장론』, 한겨레신문사, 2001를 참조

로 나누어진다.

그러나 이러한 기사문의 특징들이 처음부터 확립되었던 것은 아니다. 신문이란 근대 매체와 함께 기사문 역시 지금과 같은 형태로 발전하기 시작했으며 그 과정에는 적지 않은 시간이 필요했다. 이에 본고에서는 신문 기사문 문체의 변천 과정을 근대 초기에 발간되었던 신문을 통해 살펴보고 그 의의를 밝히고자 한다. 본고에서 살펴본 자료로는 『한성주보』, 『독립신문』, 『황성신문』, 『대한매일신보』, 『동아일보』 등이며 각 신문별 기사문에 나타난 특징을 중심으로 고찰하였다.

2. 기사문 형식의 발전 과정

2.1. 서구 기사문 형식의 유입 - 『한성주보』의 외국 신문 기사의 번역

기사문(記事文)은 특정 사건이나 상황을 대상으로 한다. 그러나 앞서 언급했듯이 기사문은 기존에 존재했던 것이 아니라 근대 '신문'이란 매체가 출현한 이후에 새롭게 생겨난 글 양식[3])이다. 한문학 양식 중에서도 사건에 대한 서술 양식으로 '록(錄)'과 '기(記)'가 있다. '錄'은 '사실을 조리있게 서술하고 감동을 주기 위하여 함축을 중시하되 사실의 기술은 간(簡)을 귀하게 여기는'[4]) 방식인 반면 '記'는 '잊어버림에 대비한 것으로 영건(營建) 사실을 기술하는데 있어 그 일자나 공력과 비용, 주관하고 도운 사람을 기록하고, 서사의 뒤에 간략히 의

3) 본고에서 말하는 양식(樣式)이란 서로 다른 텍스트를 동일한 장르(genre)로 묶는 형식적 특징을 말한다.

4) 심경호, 『한문산문의 미학』(고려대학교 출판부, 1998), p.173.

론을 해두어 매듭짓는[5]' 양식이다. 그러나 이러한 양식들은 위에서 언급한 기사문의 특징과는 거리가 있다.

최초의 주간 신문인 『한성주보』는 모든 기사문에 제목을 적었는데 그 대부분에 '錄'이란 명칭을 사용했다. 즉, 사건에 대한 기록으로서의 의미를 가질 뿐 근대적 신문 매체의 기사문과는 거리가 있는 방식이었다.

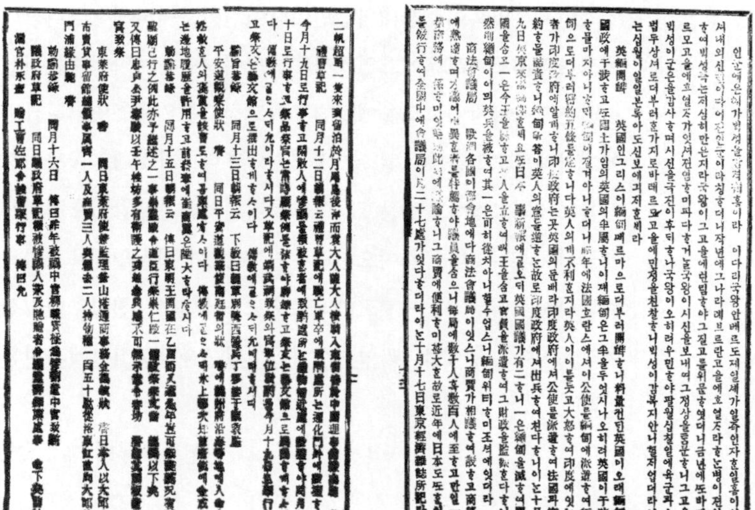

(가) 勅諭恭錄　同月十七日禮曹草記來丙戌年文武官重試對擧別試知委擧行事　傳曰別試合設於慶科庭試又草記文武科庭試來三月初七日文武官重試同月十六日推擇

『한성주보』 1886. 1. 25.

5) 심경호, 위의 책, p.217.

(나) 勅諭恭錄 同月二十八日傳教ᄒᆞᄉᆞᆸᄋᆞᄉᆞᄃᆡ松營은곳保障重地요畿海要衝이라陰雨之●를더욱少緩길업쓰니守臣으로ᄒᆞ여곰兵丁을抄募ᄒᆞ여技藝를督勵ᄒᆞ고餉需措辦之節은總理大臣의게의논ᄒᆞ야從長稟處ᄒᆞ라ᄒᆞ시다 (●는 식별불가)

『한성주보』 1886. 1. 25.

(다) <u>인군에은혜가ᄇᆡᆨ셩을감격케홈이라</u> 이다리국왕안베르도졔일셰가일즉인자ᄒᆞᆫ일홈이잇셔내외신민이다어진인군이라칭ᄒᆞ더니작년에그나라례브란고을에호열ᄌᆞ라ᄒᆞᄂᆞᆫ병이젼염ᄒᆞ여ᄇᆡᆨ셩죽는지심히많은지라국왕이그고을에틴림ᄒᆞ야그질고를위문ᄒᆞ엿더니금년에ᄯᅩ바례르모고을에호열ᄌᆞ가잇셔젼염ᄒᆞ미파다ᄒᆞ거ᄂᆞᆯ국왕이시신을보내여그정상을탐문ᄒᆞ니그고을ᄇᆡᆨ셩이군은을감사ᄒᆞ며시신을극진이후ᄃᆡᄒᆞ나국왕이오히려우민ᄒᆞ야팔월십칠일에육군과ᄉᆞ법두상셔로더부러ᄒᆞᆫ가지로바례르모고을에민정을친찰ᄒᆞ니ᄇᆡᆨ셩이감복지아니ᄒᆞᆯ직업더라<u>이는십월이일일본록아도신보에긔직ᄒᆞᆫ비라</u>[6]

『한성주보』 1886. 1. 25.

위 인용문은 모두 『한성주보』에 실린 기사문으로 (가)와 (나)는 각각의 사건이 일어난 날짜를 제시하고 그 내용을 간략하게 기술하고 있다. 그 중 (가)는 왕의 전교 내용을 그대로 옮긴 것이며 (나) 역시 전교(실록 고종22년 10월 27일자 '敎曰 松營卽保障重地 畿海要衝 陰雨之備 尤不容少緩 令守臣抄募兵丁 督鍊技藝 餉需措辦之節 就議于總理大臣 從長稟處')[7]를 국한문체 표기 방식으로 기록하였다. 즉, 『한

6) 이하 강조 표시는 모두 필자 임의로 한 것임.
7) 띄어쓰기는 본문의 내용과 비교하기 위해 필자 임의로 하였다.

성주보』의 국한문체 기사의 많은 부분을 차지하는 '칙유공록(勅諭恭錄)', '칙유지록(勅諭旨錄)' 등은 모두 왕의 전교를 그대로 옮긴 것으로 기존의 관보(官報)에서 흔히 볼 수 있던 것이었다. 실제 창간호의 국내기사를 살펴보면 총33건 중 '칙유공록'과 '칙유지록'이 16건, 각 도에서 왕에게 올린 '장계(狀啓)'가 4건, 각 부서의 '초기(草記)', '공록(恭錄)'이 8건, 대신들과 왕이 나눈 대화를 기록한 '대신차대(大臣次對)' 1건, 이용직이 왕에게 올린 글을 그대로 옮긴 '전무대원등보(電務大員謄報)', 시중의 물가를 기록한 '시직탐보(市直探報)', 당시의 관직과 명단을 기록한 '시임대신급내외각장관개록(時任大臣內外各長官開錄)' 등으로 주로 왕실과 관련된 사항을 다루고 있으며 이는 기존의 '관보(官報)'에서 다루던 것들과 크게 다르지 않았다. 따라서 『한성주보』가 비록 근대적 신문 매체를 지향했지만 그 내용에 있어서는 기존의 방식(관보)에서 크게 벗어나지 못했다고 할 수 있다. 그러나 (다)는 외보(外報), 즉 국외기사로 지금의 표제에 해당하는 '인군에은혜가빅성을감격케홈이라'라는 제목이 제시되었고, 사건을 기술하는 방식 또한 앞의 두 예문과는 차이를 보인다. 이처럼 외보는 국내기사에 비해 지금의 표제에 해당할만한 제목이 글 서두에 제시되어 있는데[8] 이러한 특징들이 나타나는 이유는 기사문 후미에 언급되었듯이 일본신문을 번역했기 때문이다. 즉, 『한성주보』의 기사문은 (가)와 (나)의 경우처럼 근대적 기사문의 성격을 갖고 있기 보다는 '기록'으로서의 성격이 강했으며 일부 기사(외보)의 경우 외국 신문을 번역하는 과정에서 근대적 신문 기사문 형식이 나타났던 것이다.

이외에도 『한성주보』에는 외국 신문을 번역한 사례가 다수 발견된다.

---

8) 이외에도 창간호 외보에 실린 기사를 보면 '대마도기사(對馬島紀事)', '중국석탄심부(中國石炭甚富)', '서왕병조(西王病俎)' 등 제목만 봐도 대강의 내용을 알 수 있는 글이 서두에 제시되어 있다.

十月二十二日日本報知新聞云近日에朝野騷然ᄒᆞ여다시昔日靜謐ᄒᆞᆫ氣像이업쓰니甚이可惜ᄒᆞ도다本月十五日에馬場辰猪와大石正己兩人이東京에셔就縛ᄒᆞ고十七日에大井憲太郎과小林樟雄及一十三人이大阪에셔就縛ᄒᆞ고同日稻垣示及十四人이長崎에셔就縛ᄒᆞ고…(이하 생략)

『한성주보』 1886. 1. 25.

위 기사는 일본 신문의 내용을 번역한 것으로 사건의 내용을 날짜 순으로 간략하게 제시하고 있다. 이처럼 『한성주보』의 경우 일부 외보에서 일본 신문의 내용을 번역함으로써 서구식 '기사문' 형식을 수용하게 된 것이다.

2.2. 기사문 형식의 발달 – 『독립신문』의 '취재' 기사문

『한성주보』 이후 기사문 양식에 있어 주목할 만한 변화를 보인 것은 『독립신문』이다. 주지하듯이 『독립신문』은 우리나라 최초의 민간지로 한글을 표기의 전면에 내세웠다. 다음은 『독립신문』에서 쉽게 볼 수 있는 기사문 형식으로 앞서 살펴본 『한성주보』와 유사한 형태를 띠고 있다.

○[9] 팔월 이십 구일 츙쳥 남도 관찰ᄉᆞ 리건하씨가 법부에 보고 하엿ᄂᆞᆫᄃᆡ 즁역 죄인이 ᄉᆞ십 일명인ᄃᆡ ᄆᆡ일 식비가 불쇼 ᄒᆞ거늘 줄 방칙이 업셔 주림을 면치 못ᄒᆞ고 의복이 파락 ᄒᆞ야 모양이 측연 ᄒᆞᄆᆡ 의자와 식비를 구획ᄒᆞ여 달나고 ᄒᆞ엿스나 이거슨 ᄂᆡ부 디방 ᄉᆞ무라 법부에셔 아는 바 아

9) 초기 『독립신문』은 기사와 기사 사이를 '줄 바꿈'을 통해 구분하였는데 4월 18일자 신문 '관보'에 처음으로 ○으로 기사를 구분한 것이 1회 등장하였다가 5월 21일에 전면적으로 모든 기사의 첫머리에 ○표시를 달았다.

니어늘 본 관찰亽가 격례를 아지 못 ᄒᆞ야 닋부에 보 ᄒᆞ지 안코 법부에 보 ᄒᆞ엿스니 금년 례산도 표식에 쥬의 ᄒᆞᆷ이 죠흘듯 ᄒᆞ더라

『독립신문』 1896. 9. 8.

인용문은 관찰사가 법부에 보고한 내용을 한국어로 번역한 기사문이다. 이로인해 '본 관찰사~' 내용은 원문을 그대로 번역하였고 '관찰사 리건하씨~' 부분은 기사 편집자가 삽입한 내용으로 두 문장 사이의 시점이 일치하지 않는 오류를 범하고 있다.

리홍쟝씨는 아라샤 셔울 센피터-스븕에 니르러 아라샤 졍부에셔 ᄃᆡ졉을 잘ᄒᆞᆫ다더라 아라샤 병졍 일쳔 오ᄇᆡᆨ 이십 칠명이 이ᄃᆞᆯ 쵸 나흔날 쟝긔를 써나 ᄒᆡ삼위로 갓다더라 일본 신문에 아라샤와 일본이 죠션 일을 ᄀᆞᆺ치 보와 주자고 ᄒᆞᄂᆞᆫ 담판이 잇다고말들을 만히ᄒᆞ엿더라.

『독립신문』 1896. 5. 14.

위 인용문 역시 청나라 대신인 이홍장이 러시아에 대해 언급 내용과 러시아와 일본 간의 회담에 대한 일본 신문 내용이 함께 제시하여 논점 자체가 모호한 형태로 제시되고 있다. 이렇듯 시점과 논점의 불일치는 사건을 기술하는 서술자와 대상(사건) 사이의 구별 즉, 고정된 시점을 지닌 서술자가 일관된 논점으로 사건을 기술하는 방식이 확립되지 못했기 때문에 나타는 것으로 이는 『독립신문』의 기사문에서 발견되는 독특한 특징이라 할 수 있다.

이러한 특징 외에도 『독립신문』에는 『한성주보』 잘 쓰이지 않았던 새로운 기사문 방식이 등장한다.

(가) ○ 학부 관립 소학교에셔 지난 ᄃᆞᆯ이십 삼일에 심샹과 슈업 ᄒᆞᆫ 일연

급 이년급 삼년급 학도로 학귀 시험을 힝ᄒᆞ얏는ᄃᆡ 시험에 응ᄒᆞ야 일년급에셔 이년급으로 나아가고 이년급에셔 삼년 급으로 나아간쟈는 이ᄇᆡᆨ삼십륙인이요, 삼년급에셔 졸업 ᄒᆞᆫ쟈는 삼십일인ᄃᆡ 이ᄃᆞᆯ 오일에 졸업 증셔와 진급 증셔를 주고 심샹과 삼년급에셔 졸업 ᄒᆞᆫ쟈는 고등과 일년급에 슈업케 ᄒᆞᆫ다니 이는 문명기화의근본이나 아직 우리 나라 교휵이 확실치 못ᄒᆞ니 명류 재공들은 교휵샹에 힘을 더욱 쓰기 ᄇᆞ라노라

『독립신문』 1896. 5. 7.

(나) ○ 죠흔 관찰ᄉᆞ)10) 황해도 관찰ᄉᆞ 리은용시는 도임 시에 녯적 홍슈 융복을 입고 위의를 크게 베풀며 도임 ᄒᆞᆫ지 삼일 후에 형구를 ᄆᆞᆫ들되 곤쟝을 대 즁 쇼 삼층으로 ᄒᆞ엿스니 대뎌 곤쟝이라 하는것은 본시 군문에셔만 쓰는것이더니 경쟝 시에

황샹 폐하ᄭᅴ셔 인ᄋᆡ ᄒᆞ옵신 셩덕으로 곤쟝은 폐디 ᄒᆞ시고 ᄐᆡᆨ벌노 시힝 ᄒᆞ라 ᄒᆞ옵시고 법률에 쇼연히실녓거ᄂᆞᆯ 리씨는 무ᄉᆞᆷ 고견으로 폐디ᄒᆞᆫ 곤쟝을 ᄌᆞ긔 슈견으로 복셜ᄒᆞ는지 도ᄂᆡ ᄇᆡᆨ셩이 위션 그 곤쟝블ᄋᆞᆷ에 놀ᄂᆡ여 긔졀들 ᄒᆞᆫ다 ᄒᆞ며 그 관할부 쥬ᄉᆞ 공태일과 졍훈교를 무단히 ᄀᆡ챠 ᄒᆞ며 슌검들을 무고히 파면ᄒᆞ고 그 ᄃᆡ신에 ᄌᆞ긔의게 연줄ᄒᆞᆫ 하인들을 식히며 원챵로는 안악군에 유명ᄒᆞᆫ 관리인ᄃᆡ 리씨가 안악군슈 잇슬ᄯᅢ에부동 협장이 만ᄒᆞᆫ 고로 리씨갈년 후 년젼에 여러 ᄇᆡᆨ셩과 야쇼교인들이 모혀셔 ᄒᆡ

10) 『독립신문』 기사에 표제가 등장하는 것은 1898년 7월 2일자 '잡보'부터다. 표제 표시로 ')'를 사용하여 본문과 구별되도록 하였다.

군과 관찰부에 호쇼ᄒᆞ야 슈삭지판ᄒᆞ여 결말 귀졍 ᄒᆞᆫ것을 리씨가 금번에 관찰ᄉᆞ로 나려 가셔 원가의 말ᄆᆞᆫ 듯고 일죠에 번송을 ᄒᆞ려 ᄒᆞ며 원가로 더브러 ᄆᆡᄉᆡᆨ들 샹의 ᄒᆞ야 관찰부 쥬ᄉᆞ를 식혀 준다니 일노 보면 황해도 빅셩들은 부자 ᄒᆞ기가 어려울듯 ᄒᆞ다고 ᄒᆞᆫ다니 과연 그런지 우리ᄂᆞᆫ 알슈 업스며 다ᄆᆞᆫ 듯ᄂᆞᆫᄃᆡ로 긔ᄌᆡᄆᆞᆫ ᄒᆞ노라

『독립신문』 1898. 8. 3.

『독립신문』의 기사는 크게 관보와 잡보로 나뉘는데 관보는 정부의 인사 및 법령에 관한 내용이 다수인 반면 잡보는 기타 사회일반에 관련된 내용으로 구성되어 있다. 따라서 관보는 앞서 『한성주보』의 경우에서처럼 기존의 국가 공식 문서의 내용을 그대로 옮겨 적은 것[11]이 다수 발견된다. 그러나 인용문은 잡보에 실린 기사문으로 『한성주보』나 관보와는 다른 형식의 글이 발견된다. (가)는 사건이 일어난 날짜가 명확하고 그 과정이 비교적 상세한 것으로 보아 직접 현장을 관찰하고 그 내용을 토대로 기사문을 작성한 것으로 보인다. 그러나 (나)는 소문(다ᄆᆞᆫ 듯ᄂᆞᆫᄃᆡ로 긔ᄌᆞᄆᆞᆫ ᄒᆞ노라)을 듣고 기사문을 작성한 경우이다. 즉, 관보의 경우 『한성주보』처럼 이미 기록된 내용을 그대로 옮긴 것에 불과하지만 잡보는 관보처럼 정해진 기록이 부재하기 때문에 작성자가 관련 내용을 직 · 간접적으로 취재하여 새롭게 구성할 수밖에 없었던 것이다. 따라서 관보는 기사를 작성하는 사람의 관점이나 논점이 반영될 여지가 적었지만 잡보에는 상대적으로 작성자의 주관적 견해가 들어갈 수 있었던 것이다. (가)와 (나)의 경우 모두 기사 말미에 관보에서 볼 수 없었던 내용의 글이 첨가되어 있다. (가)에는 관립 소학교 졸업 시험 과정을 기술하면서 후미에 정부 관계자

11) 한문이나 국한문체를 국문체로 전환한 것 외에는 별다른 내용 · 형식상 특징이 나타나지 않는다.

에게 교육에 힘써 줄 것을 당부하고 있으며, (나)는 사건의 진위 여부에 대해 자세히 알 수 없다는 입장을 밝히고 있다. 즉, 이 두 가지 모두 기사 작성자의 주관적 견해를 밝힌 것으로 사건을 재구성(기사문을 작성)하는 과정에서 자신의 생각이 첨가된 경우라고 할 수 있다. 이러한 특징은 『독립신문』의 잡보에서 쉽게 찾을 수 있다.

이ᄃᆞᆯ 잇흔 날 브터 경무청에셔 셩 안 셩밧긔 집마다 닐ᄋᆞᄃᆡ 각기 문에 사나회 녀인 식구ᄃᆡ로 분명히 쓰라 ᄒᆞᆷ은 그나라 사ᄅᆞᆷ들 슈효를 알고져ᄒᆞᆷ이요 ᄯᅩ 사ᄅᆞᆷ이 나고 죽ᄂᆞᆫ것과 이샤ᄒᆞᄂᆞᆫ것과 혼인ᄒᆞᄂᆞᆫ것과 셔쇼문 시고문에 어느 동ᄂᆡ 엇던 사ᄅᆞᆷ이 무ᄉᆞᆷ 병으로 죽어 어느 ᄡᅡ호로 쟝ᄉᆞᄒᆞ러 ᄀᆞᄂᆞᆫ지 ᄉᆞᆯ핌은 경무의 직칙인연고로 그러케 ᄒᆞᆫ 일이니 <u>우리ᄂᆞᆫ 이말을 듯고 깃버ᄒᆞ노니 죠션도 ᄎᆞᄎᆞ 열닐 모양일ᄲᅮᆫ더러 이런 일은 경무청에셔 지극히 잘 ᄒᆞᆫ 일이더라</u>

『독립신문』 1896. 5. 7.

○ 한셩 ᄌᆡ판쇼 민ᄉᆞ 맛흔 판ᄉᆞ들이 숑ᄉᆞ에 흐린 일들이 만흔ᄃᆡ 피고를 불너다가 혹 구유 ᄒᆞ여 둔지 오륙일 십여일이 되야도 ᄌᆡ판을 안 ᄒᆞ며 초체를 ᄆᆡ일 오륙쟝 십여쟝 내 보내되 졍리방에셔 ᄒᆞᆫ두쟝만 나가지 그남져지가 혹 닷ᄉᆡ 열흘만에도 나가고 두달 셕달 만에도 나가고 혹 아죠 나가ᄂᆞᆫ것도 잇시며 ᄯᅩ 민ᄉᆞ 판ᄉᆞ들이 숑ᄉᆞ에 ᄌᆞ긔 쳡의 말과 친ᄒᆞᆫ 친고의 말과 편지를 보고 쳔가지 숑ᄉᆞ 만가지 숑ᄉᆞ에 ᄌᆡ판을 그릇 결쳐 ᄒᆞ고 공번되지 안타고 각관부와 여항간 풍셜이 랑ᄌᆞ ᄒᆞ되 <u>우리 신문샤에셔ᄂᆞᆫ 이런 말을 풍셜노 알고 밋지를 안 나ᄒᆞ 이런 말이 업기를 ᄇᆞ라노라</u>

『독립신문』 1896. 11. 17.

○ 십일월 십이일 한셩부에셔 경무 각셔에 글을 보내엿ᄂᆞᆫᄃᆡ 지금 길들을

슈보 ᄒᆞᆫ즉 더러운 물건들을 ᄀᆡ쳔에다 버리셔 송긔젼다리로 만젼 다리ᄭᆞ지 차셔 날이 죠곰 풀니면 악취가 나셔 인민들이 병들기가 쉬흐니 명일 새벽에 슌검을 보내여 각기 맛흔 셩문에 직혀 셧다가 ᄆᆞᆯ과 쇼가진 거름 광통교로 다리고 와셔 ᄀᆡ쳔에 버린 거름을 ᄒᆞᆫ바리 ᄒᆞᆫ짐식 져 가게 ᄒᆞ고 빙표 ᄒᆞᆫ쟝식을 주되 빙표 업시ᄂᆞᆫ 문에 못 나갈줄노 들어오ᄂᆞᆫ 거릅 쟝ᄉᆞ의게 자셔히 말ᄒᆞ라고 ᄒᆞ고 한셩부에셔 거름 파 간 거름 쟝ᄉᆞ의게 돈 두돈 오푼식을 별노히 내주니 거름 장ᄉᆞ의게ᄂᆞᆫ 젼후 업ᄂᆞᆫ 큰 몽혜어ᄂᆞᆯ 무식ᄒᆞᆫ 어리셕은 ᄇᆡᆨ셩들이 말 ᄒᆞ기를 거름 장ᄉᆞ로 ᄒᆞ여곰 쥰쳔 식힌다 ᄒᆞ니 이ᄂᆞᆫ 곳 부언 량셩이라 <u>지각 잇ᄂᆞᆫ 거름 쟝ᄉᆞ들은 부언 랑셜을 고지 듯지 말고 ᄀᆡ쳔에 싸인 거름을파다가 농ᄉᆞ를 잘 지을지어다</u>

『독립신문』 1896. 11. 21.

『한성주보』의 기사문은 원문의 영향을 받아 자신의 생각이나 관점을 기사에 투영시킬 수 없었다. 그러나 『독립신문』에 이르러 다양한 내용을 직·간접적인 취재를 통해 재구성했기[12] 때문에 그 과정에서 작성자의 주관적 견해들이 기사에 삽입되었던 것이다.

2.3. 표제어의 발달 : 『황성신문』과 『대한매일신보』

『독립신문』 이후 기사문의 변화 양상을 보인 것은 『황성신문』와 『대한매일신보』이다. 『황성신문』은 근대 초기 가장 오래 지속된 신문으로 1898년 9월 5일부터 1910년 9월 14일까지 발행되었다. 먼저 『독립신문』에 비해 다른 차이점이라면 『황성신문』부터 본격적으로

12) 누구든지 무러볼 말이 잇든지 세상사ᄅᆞᆷ의게 하고 스분말잇다면 이 신문샤로 간단ᄒᆞ게 귀절을 ᄢᅦ어서 편지ᄒᆞ면 ᄃᆡ답할 만ᄒᆞᆫ이든지 신문에 낼만ᄒᆞᆫ 말이면 ᄃᆡ답할터이요 내기도 ᄒᆞᆯ터이옴 한문으로ᄒᆞᆫ 편지ᄂᆞᆫ 당초에 샹관아니홈 『독립신문』, 1896.4.17.

표제문이 등장하고 있다는 사실이다.

◎(警官其人) 근일 강져의 불안당이 대단이 치셩 하야 거민이 미오 괴로이 지니더니 다힝이 셔셔경무관 李宗夏氏 가 그괴슈 슈삼명을 잡앗는디 여러날 밤을 식고 습긔가 침노 하야 다리에 조으기가 나셔 어젓게 의원을 보고 치료 하는디 그쳐로 병이 잇셔도 사룸을 디하야 말 하기를 그 도젹놈을 다잡지 못하고 병이 나셔 미우 이돌쏘 분한 일이 라고 하드라 하니 경무관이 다 이 사룸쳐로 마음을 먹으면 졀발지 환이 영영 업스리라고들 한다 더라

『황성신문』 1898. 9. 5.

◎(有功請奬)晉州郡居尹順伯氏은本來忠義가有하으로一道에擅名하더니甲申以後에盜賊數百人을捕하고甲午東憂에軍費를自當하야巨魔을討滅하고荒年을當하야貧民을救恤흔故로道內儒生이皇郡皇府한後軍部에報告하야嘉尙하다난指令을得하엿스되其功勞을需用치못흠으로儒生鄭基鎬等이上京하야軍部와內部에皇하고또 天陛에奉章식지하엿난디 批旨를아즉承치못하얏다더라

『황성신문』 1898. 9. 20.

1898년 9월 5일자 처음 발행된 『황성신문』은 모든 기사문에 표제를 사용하였다. 그러나 흥미로운 점은 모든 표제가 한문으로 되어있다는 사실이다. '警官其人:관과 그 사람을 경계하라, 有功請奬:공이 있어 표창을 청한다' 등처럼 그 내용 역시 전체 기사를 포괄할 수 있는 것으로 나타났다.[13] 또한 기사의 첫머리에 '◎'표시를 하여 시각

13) 다만 한 가지 아쉬운 점은 9월 5일 발행된 신문에서는 국문과 국한문을 모두 사용했으나 다음 호(9월 6일)부터는 국한문으로 표기 방식을 전환했다. 이후 국한문체는 마지막 호까지 이어진다.

적으로 구분하였고, 역시 표제의 경우 괄호를 사용하여 본문과 분리됨을 나타냈다.

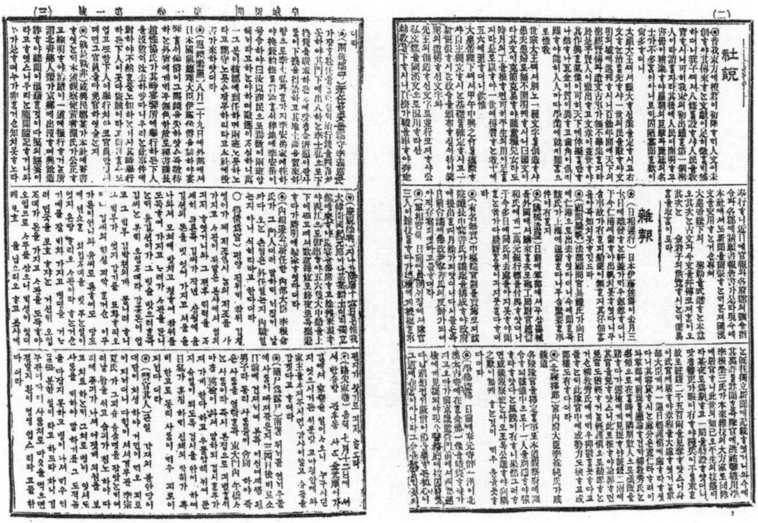

『대한매일신보』는 1907년 5월 23일에 창간하여 1910년 8월 28일까지 발행되었다. 『황성신문』과 마찬가지로 표제를 모든 기사에 사용하였다.

(가) ●유씨피축 ᄌᆡ작일 하오일시에 한성부민회에셔 총회를 셕고단에 셔ᄒᆞ엿ᄂᆞᆫᄃᆡ 림시회장 리규환씨가 출셕ᄒᆞ야 ᄉᆞ무를 쳐리ᄒᆞᆫ후 한셩오부ᄂᆡᄆᆡ부애 간ᄉᆞ원 이명과준비위원 일명식 쳔거훌제 일진회원 윤시병씨가 그회에 ᄃᆡᄒᆞ야 무슴 무리ᄒᆞᆫ 말을ᄒᆞ엿던지 그회 회원들이 윤씨를 론박ᄒᆞ고 쫏찻다더라

『대한매일신보』 1909. 1. 1.

(나) ●미국녀교ᄉᆞ입셩

감리교당에 부속되ᄂᆞᆫ 학교를 확쟝ᄒᆞᆯᄎᆞ로 교ᄉᆞᄌᆞ격되ᄂᆞᆫ 미국녀인 팔명이 이번에 윤치호씨와ᄀᆞᆺ치 왓다더라

『대한매일신보』 1910. 7. 20.

인용문에 나타나듯 『대한매일신보』의 기사문의 경우 초기에는 기사문 서두에 '●' 표시와 함께 제시되었다가 1910년 1월 5일자 기사문부터 본문과 분리되어 제시되었다. 특히 이때부터 기사와 기사 사이에 선과 여백을 두어 시각적으로 구별되게 하였다. 또한 『대한매일신보』는 상대적으로 앞선 다른 신문에 비해 기사를 단신으로 다루고 주관성이 개입될 여지가 있는 내용은 주로 사설에서 다루었다. 이는 논설(사설)과 기사가 분리되어 각기 체계를 잡아가는 것이라 할 수 있다.

(가) ●입버릇괴악ᄒᆞ다

일인ᄃᆡ의ᄉᆞ 대ᄂᆡ라ᄒᆞᄂᆞᆫ쟈의 소위시국애 ᄃᆡᄒᆞᆫ말이 여좌ᄒᆞ니
일본이 보호됴약을 테결ᄒᆞᆫ 이ᄅᆡ로 한국의 큰권리를 모다 일본슈즁에 너헛스나 그러나 아직ᄭᆞ지도 더ᄒᆞ여야ᄒᆞᆯ지라 일본이 한국에관계되ᄂᆞᆫᄒᆡᆼ동은 한국관민의 의향을 무를것이아니오 일본이 결단코ᄌᆞ의로 ᄒᆡᆼᄒᆞᆯ지라 지금 한국보호제도ᄂᆞᆫ 심히 유감ᄒᆞᆯ바ㅡ 잇스니 외교와 군ᄉᆞ와 ᄌᆡ졍과 통신과 ᄉᆞ법등권리ᄂᆞᆫ 일본으로 모다 드러왓스나 ᄂᆡ치샹에 즁요ᄒᆞᆫᄒᆡᆼ졍은 아직 한국에잇스니 이것은 경제되지안ᄂᆞᆫ일이오 강건ᄒᆞ지 못ᄒᆞᆫ졔도라 엇더른지 이졔도를 타파ᄒᆞᆷ이 가ᄒᆞ다ᄒᆞ엿다더라

『대한매일신보』 1910. 1. 5.

2 1907. 5. 23②

(나) (전략) 뎌 일인들볼진ᄃᆡ 비록 무식ᄒᆞᆫ 하쳔ᄇᆡ라도 신년에 셔로맛나 인ᄉᆞᄒᆞᆯ제 뎨일 첫 번 ᄒᆞᄂᆞᆫ말이 한국과 일본에 상관되ᄂᆞᆫ 문뎨-오 업셔로 신년츅하를ᄒᆞᄂᆞᆫᄃᆡ도 쳣비두에 한일합방을 몬져쓰거ᄂᆞᆯ 오호-라 동포들이여 혹 초야즁데와 산림즁에셔라도 국가의 전도를 위하여 눈물을흘리니예 (후략)
- 논설 中

『대한매일신보』 1910. 1. 5.

인용문은 같은 날에 발행된 기사와 논설문으로 (가)의 경우 표제를 제외하고는 일본인의 조선에 대한 발언(침략 의도)을 있는 그대로 기술한 반면 (나)는 그에 대해 비분강개(悲憤慷慨)하고 있다. 즉, 앞선 『독립신문』과는 다르게 기사는 사실 위주의 객관적인 내용을 전달하는데 치중하고 주관적인 생각이나 사건에 대한 품평은 논설에서 다뤄지고 있는 것이다.

이처럼 『대한매일신보』는 『황성신문』이 한문으로 된 표제를 사용했던 것을 발전시켜 국문 표제를 사용했고, 사설과 기사가 분리되는 양상을 보였다. 그러나 앞선 신문들과 마찬가지로 '표제'와 '본문'만 있을 뿐 '전문'은 부재하다. 또한 (가)에서처럼 육하원칙 중 꼭 필요한 사항이 생략된 경우가 있는데, 이는 비록 표제라는 형식이 정착했다고는 하나 아직도 근대적 기사문의 형식에는 불완전한 것이라고 할 수 있다. 다만 『대한매일신보』에 와서 지금에 가까운 표제 방식이 나타나기 시작했다는 점, 기사와 사설이 분리되었다는 점 등은 의미 있는 변화라고 할 수 있다.

2.4. 기사문 양식의 정착 - 『동아일보』의 기사문

신문 기사문 형식으로 '표제', '전문', '본문'이 갖춰진 것은 20년대에 등장한 신문부터이다. 이는 앞선 신문들의 발달 과정 속에서 점차적으로 기사문 양식에 대한 이해가 발달했고, 일본과의 교류가 증대함에 따라 서구식 기사문 형식이 정착한 결과라고 할 수 있다.

崔在亨은 如何한 人?
그밧게세명은누구인가

지난사월사일에해삼위(海蔘威)에서 로국군대와일본군대가 교젼 하게된 이릭ㅣ로 신한촌(新韓村)에잇든일본을 배척하는조선사람들은 형세가위태함으로 「니코리스크」로몸을피하야 로서아와격파와 련락을하야가지고 일본군에게 반항하다가 륙십칠명이톄포되야 그중에원

상해가정부 재무총장최재형(崔在亨)외삼명은일본군에게 총살을당하얏다 함은 작지에 임의 보도하얏거니와 최재형은 금년 ●십삼세의 '로인이오' 함북경흥(咸北慶興)태싱이니 어려서부터가세가 매우곤궁ᄒᆞ야 그가열살되얏슬때에 할일업시 그부모를 ᄯᅡ라 멀니 두만강(豆滿江)을 건너 로서아디방으로 건너가게되얏다 그곳으로 건너간뒤에도 몃해동안 은ᄯᅩ한로국인의 고용이되야 그주인에게충실하게 뵈엿슴으로 열다서서살되즌해봄에는 주인의 보조를바다소학교를단이게되얏고

재학즁에도 교장의사랑을밧어서 졸업후에는 로국정무텽통역관이 되얏는

四大藥
靈神丸
朝鮮靈藥株式會社
世昌洋靴店

대 원릐인격이잇슴으로 만인이신망하게 되야 이십오세때에는수빅호를거나리는 로야(老爺)라는 벼슬를갖게되얏고그는 다시한푼돈이라도 싱기기만하면 공익에쓰고사람을사랑함으로 일반인민의 신망은 나날이두터워저서 마츰내도로야(都老爺)로승치하게되야 수십만인의인민「로국인이대부분」을거나리게되야 로국에극동정치(極東政治)에도 손을내미러 적지안이한권리를 가지고니짓다 그리하야그는마츰내 로서아에 입적까지하얏섯고 작년에 과격파의손에총살을당한 「니코라스」이세가 대관식「戴冠式」을거힝할때에 수십만의로국민민을대표하야「세트,테추로그릐드」에 가서황뎨가 하사하시는 화려한례복까지 바든일이잇서스며 리태왕뎐하끠서 울미(乙未)년에 로국령사관으로 파쳔하신후널리 로국국정에 정통한인재를 가리실새 최씨가쌉히어서한로밧비 귀국하야 국사를 도으라시는 조측(詔勅)이 수삼치나 나리섯스나 무슨싱각이 잇스며이리로그디방에잇서서배일사상을 선뎐하고작년에 상해가정부재무총장까지되얏섯는데이번에 …(후략)

『동아일보』 1920. 5. 9.

표제와 부제가 독립되어 쓰이고 있고, 두 번째 단락 둘째 줄까지 전문에 해당하며 이하 본문이 제시되어 기사문 형식을 갖추었다고 할 수 있다. 또한 사건 기술에 있어서도 일정한 시점을 유지하면서 육하원칙에 따라 인물의 일대기를 기술하고 있다. 특히 표제와 부제, 주요 사건에 따른 단락 구분 및 강조 표시 등은 이전 신문 기사보다 발전된 형태라고 할 수 있다. 이렇듯 1920년대 기사문의 변화에 대해 이석주는 '본제(표제)와 부제가 늘어나는 추세 또한 나타나며, 전문에 해당하는 기사들이 나타나고, 기사의 구조형식인 5W1H의 틀에 좀 더 충실해지고 있음이 보인다.'[14] 라고 언급하면서 비로소 현대적인 기사문 양식이 출현했음을 주장하였다.

3. 신문 발달에 따른 표제의 변화

표제는 기사 전체를 압축적으로 제시하고 독자의 흥미를 끄는 기능을 한다. 그러나 표제의 출현은 앞서 살펴본 바와 같이 『한성주보』의 경우 기사의 출처를 표제로 삼거나 일부 외국 기사를 번역하는 과정에서 도입되었다. 『독립신문』 역시 초기에는 표제를 달지 않았으나 1898년 7월 2일자 신문부터 표제를 사용하고 본문과 구별하기 위해 ')' 부호를 사용하였다.[15] 이후 모든 기사에 표제를 사용한 것은 『황성신문』이었고, 그것을 발전시켜 『대한매일신보』부터 지금의 표제 형식이 나타났으며, 1920년 『동아일보』부터는 표제는 물론 기사 내용의 개요를 부제로 싣기 시작했다.

---

14) 이석주, 「기사문장의 변천」, 『신문기사의 문체』(한국언론연구원, 1990), 361~368쪽.
15) 이석주는 『독립신문』에 기사 제목(표제)이 등장하지 않는다고 주장하였다. 그러나 필자가 확인한 결과 1898.7.2일자 기사부터 제목이 등장한다. 이석주, 위의 논문, p.360.

신문명	표제
한성주보(1886. 1. 25)	勅諭恭錄, 勅諭旨錄, 인군에은혜가빅성을감격케홈이라
독립신문(1898. 7. 2)	쟈미 잇ᄂᆞᆫ 슈군 쳥, ᄂᆡ부 죠쳐, 군슈 힝패
황성신문(1989. 10. 3)	北京傳說, 其言甚厚, 南信未通, 鴻陸登陸
대한매일신보(1910. 1. 5)	ᄉᆞ진후방문, 리총리중졔, 관리휴가, 교ᄉᆞ상여금, 쥬식회샤 설립
조선일보(1920. 5. 12)	멀리고향을ᄉᆡᆼ각ᄒᆞᄂᆞᆫ 海外風霜의我同胞 어ᄃᆡ던지ᄃᆡ기환영을밧으면셔 과히붓그럽지안은지산을져축

표에 나타나듯 1880년대에서 1900년대까지 표제는 주로 한문을 사용했고, 기사 내용에 대한 개괄적인 표현을 하고 있다. 경우에 따라서는 한글 표기도 나타나고 비유적인 표현도 등장했으나 이는 『독립신문』을 제외하면 극히 드물고, 『대한매일신문』 이전까지는 일반화되지 못했다. 그러나 『대한매일신문』부터는 표제가 좀 더 구체적인 내용을 담고 있으며 기사와 분리되어 제목으로서의 역할이 더욱 분명해졌다. 특히 이런 경향은 1920년대 『동아일보』, 『조선일보』의 창간부터 일반화되어 표제는 물론 기사 내용의 개요를 부제로 제시하는 등의 발전된 형태가 나타나기 시작했다.

초기 『한성주보』의 경우 독자층에 제한적이며 이들 역시 대부분 정부 관청이었기 때문에 일부 '외보'를 제외하면 지금의 표제에 해당할만한 것이 나타나지 않았다. 특히 제본방식 또한 신문이라기보다는 책 형태에 가깝기 때문에 1면부터 순차적으로 읽어가는 독서 방식을 유도하였다. 게다가 '칙유공록'이란 제목 속에는 그것이 왕의 전교에 관한 내용임을 나타내기 때문에 특별한 독자(관청)는 그 사항들을 모두 알아야 했다. 즉, 『한성주보』는 당시 '관보'의 성격을 지녔던 것이다. 그러나 『독립신문』부터는 독자층이 일반대중으로 확대되고 넓은 지역으로 신문이 배포되면서 정부 소식뿐만 아니라 다양한 소재들이 기사로 등장하게 되었다. 특히 '잡보'의 경우 전혀 연관성이 없는 다양한 사건들이 동일한 지면에 나타나기 때문에 『한성주보』처럼 순차적으로 기사를 읽을 필요가 없었다. 이에 『독립신문』은 기사 첫머리에 '○' 표시를 하고 전체 기사 내용을 함축하는 내용의 표제를 사용하여 기사의 개략적인 사항을 서두에 밝히기 시작했다. 즉, 신문 매체가 발달하면서 표제가 등장하기 시작한 것이다. 이러한 추세는 이후 신문에도 계속 이어져 『황성신문』은 한문으로 표제를 달았으며, 『대한매일신보』는 국문 표제의 사용과 표제와 본문을 분리시켜 표제를 기사 중앙에 배치하는 등의 시각적 효과까지 나타내었다. 즉, 이때부터 지금의 표제 형식이 정착되었던 것이다. 1920년대 발행된 『동아일보』, 『조선일보』 역시 표제가 발달하는 추세에 따라 표제를 본문에 비해 큰 글씨로 나타내고, 표제에 대한 부제를 제시하여 독자의 편의를 도모하였다.

표제어의 기능에 대해 이석주는 '첫눈에 흥미를 일으키지 못하면 그 제목(표제)은 실패한 것이다. 독자들이 수많은 신문과 기사를 모두 읽을 수는 없다. 어떤 기사를 읽을 것인가 하는 것은 제목에 의해 결정된다.'[16]라 하여 주로 독자의 측면에서 그 역할을 논하였다. 즉, 다양한 사건들 속에서 독자로 하여금 관련 기사에 대한 흥미를 유발시켜 '읽기'를 유도하는 것이 바로 표제의 역할이라는 것이다.

신문 기사는 한 기사 안에서는 논리적 일관성을 유지하지만 전체 지면에서는 아무런 연관성을 갖지 못한다. 즉, 일관성과 연관성이 결여된 다양한 기사들이 동일한 지면에 실려 있는 것이 신문 기사의 특징이라 할 수 있다. 따라서 독자 입장에서는 굳이 순차적으로 읽을 필요도 없고, 모든 기사를 정독할 필요도 없다. 그저 관심있는 것만 찾아 읽어도 각각의 기사를 이해하는 데는 전혀 무리가 없다. 따라서 표

16) 이석주, 위의 논문, p.359.

제는 신문 기사문 양식 중 하나지만 그 기능은 일관성 없는 기사들 간의 정보를 압축적으로 제시하여 한 지면에 실린 다양한 사건을 조망할 수 있도록 하고, 또한 독자로 하여금 읽기를 유도하는 역할을 담당했던 것이다.

4. 결론

본고는 신문 기사문 형식의 일반적인 특징을 표제, 전문, 본문으로 규정하고 이러한 형식이 기사문의 보편적인 형식으로 정착하는 과정을 살펴보았다. 초기 『한성주보』국내 기사의 경우 왕의 전교나 각부의 보고 등을 그대로 옮겨 지금의 기사문 형식과는 다른 방식이 나타난 반면 외보의 경우 외국 기사를 번역하는 과정에서 서구식 기사문 형식이 유입되었다. 이후 『독립신문』에서는 다양한 소재들을 기사의 내용으로 다루면서, 직 · 간접적인 취재를 통해 사건을 재구성하여 기사를 작성하는 방식이 나타났고, 또한 제목을 기사 서두에 제시하여 전체 내용을 포괄할 수 있도록 하였다. 이후 표제의 발달은 비록 한문 표기지만『황성신문』을 거치면서 모든 기사에 등장하게 되었고, 『대한매일신보』부터는 국문 표기의 표제가 등장하고 본문과 분리되어 사용됨에 따라 비로소 표제가 하나의 형식으로 정착되었다. 그러나 『대한매일신보』는 여전히 표제와 본문만 등장할 뿐, 전문이 부재한 형식이었다. 이후 표제, 전문, 본문의 형식이 나타난 것은『조선일보』, 『동아일보』의 창간부터이며 이때부터 지금의 기사문 형식이 보편적인 형식으로 자리를 잡아갔다.

신문 기사 형식의 사적(史的) 변화는 '신문'이라는 근대적 매체의 발달과 그 맥락을 같이 한다. 다양한 사건을 기사로 다루는 과정에서

'취재' 형식이 나타나게 되었고, 또한 주관이 개입되었던 기존의 방식에서 객관적인 사실만을 기사로 처리하는 등의 변화가 나타났다. 끝으로 표제의 발달은 연관성이 부족한 기사문들이 한 지면에 등장함에 따라 독자로 하여금 '선택적 읽기'를 용이하도록 하며, 전체 지면의 내용을 개관할 수 있는 역할을 담당했던 것이다.

참고문헌

박갑수 외(1990), 『신문기사의 문체』, 한국언론연구원.

최인호(2001), 『기사문장론』, 한겨레신문사.

심경호(1998), 『한문산문의 미학』, 고려대학교 출판부.

이석주(1990), 「기사문장의 변천」, 『신문기사의 문체』, 한국언론연구원.

표제
ㅡ『조선일보』, 『동아일보』를 중심으로

김혜영

1. 서론

신문 기사의 표제는 신문 기사의 가장 핵심적인 내용을 요약하여 전달해주는 신문 기사의 주요 구성 요소이며, 신문 기사 표제의 문체가 어떻게 변화했는지를 살펴보는 것은 기사문의 문체 전체를 이해하기 위해 꼭 필요한 작업 중 하나이다. 따라서 본고에서는 신문 기사 표제의 문체가 시대에 따라 어떻게 변해왔는지를 구체적으로 살펴보고자 한다.

우리나라 신문 기사에 정식으로 '표제'라고 할 수 있는 것이 등장한 것은 1920년대 『조선일보』와 『동아일보』가 창간된 이후이다(국립국어연구원 1997:27). 따라서 본고에서는 1920년대부터 발행된 조선일보와 동아일보의 신문 기사 표제를 대상으로 삼아 신문 기사 표제의 문체 변천을 살펴볼 것이다.[1] 연구 대상 자료는 1920년대부터 2000년대까지 발행된 『조선일보』와 『동아일보』를 10년 단위로 시기를 나누고, 각 시기별로 임의의 하루를 택하여 그 날 신문의 모든 표

1) 본고에서는 주표제와 부표제를 특별히 구별하지 않으며, 구분하여 말할 필요가 있을 때에만 '주표제'와 '부표제'를 언급하기로 한다.

제를 모으는 방식으로 수집하였다. 단, 기자가 아닌 외부 기고가에 의한 글, 주식 시황이나 일기예보 등과 같은 기사문의 형식을 갖추지 못한 글, 기자가 썼으나 정식 기사문이 아닌 글, 사설 등은 연구 대상에서 제외하였다.[2)]

본고에서는 이렇게 수집한 자료를 대상으로 신문 표제가 가지는 어휘, 통사(문장), 표현의 특징을 시기별로 살펴보기로 한다. 어휘의 측면에서는 한자어의 사용, 준말의 사용, 외래어의 사용을 살펴본다.[3)] 한자어와 준말, 외래어가 얼마나 많이 쓰이는지, 그리고 이들 중 자주 쓰이는 단어의 유형은 무엇인지 등 단어의 사용과 관련된 여러 가지 특징들을 지적한다. 통사의 측면에서는 표제의 행수와 길이가 어떻게 변화하였는지 살피고, 표제를 종결형에 따라 '명사 종결, 부사 종결, 어근 종결, 조사 종결, 연결어미 종결, 종결어미 종결'로 유형화하여 각 유형의 수와 비율이 어떻게 변화하는지 알아본다. 또한, 표현의 측면에서는 박갑수(1998)의 논의를 참조하여 표제의 표현 유형을 다음과 같이 나누고, 시대별로 각 유형의 수와 비율을 알아본다.

ㄱ. 객관형 표제

-요약형 : 뉴스 내용의 전체 또는 중요한 일부를 표제로 내거는 것

-인용형 : 뉴스 메이커가 한 말이나 여론의 발언이 주요 기사 내용이 될 때 그것을 표제로 인용하는 것(이후의 논의에서는 객관-요약형, 객관-인용형으로 표시한다.)

ㄴ. 주관형 표제 : 편집자의 주관적 느낌이나 기분이 포함된 것[4)]

---

2) 연구 대상 자료에 대한 구체적인 정보는 <부록> 참고.

3) 본고에서 '외래어'는 외국어가 그 어원인 모든 단어를 의미하며 고유명사를 포함한다. 외래어와 외국어를 구별할 필요가 있을 때에만 따로 언급한다.

4) 박갑수(1998)에서는 주관형 표제를 다시 기분형, 호소형, 관용어형으로 분류하고 있으나 본고에서는 이를 구분하지 않고 모두 주관형 표제로 다루기로 한다.

그리고 이러한 유형화와 더불어 표제에서 나타나는 강조표현의 변화에 대해서도 살펴본다. 여러 가지 강조표현 중에서도 과장, 열거, 반복, 주제화를 중심으로 어떠한 강조표현이 어떻게 쓰이고 있는지를 언급할 것이다.5)

2. 신문 표제의 성격과 시기 구분

표제(表題)는 기사의 머리에 놓이는 것으로 독자들에게 기사의 주요한 정보를 제공하기 위해 기사 속의 핵을 짧은 글로 간추려 표현한 것이다(장소원 외 2002:40). 따라서 표제는 제한된 길이 내에서 독자에게 기사에 대한 최대한 많은 양의 정보를 주고 독자가 기사를 읽도록 주의를 끌어야 하므로 신문의 전문이나 본문과는 다른 독특한 특성을 가진다. Hyde(1941:196)에서는 표제의 특성과 요건으로 다음의 8가지를 들고 있다.

ㄱ. 표제는 뉴스의 게시물이다. 이는 그것이 놓인 기사의 주요 내용을 하나의 문장이나 문장의 연속에 의해 진술한다.

ㄴ. 표제는 뉴스의 광고이다. 이는 뉴스를 드러내 보이고, 기사에 주의를 끌게 한다.

ㄷ. 표제는 요약이다. 이것은 일련의 개략적 진술로 기사의 본질적 내용을 표현한다.

ㄹ. 표제는 첫 진술에서 기사의 뉴스 특성을 제시한다. 그리하여 이것은 기사의 뉴스 가치를 강조한다. 뉴스에 대한 관심이 매력적 관

---

5) 여기에서 '주제화'는 '문장의 한 구성성분을 문장의 앞쪽으로 끌어내는 것'을 의미한다(김애나 외 1988).

점 또는 인기를 얻기 쉬운 표현에 따라 정해진다면 그것은 첫 진술, 첫 행에 나타난다.

ㅁ. 표현되었거나 함축된 동사는 각기 다른 진술을 형성하며, 표제의 각 부제에 놓인다.

ㅂ. 한정된 표현을 하는 정확하고 구체적인 단어를 가능한 한 사용한다. 일반성이 없는 것은 허용되지 않는다. 표제는 뉴스의 일반적인 부류가 아닌, 그것이 인솔하는 특별한 기사에 적용되어야 한다.

ㅅ. 표제는 이해하기 용이해야 한다. 결코 모호하거나 괴롭히는 것이어서는 안 된다. 이는 호기심을 불러일으키기 위한 것이 아니고, 명백하고, 지성적인 진술에 의해 관심을 불러일으키기 위해 고안된 것이다. 만약 그것이 계산하여 합계를 내거나 두 번 읽어야 한다면 그것은 서투른 것이다.

ㅇ. 표제는 그 자체로 완전해야 한다. 이때 표제가 만들어 내는 진술은 더 이상의 설명 없이 분명해야 한다. 기사에 포함된 정보는 표제진술에 대해 설명하는 것이 아니고, 추가하는 것이다(박갑수 1998:13～14 재인용).

이러한 특성과 요건을 가지고 있는 신문 표제의 문체는 고정되어 있는 것이 아니며 시대에 따라 변화한다. 따라서 신문 문장의 변천을 다루기 위해서는 신문 표제 문체의 특징을 반영하여 신문 표제 변천의 시기를 구분할 필요가 있다. 본고에서는 신문 표제 문체의 특징을 기준으로 신문 표제 변천 시기를 크게 넷으로 구분하고자 한다. 3～5장에서 구체적으로 논의가 이루어지겠으나, 정식 신문 표제가 신문 기사에서 쓰이기 시작한 1920년대부터 1930년대까지는 신문 표제가 어휘, 통사, 표현의 측면에서 유사한 양상을 보이므로 하나의 시대로 구분한다. 그리고 1940년대부터 1950년대까지는 『조선일보』와 『동아일보』가 정간 및 복간을 겪으면서 신문 표제에서 나타나는 종결형과 표현의 다양성이 떨어지는 시기이므로 다른 시기와 구분하도록 한다. 1960년대부터는 대체적으로 신문 표제의 어휘, 통사, 표현의 측면 모두 큰 변화를 보이지 않으나, 2000년대에 들어서서 신문이 전면 가로쓰기로 바뀌면서 표제에도 큰 변화가 일어나므로 2000년대를 다시 하나의 시기로 구분하기로 한다.[6] 이렇게 신문 표제 문체의 특징을 반영하여 신문 표제 변천의 시기를 구분하면 다음과 같다.

ㄱ. 제1기 : 1920~1930년대 -신문 표제의 정착기
ㄴ. 제2기 : 1940~1950년대 -신문 표제의 퇴보기
ㄷ. 제3기 : 1960~1990년대 -신문 표제의 발전기
ㄹ. 제4기 : 2000년대 이후 -신문 표제의 변화기

3. 신문 표제 어휘의 변천

신문 표제의 정착기라 할 수 있는 1920~30년대 신문 표제의 어휘적인 특징으로 가장 두드러지는 것은 한자어가 많이 사용되었다는 점이다. 대다수의 표제들이 조사와 어미를 제외하고는 모두 한자어로 구성되어 있다. 그 중에는 謀殺, 希臘, 佛國, 轢死 등과 같이 현재에는 거의 쓰이지 않는 한자어들도 포함되어 있다.

또 1920~30년대의 신문 표제에서는 준말이 많이 사용되었고, 1930

6) 그러한 시기 구분의 기준이 되는 자료가 무엇인가에 따라 달라질 수 있을 것으로 생각된다. 우리나라에서 최초로 가로쓰기를 실시한 신문은 1988년 5월 15일에 창간된 『한겨레신문』이므로, 연구 대상 자료를 일간지 전체로 확대하여 신문 표제의 시기 구분을 시도한다면 시기 구분에 변화가 있을 수 있다.

년대보다는 1920년대에 더 많이 사용되었다. 연구 대상 표제에서 찾을 수 있었던 준말의 목록은 다음과 같다.

(12) 日, 英, 露, 吳氏, 米, 葡國, 佛, 中, 安州署, 勞盟, 盟罷, 釜山署, 密陽署, 鐘路署, 盟休, 工普校, 開城署, 利原署, 蘇

이 시기 신문 표제에서 사용된 준말의 목록을 보면 준말이 주로 사용되었던 단어는 국가명, 기관명 등이었음을 알 수 있다.

1920~30년대에는 준말과 더불어 외래어도 사용되었다. 주로 사용된 외래어는 국가명, 지명, 성명, 도량형 등이었다. 국가명과 지명은 대부분 한자로 표기되었으나, 한글로 표기된 경우도 있었다.

(13) 스탄, 『쌔-렐』, 카이요, 이와노브, 세이요, 스단, 리레, 루마니, 리쑤, 『스트라잌』

(13)의 예들은 연구 대상 자료에서 발견된 외래어 중 한글로 표기된 것들이다. '스탄, 스단, 루마니'는 국가명, 지명이고 '카이요, 이와노브, 세이요'는 성명이며, '리쑤, 『스트라잌』'은 스포츠 용어이고, '『쌔-렐』'은 도량형 '배럴'이다. 도량형과 스포츠 용어에 『』표시를 한 것이 특이하다. 1930년대에는 이러한 외래어들 외에 '그룹, 키스' 등과 같이 오늘날에도 일반적으로 사용되는 어휘들이 발견되기도 한다. 도량형의 경우에는 1930년대에 '미터'가 '米'로 표기된 경우도 있었다.

이후, 퇴보기라 할 수 있는 1940~50년대의 신문 표제도 한글로 표기한 외래어와 조사, 어미를 제외한 나머지 단어들이 그대로 한자어이다. 1940년대에는 고유어는 물론, 한자어의 한글 표기도 찾을 수 없으며, 1950년대의 경우에도 조사 대상 자료에서 발견된 고유어는 6개

정도에 불과하다.

준말은 '蘇外相'과 같은 국가명, 지명, 직급명에서 쓰였다. 외래어인 '아틔레틱'을 '아'로, '마살特使'를 '마特使'로, '덜레스美國長官'을 '덜美長官'으로 줄인 예도 있다. 준말과 관련하여 특기할만한 점은 1950년대 자료에 'LST'라는 로마자 약자가 처음으로 나타났다는 점이다. 이것은 연구 대상 자료 중 표기에 로마자가 드러난 최초의 예이다.

이 시기의 자료에서 발견할 수 있는 한글로 표기된 외래어는 대부분 지명이나 인명이다. 특히, 1940년대의 자료에서는 외국의 여러 가지 협정들에 대한 소식이 많아 외국의 관리 이름이 많이 등장한다. 또, 한자로 된 국가명이 전부인 1940년대 자료에 비해 1950년대 자료에서는 '항가리, 버마, 알젠틴, 알제리아' 등의 국가명이 한글로 표기되었다. 이렇게 한글로 표기된 국가들은 모두 우리나라에 늦게 알려진 국가들이라는 공통점이 있다. 그 밖의 외래어로는 '마라손, 아나키스트, 나치, 헤리콥터, 트럭, 「장글」(정글)' 등이 있다.

방전기의 시작이라고 할 수 있는 1960년대부터 신문 표제는 이전에 비해 고유어의 사용이 늘어났다. 예를 들어, 이전 시기라면 '大衝擊, 兒童'이라고 쓰였을 것이 '큰 衝擊, 어린이'로 쓰였다. 그러나 1960년대 이후 90년대까지는 한자어의 사용이 크게 줄어들지 않았고, 다만 한자 표기가 줄어들었다.

준말은 앞 시기와 유형이 비슷하나 좀 더 많이 쓰였다. '國防委, 延大, 中央常委' 등과 같은 기관명, '越, 美' 등과 같은 국가명, '金國防, 李議長' 등과 같은 인명과 직위명이 주로 준말로 쓰였으며, 'YWCA'과 같은 준말을 다시 'Y'로 줄여 사용한 예도 있었다. 오늘날 많이 사용되는 '與, 野'라는 준말은 1970년대 자료에서 처음 등장하였다.

외래어는 이전 시기에 비해 그 수가 크게 증가했으며 꾸준히 늘어났다. 먼저, 1960년대에 등장하는 외래어들을 표기에 따라 구분하고 그 예를 들면 다음과 같다.

(14) ㄱ. 한자로 표기 : 越南, 日

ㄴ. 한글로 표기 : 아이브스, 「사이공」, 톤, 「카타르」, 유엔, 「데모」, 「피치」, 「킬로」, 베트콩, 파키스탄, 텔레비죤, 「프레싱」, 「프로」

ㄷ. 알파벳으로 표기 : SA, AID

(14)의 분류를 보면 한자로 쓰이는 외래어들은 주로 중국식 한자를 사용한 국가명임을 알 수 있다. 한글로 쓰이는 외래어에는 외국의 지명이나 국가명, 인명, 스포츠 용어, 도량형, 그리고 일반 명사들이 있으며, 이들은 주로 「」표시와 함께 쓰였다. 이 중에서 '「피치」'의 경우, '保健員不正搜査에 「피치」(조 1965.6.30. 3면)'에서 쓰였는데, 현재도 잘 쓰이지 않는 단어가 1960년대의 신문 표제에 쓰인 것이 특이하다.

1970년대 이후로는 새롭게 등장하는 외래어가 더욱 많아진다. 특히, 오늘날에도 일반적으로 쓰이는 명사들이 새롭게 나타나는 경우가 많고, 1920년대에 '리〷'라고 나타났던 것이 '리이그'로 표기가 바뀌는 등 표기상의 변화도 보인다. 또 이전 시기에 한자 표기로 나타났던 외래어들도 1970년대 이후로는 한글로 많이 표기된다. 예를 들어, '加'보다 '캐나다'의 빈도가 우세하다. 그리고 't, m'와 같이 도량형이 알파벳으로 표기된 것도 나타나기 시작한다. 1970년대부터 1990년대까지 조사 대상 자료에서 새롭게 나타나는 외래어의 예로는 다음과 같은 것들이 있다.

(15) ㄱ. 1970년대 : 셀러리맨, 보너스, 세미나트, 캠프, 컨디션, 제스쳐, 브로우커, 아파아트, 러시 등

ㄴ. 1980년대 : YWCA, 레이스, 덕아웃, 서키트, 챔피언 등

ㄷ. 1990년대 : 파이프, 스캔들, 레이온, 펜, 키보드, 16비트, 소프트웨어, PC, 라디오, 데이터, LNG, 시스템, 뉴러퍼지, 아이디어, 에이스, 코리아, 버스, 텔런트, 카드뮴, 에너지, 타이틀, GNP 등

또한, 이 시기에는 외래어의 사용이 확대되면서 '中共서도 지렁이 飼育붐(조 1985.6.28. 4면)' 등과 같이 충분히 고유어로 대체할 수 있는 외래어가 사용된 경우도 볼 수 있다.

이후, 변화기라 할 수 있는 2000년대에 들어서면서 신문 표제의 어휘에서 여러 가지 변화가 나타난다. 2000년대 신문 표제의 어휘적 특징 중 가장 중요한 변화는 한자어가 크게 감소하였다는 것이다. 오랜 기간동안 신문 표제에서 그 수가 줄어들지 않고 사용되던 한자어가 이 시기에 들어 줄어들기 시작하였다. 준말 역시 이전 시기에 비해 사용 횟수가 줄어들었다. 이 시기에 사용된 준말은 대부분 '美, 日'등과 같은 국가명과 직위명이며, 'EEZ, CCTV, IT'와 같은 알파벳으로 이루어진 준말들이 늘어났다.

그러나 한자어, 준말과 달리 외래어는 그 수가 증가하였다. 지명이나 인명 등과 같은 고유명사를 제외하고 새롭게 쓰이게 된 외래어로는 아래와 같은 것들이 있다.

(17) 핫라인, CCTV, 컨테이너, U턴, 카드, 웨이터, CEO, EEZ, 클립, 판타스틱, 브라보, 팡파르, 스트레이트, 코리안, 프리미어 리거, 어시스트, 플레이오프, 마운드, 보크, 텀, 식스맨, AK, IT, 아시아, 실버시터, 다이어트 프로그래머, 폐업 컨설턴트, 인터넷, 사이버, 패밀리 레스토랑, 메뉴, 이벤트, 베스트 애널리스트, 매뉴얼, 로고송, 로스쿨, 모럴 해저드, 베드신, WCDMA, 콘텐츠, CUV

이것은 스포츠 용어를 제외하더라도 적은 수가 아니며, 그 용어가 사용된 맥락을 알지 못하면 그 뜻을 짐작하기 힘든 용어들도 있다. 또한, '후진타오, 베이징' 등 중국어 고유명사가 현지 발음과 유사하게 표기가 바뀐 것이 특징적이다. 이러한 변화는 원지음을 존중하는 것을 기본 태도로 삼아 1986년 제정된 『외래어 표기법』의 반영으로 보인다.

4. 신문 표제 문장의 변천

정착기의 시작인 1920년대 신문 표제는 대부분 1~3행으로 이루어졌다. 즉, 주표제가 1~2행, 부표제가 1~2행으로 구성되었다. 또, 하나의 기사가 차지하는 지면이 넓지 않았기 때문에 한 행이 짧았다. 따라서 표제가 전달할 수 있는 정보의 양은 그리 많지 않았다. 또 1920년대 신문 표제의 종결형은 대부분 명사 종결형이며, 다른 종결형은 그에 비해 적은 편이다. 이 시기에 나타나는 여러 가지 종결형의 수를 표로 보이고 그 예를 들면 다음과 같다.[7)]

1925년	종결형의 종류							
	조선일보							
	명사	조사	부사	감탄사	어근	연결어미	종결어미	총계
국한문혼용	127	7				2	2	138
한글전용	25	6				3	2	36
총계	152(87.4)	13(7.5)				5(2.9)	4(2.3)	174
	동아일보							
	명사	조사	부사	감탄사	어근	연결어미	종결어미	총계

7) 이후의 모든 표에서 '국한문혼용'이라 함은 한자 표기가 나타나는 표제를 가리키는 것이고, '한글전용'은 한글 표기만 나타나는 표제를 말한다. 그리고 괄호 안의 숫자는 백분율을 나타낸 것이다.

국한문혼용	97	5			1	2		105
한글전용	15	1				3	6	25
총계	112(86.2)	6(4.6)			1(0.8)	5(3.8)	6(4.6)	130
전체 총계	264(86.8)	19(6.3)			1(0.3)	10(3.3)	10(3.3)	304

(18) ㄱ. 명사 종결 : 希臘新內閣成立(조 25.6.29. 1면)

ㄴ. 어근 종결 : 갈길은아즉도遙遠/東鐵長官의中國動亂觀/二十八日普京途에서(조 25.6.29. 1면)

ㄷ. 조사 종결 : 전주부인젼한연긔/오는삼십일로(조 25.6.29. 3면)

ㄹ. 연결어미 종결 : 病苦로割腹自殺/생활난까지심하야(동 25.6.29. 2면)

ㄷ. 종결어미 종결 : 大邱日商人/不正한度量器/사분일이/부정한것이잇다(조 25.6.29. 2면), 咸興郡에等級不公/친소를싸라선후를정한다(조 25.6.29. 2면),奉天示威學生/汽車轉覆企圖/◇多幸이損傷은免하엿다(동 25.6.29. 1면)

이 시기 표제의 종결형을 살펴보면 국한문 혼용의 문장에서 명사 종결형의 비율이 더 큰 것을 알 수 있는데, 이는 한자어의 특성 때문이라고 생각된다. 전체적으로 부사 종결형을 가지는 표제는 나타나지 않았고, 조사 종결형에는 주격 조사, 목적격 조사, 부사격 조사 등이 사용된 종결형이 있었다. 그리고 종결어미 종결형의 경우에는 평서형만 발견할 수 있었으나, 그 시제는 현재형, 과거형 등이 다양하게 나타났다. 또한 종결형식은 지면에 따라 그 양상이 다르게 나타나는데, 주로 2, 3면에서 다양한 종결형을 가진 표제들이 나타났고, 1면에서는 명사 종결형 표제들이 많이 쓰였다. 이 밖에 명사에 느낌표나 물음표가 붙어 감탄문, 의문문의 기능을 하는 예도 있다.

(19) ㄱ. 명사+물음표 : 平壤의擴張/船橋箕林兩里의/編入計劃實現?(조 25.6.29. 4면)

ㄴ. 명사+느낌표 : 一人殺害에/五萬弗!/佛 對廣東要求(동 25.6.29. 1면)

이후 1930년대에는 표제가 길어지고 표제가 전달하는 정보의 양이 늘었다. 특히, 이 시기의 표제들은 1920년대보다 훨씬 큰 글씨로 많은 지면을 차지하고 있어 기사에서 표제의 역할이 커졌음을 알 수 있다. 한편, 1930년대 표제를 종결형에 따라 분류하면 여전히 명사 종결형이 가장 많음을 알 수 있다. 이 시기에는 어근 종결형은 보이지 않으나 부사 종결형이 보인다.

1935년	종결형의 종류							
	조선일보							
	명사	조사	부사	감탄사	어근	연결어미	종결어미	총계
국한문혼용	94	8	1			2		105
한글전용	4		1			1	4	10
총계	98(85.2)	8(7.0)	2(1.7)			3(2.6)	4(3.5)	115
	동아일보							
	명사	조사	부사	감탄사	어근	연결어미	종결어미	총계
국한문혼용	99	3				2	2	106
한글전용	9					1	1	11
총계	108(92.3)	3(2.6)				3(2.6)	3(2.6)	117
전체 총계	206(88.8)	11(4.7)	2(0.9)			6(2.6)	7(3.0)	232

(20) ㄱ. 명사 종결 : 朝鮮의各電動力/三百萬키로突破/産業別電動力內容 (동 35.6.28. 석간6면)

ㄴ. 부사 종결 : 시간리용을잘해야/한평생이 뜻잇다/하로일도시간정하고 『엇디케…』/살림사리의 『따이아그람』(조 35.6.28. 석간 3면)

ㄷ. 조사 종결 : 獨身男子에게/詐欺結婚/被害者說諭를(조 35.6.28. 석간2면)

ㄹ. 연결어미 종결 : 中央政治會議에/對日根本方針通過를/巨頭會談

結果에<u>依해</u>(조 35.6.28. 석간1면)

ㅁ. 종결어미 종결 : 極貧한求學少年/書店에서册子를誤窃/警察도同情하야給仕록/무엇이그손을검도록<u>햇나</u>?(조 35.6.28. 석간2면)

이 시기에는 종결형 종결이 다양해졌다. 평서형뿐만 아니라 의문형, 명령형, 청유형이 사용되었고, 그 시제도 다양하게 나타난다. 그러나 이전 시기에서 볼 수 있었던 지면에 따른 종결형의 차이는 발견할 수 없었다. 이것은 전체적으로 종결형이 다양하게 사용되었기 때문이다. 이 외에 1920년대와 마찬가지로 명사에 물음표나 느낌표가 결합하여 의문문, 감탄문의 역할을 하는 경우도 보인다.

(21) ㄱ. 명사+물음표 : 汪精衛獨斷으로/日本에<u>文書回答</u>?(조 1935.6.28. 석간1면)

ㄴ. 명사+느낌표 : 慶尙道에는<u>豪雨</u>!/全羅道엔 依然旱魃/濟州,釜山,
○山等地에는水亂/暴雨後에는風雨大作(동 35.6.28. 석간2면)

이후, 퇴보기라 할 수 있는 1940~50년대의 신문 표제들은 1~2행으로 이루어진 것이 대부분이다. 전체적으로 표제가 전달하는 정보의 양이 줄었다고 할 수 있다. 다만, 1940년대 『동아일보』에는 각 면의 첫 기사에서 3행의 표제가 나타나며, 1950년대 자료에서는 1, 2면에서 강조 표시가 된 표제들이 3행으로 이루어져 있는 것을 볼 수 있다. 종결형의 종류 역시 다양성하지 않고 명사 종결형 표제의 비율이 높아졌다. 이 시기 신문 표제를 종결형에 따라 분류하여 그 수와 예를 보이면 다음과 같다.[8)]

8) 1940~50년대에는 한글 표기만 나타나는 표제는 없으므로 표에서 '국한문혼용'과 '한글전용'을 구분하지 않았다.

		종결형의 종류							
		명사	조사	부사	감탄사	어근	연결어미	종결어미	총계
1945년	동아일보	34(87.2)	4(10.3)					1(2.6)	39
	조선일보	52(88.1)	5(8.5)				2(3.4)		59
	총계	86(87.8)	9(9.2)				2(2.0)	1(1.0)	98
1955년	동아일보	119(94.4)	5(4.0)				2(1.6)		126
	조선일보	88(92.6)	5(5.3)				1(1.1)	1(1.1)	95
	총계	207(93.7)	10(4.5)				3(1.4)	1(0.5)	221

(22) ㄱ. 명사 종결 : 警察職務應援法(동 1955.6.30. 2면)

ㄴ. 조사 종결 : 油類出庫를中止/換率問題主張差異로(조 1955.6.30. 1면)

ㄷ. 연결어미 종결 : 檢事正을檢事局에押送/公金數萬圓을橫領타가(동 1945.12.17. 2면)

ㄹ. 종결어미 종결 : 洞里마다自衛團으로/年末防犯防火´ 建國無名戰士되자(조 1945.12.17. 2면)

위의 표에서도 알 수 있듯이 전체적으로 종결형의 종류와 수가 줄었다. 부사 종결형 표제, 어근 종결형 표제는 나타나지 않고, 조사 종결형 표제는 부사격 조사만 발견되며, 종결어미 종결형 표제는 1940년대와 1950년대 각각 하나씩만 나타난다. 이 밖에 명사에 물음표가 붙은 표제들이 있으며, 다른 시기에서 볼 수 없었던 조사에 물음표가 붙은 표제가 보인다.

(23) ㄱ. 명사+물음표 : 交通遞信料引上?/旅客七割等政府案國會에(조 1955.6.30. 3면)

ㄴ. 조사+물음표 : 三八線<u>交通路는?</u>/汽車, 牛馬車聯路關係(동 1945. 12.17. 2면)

발전기인 1960~90년대에는 신문 표제의 행수가 늘어난다. 강조 표시가 된 표제들은 3행 이상이 기본이다. 이것은 1940~50년대와는 확연히 다른 모습이라고 할 수 있는데, 이미 1950년대 이후로 신문의 지면수가 점차 늘면서 표제 한 행의 글자수가 늘어난 것을 고려할 때 표제 행수의 증가는 표제가 전달하는 정보의 양이 늘어났음을 의미한다고 할 수 있다.[9] 또한 이 시기에는 종결형의 유형이 다양해진다. 이전 시기에 비해 명사 종결형의 비율이 줄어들고, 특히 연결어미 종결형의 비율이 많이 늘어났다. 그러나 여전히 명사 종결형이 가장 높은 비율을 차지하고 있다. 각 종결형의 수를 보이면 다음과 같다.[10]

		종결형의 종류							
		명사	조사	부사	감탄사	어근	연결어미	종결어미	총계
1965년	조선일보	89(85.6)	7(6.7)				6(5.8)	2(1.9)	104
	동아일보	80(84.2)	4(4.2)				7(7.4)	4(4.2)	95
	총계	169(84.9)	11(5.5)				13(6.5)	6(3.0)	199
1975년	조선일보	122(81.3)	11(7.3)	1(0.7)			11(7.3)	5(3.3)	150
	동아일보	102(85.0)	5(4.2)	1(0.8)			8(6.7)	4(3.3)	120
	총계	224(83.0)	16(5.9)	2(0.7)			19(7.0)	9(3.3)	270

9) 단, 1970년대에는 8면을 발행한 『조선일보』에 비해 4면을 발행한 『동아일보』의 표제가 더 짧다.

10) 1965년에는 한글 표기로만 이루어진 표제가 단 한 문장뿐이다. 그러나 그것 역시 한글로 표기된 외래어와 조사로 이루어진 것이므로 표에서 국한문혼용과 한글전용을 구분하지 않았다. 또한, 1975년 이후로는 모든 한자어를 한자로 표기하지 않으므로 국한문혼용과 한글전용의 구분이 의미가 없어 구분하지 않았다.

1985년	조선일보	107(80.5)	10(7.5)				14(10.5)	2(1.5)	133
	동아일보	127(79.9)	6(3.8)	1(0.6)			19(11.9)	6(3.8)	159
	총계	234(80.1)	16(5.5)	1(0.3)			33(11.3)	8(2.7)	292
1991년	조선일보	190(84.8)	7(3.1)	1(0.4)			13(5.8)	13(5.8)	224
	동아일보	118(80.3)	4(2.7)	1(0.7)			8(5.4)	16(10.9)	147
	총계	308(83.0)	11(3.0)	2(0.5)			21(5.7)	29(7.8)	371

위의 표를 보면, 1960~1990년대에는 명사 종결형이 80%대로 이전 시기보다 그 비율이 낮고, 1991년 자료를 제외한 나머지 자료에서는 점차 명사 종결형의 비율이 낮아지고 있음을 알 수 있다. 한편, 조사 종결형과 종결어미 종결형의 경우 그 비율이 증가하는 동시에 형태가 다양해지는 모습을 보인다. 즉, 시간이 지날수록 조사 종결형의 조사가 다양해지고, 종결어미 종결형도 그 형태와 시제가 다양해진다. 각 유형별로 예를 보이면 다음과 같다.

(24) ㄱ. 명사 종결 : 某種重大協議/共和黨幹部들(동 1965.6.30. 1면)

ㄴ. 조사 종결 : 韓國유엔가입 지원 요청/李외무´ 케야르에(조 1991.4.30. 2면)

ㄷ. 부사 종결 : 더위를 식히는 샐러리맨의 "淸凉劑"/여름 보너스는 얼마나(조 1975.6.27. 4면)

ㄹ. 연결어미 종결 : "8월 美日頂上회담때/韓國條項재확인"/外務省 당국자밝혀(동 1975.6.27. 1면)

ㅁ. 종결어미 종결 : 光復40돌 擧國的 경축행사 벌인다(조 1985.6.28. 1면)

이 외에 조사에 물음표가 결합하여 의문문의 역할을 하는 표제도 있다.

(25) 學校長·課長등4名도?/무우즙·不正入學引責범위擴大(조 1965.6.30. 3면)

변화기인 2000년대에는 신문에 전면 가로쓰기가 실시되면서 신문 표제의 문장이 길어졌으며, 종결형도 매우 다양해졌다. 특히 종결어미 종결형 표제의 수가 늘어났으며 그 종류도 다양해졌다. 종결어미 종결형 표제의 경우는 명사 종결형 표제보다 그 길이가 길 수밖에 없는데, 가로쓰기가 실시되면서 한 행의 길이가 길어졌기 때문에 종결어미 종결형 표제의 수도 늘어난 것이다. 이 시기에 사용되는 종결형의 유형별 수와 예를 보이면 다음과 같다.

2006년	종결형의 종류							
	명사	조사	부사	감탄사	어근	연결어미	종결어미	총계
조선일보	124(68.5)	13(7.2)				23(12.7)	21(11.6)	181
동아일보	148(71.5)	9(4.3)	3(1.4)	1(0.5)	2(1.0)	17(8.2)	27(13.0)	207
총계	272(70.1)	22(5.7)	3(0.8)	1(0.3)	2(0.5)	40(10.3)	48(12.4)	388

(26) ㄱ. 명사 종결 : 日 해상보안청 순시선/15일 한국 EEZ에 출현(동 2006.4.18. 1면)

ㄴ. 어근 종결 : '범죄의 추억' 이제 그만(동 2006.4.18. 14면)

ㄷ. 조사 종결 : "난치병 어린이에 생애 최고 감동을"/메이크어위시 재단은(동 2006.4.18. 11면)

ㄹ. 연결어미 종결 : 청와대가 다시 전면에 나서(조 2006.4.18. 3면)

ㅁ. 종결어미 종결 : 中·日 "경제 지금만 같아라"(조 2006.4.18. 16면), 잠자는 EQ 깨워주세요(동 2006.4.18. 25면)

위의 예를 보면, 조사 종결형 표제의 경우 문장의 끝에 오는 조사로 격조사와 특수조사가 다양하게 사용되고 있음을 알 수 있다. 또, 종결어미 종결형의 경우 위의 예 외에도 평서형, 의문형, 명령형 등 그 형태가 다양하며 시제도 다양하다. 그리고 이러한 예들 외에 명사에 물음표가 붙은 종결형이 쓰인 예가 있으며, 문답 형식으로 이루어진 표제도 있다.

(27) ㄱ. 명사+물음표 : 통신업체들, 콘텐츠에 '묻지마 투자'?(동 2006. 4.18. B3면)

ㄴ. 문답 형식 : 「사진입니까? 그림입니까?/"속아주셔서 감사합니다"/징그럽게 똑같지만, 개성있어 다르다…극사실화가 고영훈 (조 2006.4.18. 21면)

5. 신문 표제 표현의 변천

1920~30년대 신문 표제를 표현에 따라 분류해보면, 가장 많이 나타나는 유형은 객관-요약형이며, 주관-기분형도 많이 쓰이고 있음을 알 수 있다. 1920~30년대 신문 표제의 유형별 수와 그 예를 표로 보이면 다음과 같다.

1925년	표현형의 종류				1935년	표현형의 종류			
	객관-요약형	객관-인용형	주관형	총계		객관-요약형	객관-인용형	주관형	총계
조선일보	54(75.0)	3(4.2)	15(20.8)	72	조선일보	51(77.3)	4(6.1)	11(16.7)	66
동아일보	70(73.0)	5(5.2)	21(21.9)	96	동아일보	43(72.9)	2(3.4)	14(23.7)	59
총계	124(73.8)	8(4.8)	36(21.4)	168	총계	94(75.2)	6(4.8)	25(20.0)	125

(28) ㄱ. 객관-요약형 : 山東鐵道國襲擊/濟南에서온奉軍六十名(조 25.6.29. 1면), 和蘭中央銀行/公定割引合引上(동 35.6.28. 석간6면)

ㄴ. 객관-인용형 : 殉死者를國民葬에/聯合大會의決議建言(조 25.6.29. 1면-연합대회의 결의 내용을 인용), "佛蘇兩國協約은/聯盟規約에不抵觸"/英國의對獨會談內容(조 35.6.28. 석간1면-영국의 대독회담 내용을 인용)

ㄷ. 주관형 : 運動會求景온/軍資募集員逮捕/봉텬에열린보통학교운동회에/대담히구경온군자모집원톄포(조 25.6.29. 2면), 極貧한求學少年/書店에서册子를誤窃/警察도同情하야給仕로/무엇이그손을검도록햇나?(조 35.6.28. 석간2면)

이렇게 객관-요약형과 주관형이 많이 사용되는 것은 당시 신문 표제의 특성 때문이다. 당시 신문 표제는 어떤 사건이나 상황, 사실을 요약하는 것이 대부분인데, 이 때 서술자의 주관이 개입되지 않으면 객관-요약형이 되고 주관이 개입되면 주관형이 되는 것이다. 반면에 객관-인용형은 소수의 예만을 찾아볼 수 있다.

그리고 1920~30년대의 신문 표제에서는 주제화와 과장, 열거를 이용한 강조 표현이 사용된 예가 보인다. 특히 과장된 표현이 나타나는 신문 표제가 다른 시기에 비하여 많다. 그 예를 보이면 다음과 같다.

(29) ㄱ. 과장 : 同情의淚!感激의淚!/漸益熾盛한慈善熱/坊坊谷谷에風振興(조 25.6.29. 4면)

ㄴ. 열거 : 慶尙道에는豪雨!/全羅道엔 依然旱魃/濟州,釜山,○山等地에는水亂/暴雨後에는風雨大作(동 35.6.28. 석간2면)

ㄷ. 주제화 : 露 最高幹部更迭/트로츠키氏가最高經濟會議長(동 25.6.29. 1면)

이후, 1940~50년대에는 객관형 표제의 비중이 1920~30년대보다 늘어났다. 주관형 표제의 비중이 줄고 객관-인용형 표제의 비중이 늘어났기 때문이다. 1940~50년대의 표현 유형별 표제의 수와 각각의 예는 다음과 같다.

1945년	표현형의 종류				1955년	표현형의 종류			
	객관-요약형	객관-인용형	주관형	총계		객관-요약형	객관-인용형	주관형	총계
조선일보	25(83.3)	3(10.0)	2(6.7)	30	조선일보	64(80)	10(12.5)	6(7.5)	80
동아일보	37(90.2)	2(4.9)	2(4.9)	41	동아일보	41(77.4)	7(13.2)	5(9.4)	53
총계	62(87.3)	5(7.0)	4(5.6)	71	총계	105(78.9)	17(12.8)	11(8.3)	133

(30) ㄱ. 객관-요약형 : 아나키스트全國代表大會開催(동 1945.12.17. 1면), 財政法中改正法案/豫決委서廢棄決議(조 1955.6.30. 1면)

ㄴ. 객관-인용형 : 戰費의1%程度/日本의賠償能力은貧弱/프레大使談(조 1945.12.17. 1면-프레대사의 말 인용), 58年에戰爭挑發/李大將´ 空軍增强에豫言(동 1955.6.30. 1면-이대장의 예언을 인용)

ㄷ. 주관형 : 猶太人六百萬虐殺/人類의敵나치獨의舊惡(동 1945.12.17. 1면), 洞里마다自衛團으로/年末防犯防火´ 建國無名戰士되자(조 1945.12.17. 2면), 大陸間彈道誘導彈/美長足의發展(조 1955.6.30. 2면)

한편, 이 시기에는 강조 표현도 많이 쓰이지 않았다. 1940년대 자료에서는 과장이 사용된 표제 하나만이 발견되었으며, 1950년대 자료에서는 어떤 발언이나 행위를 한 사람을 주제화하는 예만 나타났다.

(31) 洞里마다自衛團으로/年末防犯防火´ 建國無名戰士되자(조 1945.12.17. 2면)

(32) ㄱ. 如何한問題도提起可能/이든英首相´ 巨頭會談에言明(조 1955.6. 30. 1면),

ㄴ. 高大´ 空軍팀制壓/ 『빅』籠球團七勝一敗(동 1955.6.30. 3면)

이와 같은 1940~50년대 신문 표제의 표현적 특징을 종합하면, 당시 신문 표제는 주관성을 최대한 배제하고 객관적으로 내용을 전달하는 것에 충실했음을 알 수 있다.

반면에 1960년대 이후 발전기의 신문 표제는 객관-요약형이 여전히 우세하나 그 비율이 1950년대보다 더 줄고, 객관-인용형과 주관형 표제의 비율이 늘어났다. 이 중 계속되는 객관-인용형의 증가는 신문 표제에서 취재원을 밝히고 인용임을 표시하는 표현 형태가 하나의 전형적인 유형으로 자리 잡고 있음을 보여준다고 할 수 있다. 즉, 신문 표제의 표현 형태가 1960년대를 기점으로 하여 다양해지고 있는 것이다. 이 시기 신문 표제의 표현에 따른 분류와 예를 보이면 다음과 같다.

1965년	표현형의 종류				1975년	표현형의 종류			
	객관-요약형	객관-인용형	주관형	총계		객관-요약형	객관-인용형	주관형	총계
조선일보	36(61.0)	11(18.6)	12(20.3)	59	조선일보	51(60.0)	20(23.5)	14(16.5)	85
동아일보	29(60.4)	9(18.8)	10(20.8)	48	동아일보	51(68.0)	11(14.7)	13(17.3)	75
총계	65(60.7)	20(18.7)	22(20.6)	107	총계	102(63.8)	31(19.4)	27(16.9)	160

1985년	표현형의 종류				1995년	표현형의 종류			
	객관-요약형	객관-인용형	주관형	총계		객관-요약형	객관-인용형	주관형	총계
조선일보	52(65.8)	12(15.2)	15(19.0)	79	조선일보	83(61.9)	21(15.7)	30(22.4)	134
동아일보	61(64.2)	15(15.8)	19(20.0)	95	동아일보	35(45.5)	24(31.2)	18(23.4)	77
총계	113(64.9)	27(15.5)	34(19.6)	174	총계	118(55.9)	45(21.3)	48(22.7)	211

(33) ㄱ. 객관-요약형 : 廢業僞裝 稅포탈/셋슈狀 他人내세워 億代財産 은닉(동 1975.6.27. 3면), 京釜 고속전철 방식/3國 종합평가 선택(동 1991.4.30. 2면)

ㄴ. 객관-인용형 : "「批准協商」마련할터/ 「본」發言·「홍콩」發言은 訛傳"/李孝祥議長/歸國會見談(조 1965.6.30. 1면 - 이효상 의장의 말 인용), "中小기업육성 숫자보다 內實을"/全대통령, 지원 사례회의 주재(조 1985.6.28. 1면-전두환 대통령의 말 인용)

ㄷ. 주관형 : 올라도 너무 오른다/公共料金引上러시…버림받은庶民家計(동 1975.6.27. 3면), 大卒축구스타 슈퍼리그 「巨額골인」/프로팀´ 「모시기」에 社勢건 총력전/럭키금성간 曺敏國 소문난 1億(동 1985.6.28. 9면)

1970년대 이후에는 주관형 표제가 스포츠 기사에서 많이 나타나는데, 이러한 경향은 이후 시기에도 계속 이어진다.

그리고 이 시기에는 주제화, 과장, 열거와 같은 강조 표현이 다양하게 쓰였다. 그 중에서도 주제화는 빈번하게 사용되고 있어, 이 역시 신문 표제에서 하나의 전형적인 강조 표현으로 자리 잡고 있음을 알 수 있다. 과장 표현은 스포츠 기사에서 주로 나타난다.

(34) ㄱ. 과장 : 무쇠팔 宣銅烈-마술사 金東燁/ 「後期」첫판 場內-場外 대결/내일 예측불허의 大長征 개막/새팀웍 핀토스 "태풍의 눈"(조 1985.6.28. 9면), 「하나의祖國에 띄운 코리아勇士들의 電文/"뭉쳤다 싸웠다 이겼다"/-4시간 사투 만리장성 함락(동 1991.4.30. 19면)

ㄴ. 열거 : 營養食/혈통관리/마사지/韓牛 경쟁력 提高 시급/ 「쇠고기開放」임박… 畜産農의 대책(조 1991.4.30. 7면)

ㄷ. 주제화 : 라오스內 유세이드 定式폐쇄/美, 20년援助활동 종지부(조 1975.6.27. 3면), 蘇, 공화국內政 불간섭/고르비-9개共지도자 「秘密각서」서명(동 1991.4.30. 4면)

한편, 2000년대의 신문 표제의 표현은 이전 어느 시기보다도 다양하다고 할 수 있다. 특히, 1920년대 이후로 계속되던 객관-요약형 표제의 우세가 사라지고 객관-인용형, 주관형이 객관-요약형과 비슷한 비율로 나타나기 시작하였다.

2006년	표현형의 종류			
	객관-요약형	객관-인용형	주관형	총계
조선일보	37(38.9)	19(20)	39(41.1)	95
동아일보	33(34.0)	33(34.0)	31(32.0)	97
총계	70(36.5)	52(27.1)	70(36.5)	192

(35) ㄱ. 객관-요약형 : 직업전문가들이 예상한 10년뒤 유망직업/실버시터-운동치료사-폐업컨설턴트(동 2006.4.18. B3면)

ㄴ. 객관-인용형 : "납북자 문제 해결하기 위해/北에 과감한 지원 제안할것"/李통일, 국회서 밝혀(조 2006.4.18. 1면-통일부장관의 말을 인용)

ㄷ. 주관형 : 음주운전 · 음주폭행 · 기밀유출…/청와대 기강해이 올해 벌써 다섯 번(조 2006.4.18. 5면), 日, 1978년 울릉도주변 해저 '쓰시마 분지' 국제 등록/한국 '울릉분지' 등록 막으려 도발(동 2006.4.18. 3면)

이 밖에도, 과장, 반복, 열거, 주제화 등과 같은 강조표현이 이전 시기보다 훨씬 더 많이 나타나며 더 다양하게 사용되고 있다. 이렇게 강조표현이 많이 사용되는 것은 신문 표제가 단순한 정보의 요약, 전달보다는 독자의 흥미 유발 기능에 더 치중하고 있다는 것을 의미하기도 한다. 강조표현이 사용된 예를 보이면 다음과 같다.

(36) ㄱ. 과장 : 'CCTV'에 갇힌 인생/전국에 250만대… 파수꾼이냐, 감시자냐(조 2006.4.18. 11면), 출마 교수 한턱에 제자들 날벼락/환영회서 술값… 선거법 위반/1인당 73만원 과태료 울상(동 2006.4.18. 11면)

ㄴ. 반복 : '어깨동무 세동무'/마운드에 새바람(조 2006.4.18. 27면), 연15～20% 수익률/꿈 꾸고/가치투자 명품펀드/꿈 딴다(동 2006.4.18. B6면)

ㄷ. 열거 : 음주운전 · 음주폭행 · 기밀유출…/청와대 기강해이 올해 벌써 다섯 번(조 2006.4.18. 5면), 동아시아 국민 "부패정치 신물난다"/필리핀대통령 남편-대만총통 부인 수뢰 의혹/태국총리는 탈세… 베트남선 공적자금 유용(동 2006.4.18. 16면)

ㄹ. 주제화 : "광고, 전위적으로 만들어야지… 컴퓨터 아닌 魂으로"/제1회 '광고인협회 賞' 받은 광고세트 창시자 노인택씨(조 2006.4.18. B2면), "부부도 있었는데 부적절한 파티라니"/별장모임 여성들, 與제소 추진 (동 2006.4.18. 6면)

6. 결론

지금까지 본고에서는 신문 표제의 문체가 1920년대 이후로 어떠한 변화를 겪었는지 살펴보았다. 먼저, 2장에서는 신문 표제의 일반적 특성을 살펴보고 신문 표제 변천의 시기 구분을 시도하였다. 다음으로 3장에서 5장까지는 1920년대부터 2000년대까지 신문 표제의 문체가 어휘적, 통사적, 표현적 측면에서 시기별로 어떤 특징을 보이며 어떻게 변화하는지를 차례로 살펴보았다. 어휘적인 측면에서는 한자어와 준말의 사용, 외래어의 사용 등의 변화 양상을 고찰하였고, 통사적 측면에서는 표제의 길이와 종결형의 종류가 어떻게 변화하였는지 살펴보았다. 또, 표현의 측면에서는 신문 표제를 표현을 기준으로 유형화하여 각 유형의 비율이 시대별로 어떠한 변화를 보이는지, 그리고 어떠한 강조표현이 어떻게 쓰이고 있는지 살펴보았다.

본 연구는 신문 표제의 문체 변천을 연구하는 것이 기사문 전체의 문체 변천을 포착하는 데에 이바지할 수 있을 것이라는 전제 하에 진행된 것이다. 그러나 신문 표제의 문체 변천을 연구하는 것은 단순히 신문 표제의 문체가 시대별로 어떻게 변화하고 있는지를 관찰하는 것만으로는 부족하며, 그것이 기사문 본문의 문체 변천과 어떤 공통점, 차이점을 갖는지 비교하는 작업이 필요하다. 그러나 본고의 논의는 신문 표제만을 연구의 대상으로 하고 있어 이러한 부분을 깊이 다루지 못하였다. 앞으로 이 부분에 대한 연구가 더 진행되어 신문 기사의 표제와 본문을 모두 포함하는 신문 기사 전체의 문체 연구를 완성할 수 있게 되기를 기대한다.

참고문헌

국립국어연구원(1997), 『한국 신문의 문체-1990년대-』, 국립국어연구원.

김애나(1988), 「신문표제의 언어구조적 분석」, 『연구논집 16』, 이화여자대학교 대학원.
박갑수(1998), 『신문・광고의 문체와 표현』, 집문당.
______(1994), 『국어문체론』, 대한교과서주식회사.
유선영(1996), 「현대 신문 방송 기사 문장의 변천」, 『신문 방송의 기사문장』, 한국언론연구원.
이석규(2003), 『텍스트 분석의 실제』, 역락.
장소원・남윤진・이홍식・이은경(2002), 『말의 세상, 세상의 말』, 월인.
정영채(1994), 「일간 신문 제목의 문제점과 개선 방안에 관한 연구」, 연세대학교 언론홍보대학원 석사학위논문.
최진우(1983), 「한국 신문 문장의 변천에 관한 연구」, 충남대학교 국어국문학과 박사학위논문.
한국언론연구원(1990), 『신문 기사의 문체』, 한국언론연구원.
한국편집기자협회(2001), 『신문 편집』, 한국편집기자협회.
한국프레스센터・한국교열기자회(1998), 『(독립신문100돌기념)韓國新聞放送말글百年史(상, 하)』, 한국프레스센터, 한국교열기자회.

참고 사이트

동아일보 http://www.donga.com

신문박물관 http://www.presseum.or.kr

조선일보 http://www.chosun.com

〈부록: 연구 대상 신문 기사의 일자와 기사 수〉

	조선일보			동아일보			총계
	기사 수	전체 표제의 문장 수	한 면당 평균 기사 수	기사 수	전체 표제의 문장 수	한 면당 평균 기사 수	총 기사 수
1925년 6월 29일	72	174	18(72/4)	96	130	24 (96/4)	168
1935년 6월 28일 (석간)	66	115	11(66/6)	59	117	9.83 (59/6)	125
1945년 12월 17일	30	39	15(30/2)	41	59	20.5 (41/2)	71
1955년 6월 30일	80	126	20(80/4)	53	95	13.25 (53/4)	133
1965년 6월 30일	59	104	14.75 (59/4)	48	95	12 (48/4)	107
1975년 6월 27일	85	150	10.62 (85/8)	75	120	18.75 (75/4)	160
1985년 6월 28일	79	133	6.58 (79/12)	95	159	7.92 (95/12)	174
1991년 4월 30일	134	224	4.19 (134/32)	77	147	3.21 (77/24)	211
2006년 4월 18일	95	181	1.83 (95/52)	97	207	2.02 (97/48)	192
총계	700	1246		641	1129		1341

우리 시대의 문체

초판 인쇄 2007년 11월 12일
초판 발행 2007년 11월 19일

지은이 장소원 외
펴낸이 박성복
펴낸곳 도서출판 월인
등 록 1998년 5월 4일(제6-0364호)
주 소 서울시 강북구 흰구름길 19-3 (수유2동 252-9)
전 화 (02)912-5000
팩 스 (02)900-5036
홈페이지 http://www.worin.net
이메일 worinnet@hanmail.net

ISBN 978-89-8477-391-2 93710

* 책값은 뒤표지에 있습니다.
* 잘못된 책은 바꿔 드립니다.